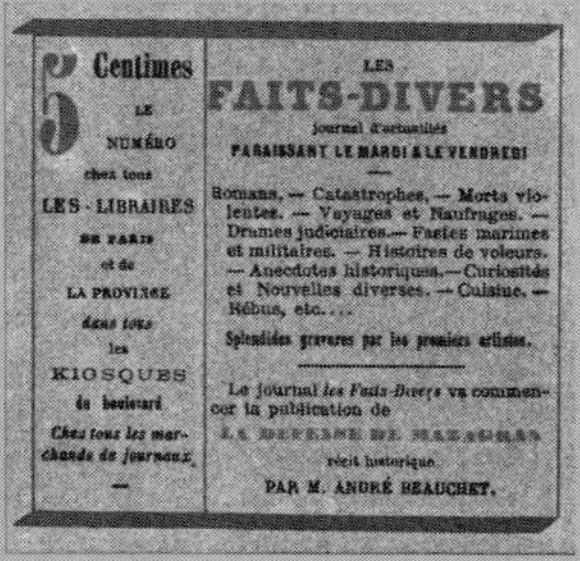

5 Centimes
LE
NUMÉRO
chez tous
LES - LIBRAIRES
DE PARIS
et de
LA PROVINCE
dans tous
les
KIOSQUES
du boulevard
Chez tous les marchands de journaux
—

LES
FAITS-DIVERS
journal d'actualités
PARAISSANT LE MARDI & LE VENDREDI
—
Romans. — Catastrophes. — Morts violentes. — Voyages et Naufrages. — Drames judiciaires. — Fastes marines et militaires. — Histoires de voleurs. — Anecdotes historiques. — Curiosités et Nouvelles diverses. — Cuisine. — Rébus, etc. . . .

Splendides gravures par les premiers artistes.

Le journal *les Faits-Divers* va commencer la publication de
LA DÉFENSE DE MAZAGRAN
récit historique
PAR M. ANDRÉ BEAUCHET.

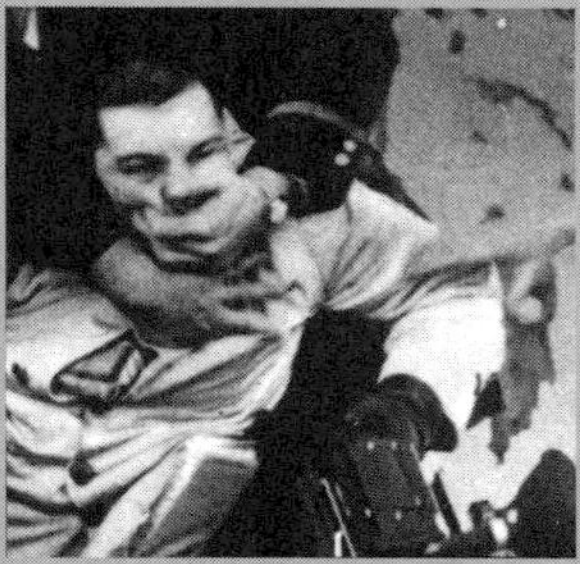

三面記事の歴史

ロミ　土屋和之訳

国書刊行会

三面記事――

「新聞各紙のこの欄には、世間に流布するありとあらゆる種類のニュースが適宜まとめられ、たえず掲載されている。たとえば、ちょっとしたスキャンダル、車輌事故、凶悪犯罪、情死、屋根職人が六階から転落した事故、強盗、きりぎりすやひきがえるが空から降ること、難船、火事、洪水、椿事、神隠し、死刑執行、恐水病や人肉嗜食、夢遊病、嗜眠の症例。救助劇は大方この欄に掲載されるし、自然現象もひときわ効果がある。たとえば、双頭の仔牛、四千年生きているひきがえる、腹部の皮膚が密着した双子、三つ目の子供、並はずれた小人……。」

――ピエール・ラルース
『十九世紀ラルース大百科事典』（一八七二年）

三面記事の歴史　目次

第6章 三面記事からつくられた芸術や文学

アカデミー・フランセーズ会員

モーリス・ギャルソン[1]による序文

各時代に評判を呼んだ三面記事的出来事をリストアップしようとするなど、危ない橋を渡るようなものである。

だが、ここはまず、三面記事的出来事《フェ・ディヴェール》（faits divers）という語の意味を理解しておかねば始まらない。「フェ faits」とは、注意を惹くに値する物事、行動、偉業、行為、しぐさである。「ディヴェール divers」とは、事実の表面、側面、外観の多様性をいう。この二語が結びついて特殊な意味を帯びたが、それが今日の意味で使用されたのは日刊紙の発行以後のことである。

大事件、世界や人々の動向、政治論争、社会学説や経済学説の論争に関する重要記事の他に、たいていの場合たいへん短く、マイナーな出来事で、読者の関心を惹き、好奇心を刺激するその日のニュースのコラムを任された執筆者が出てきた。

三面記事がまだ「パリの出来事」といわれていた時代には、その日の出来事を伝えるために、大都市の警察や病院を回る書き手もいた。その一方で、通信社のニュースや地方新聞、外国の新聞の中に、珍しくて意外で、真偽は定かでないものの読者に興味を持たせ、驚かせ、好奇心をそそるなり熱中させるなりする事柄を探す者もいた。

ただし、ここで難しいのは、あまり重要でない出来事と影響が全般的ないし大きい出来事との、どこに線引きをするかということである。

一般に、三面記事とは、現在のもの、束の間のもの、二次的なものである。それは次の日には忘れ去られるかもしれないその日のニュースである。にもかかわらず、記者がそうとさえ気づかずに、大事件の先触れとなることは少なくない。パリで女性が失踪した事件は三面記事的出来事だが、失踪をたくらんだ男がランドリュで、この大量殺人犯の逮捕となれば、もう三面記事欄には掲載されない出来事となる。

また、三面記事的出来事は場所と距離にも関わりがある。私の旧友に作曲家のヴァンサン・スコットがいる。この人は流行歌のつくり手として大変な権威であり、人々に最高の感動を与えるセンスの持ち主だ。その彼がいみじくもこう指摘した。話題は中国でおよそ十万人以上の死者を出した天変地異である。

「本当に不思議なんだよ。中国で二十万人の死者が出た、となると、ほとんどの人は見出しは読んでも記事は終いまで読まない。では、エジプトで難船から四十人の死者がでたら、状況が知りたい、犠牲者にフランス人がいないか知りたいと思うだろう。それでは、マルセイユで四人の強盗が銀行を襲って、一人の行員を殺害したのだとしたら、一切を知りたがって、朝はその話題になるよね。ところで、君のところの管理人が郵便物を届けようとして、階段で足を骨折したら、その建物の住民の誰もが三日の間その話題でもちきりだろうね。」

出来事の価値は相対的である。大災害は、その規模が甚大であろうと、けっきょく三面記事欄になる。三面記事が紙面に占めるスペースを決定するのは、出来事そのものの価値如何《いかん》によるのでなく、最大多数の読者がもちうる関心によるのである。

大事件が新聞雑誌の三面記事欄にたびたび掲載されるが、その影響如何では、三面記事欄から重要ニュース欄に移されて、特派員が動員されることもある。そのうえ、三面記事は次第次第に新聞を侵略している。最近まで、三面記事の執筆者は、ジャーナリストの集団では冷遇されていたが、昇進して記者という肩書を頂戴した。その原稿は、かつては付随的な部分に追いやられ、しばしば埋め草として利用されてきたが、少しずつ第一面に侵入したのである。十九世紀の作家バルベー・ドールヴィイはそれを予告して、こう書いている。「思いがけない近い時代に、新聞は書物を殺し、自身が新聞であるのをやめるであろう――三面記事に蝕まれるからである。要するに、虫けら、社会のダニになるということだ」。新聞は書物を殺さなかったけれど、三面記事はしだいに重要な地位を占めて、爵位を手に入れた。膨大な発行部数を誇る報道紙は三面記事の新聞に他ならなくなったのである。

しかも、そのときどきの都合で、出来事は誇張されたり、脚色されたり、重要性を付与されたり、必要があれば捏造されたりする。こうした三面記事には、季節特有なものもあれば、周期的なものもある。夏季といえば、今でこそ幹線での自動車事故やコート・ダジュールでの宝石強盗が新聞の三面記事欄を賑わしているが、少し前、まだヴァカンスが普及する前には、何も話題がない期間だった。そうしたとき、ごく最近ではネス湖の怪物にすげ替えられているが、巨大な海蛇の物語が焼き直されたものだった。他方では、大変古い起源をもつが絶え間なく変形した、不可思議もしくは風変わりな事件が決まって再度現れる。ヴォルテールはそれについてこう述べている。「人は有名で紋切型で疑わしい出来事によって万巻の書を作るかもしれない。」

とまれ、周知のように、三面記事の領域は広大な領域に及んでいる。犯罪や慈善、難船や救助、洪水や伝染病、珍しい自然現象や畸形、ギャングの流血沙汰や王族の婚礼、あるいはスターの離婚は、三面記事の種になっているのである。

さて、ロミの立てた計画は無謀きわまりないものだった。ロミのような博学な好奇心の持ち主でなければ、あらゆる時代の三面記事を蒐集し、分類して、活写し、その多様性と周期的な反復を同時に示すことはできなかったに違いない。ロミは博物学者さながらに、三面記事を属、群、科によって分類できたのだ。本書をお読みになれば、同時代人が重大な出来事をあまり重視しなかったことに驚かされるとともに、いつの時代にも人間の人のよさにとって糧となった、たわいのないもの、おろかしいもの、まゆつばのものを、じっくり眺めることによって、己を弁えるようになることは請け合いである。

三面記事の記者はネタがなくては困る。毎日、読者の好奇心を満足させ、関心をつなぎとめ、出来事を語ることが要求されるからである。彼らが書いたものの大半はすぐに忘れられ、残りわずかは歴史の大事件の端緒を示すであろう。それは大事件を準備する小事件のこともあるはずだ。それが、自分の想像力の娘である、悲劇的か喜劇的かロマネスクな数行のニュースをでっち上げる物語作家の傑作のひとつでないかぎりは。

十八巻と補遺数巻からなる『十九世紀ラルース大百科事典』は、記者には汲んでもつきぬ源泉のようなものだ。それを参照して、先例を見出したり、巧妙に関係づけたりできるし、ネタがなくてやむをえない場合には、それを今に仮定して現代性を与えて、忘れられた逸話を甦らせたりすることもできる。どんな編集部にもラルース事典の一セットくらいあるものだ。けれども、それが手つかずのままなら、運がいい。なぜなら、原稿がなくて困っている記者が手っ取り早く進めようとして、ラルース事典の中の項目から一部を切り抜いて拝借してしまっていることもあるからだ。(2) この素晴らしいラルース事典の著者たちはそんなことはお見通し。「三面記事《フェ・ディヴェール》」という項目に、次のようなカナダ人ジャーナリストの作になる短詩を、皮肉ぽく再録しているのだから。

三面記事《フェ・ディヴェール》

とっても融通のきくこの二語からなる題で
どの新聞も規則正しく

毎日読者のみなさまに提供する
およそみすぼらしき虚報《カナール》の
たっぷりとした盛り合わせを。
殺人、窃盗、事故、悪事を
私は書見台におっぽり出して
客寄せの道化師と思われようとも
題をちょいと洒落てみれば
「十行詩《フェ・ディ・ヴェール》をつくれ」　ほおら、できた！

（1）一八八九年―一九六七年。弁護士。作家。代表作に、『悪魔』（一九二六年）など。
（2）昔は他紙の新聞記事を切り抜きそのまま貼り付けて発行することが行われていた。

I. 1407年、ジャン無畏公がパリで王弟ルイ・ドルレアンを暗殺。（本文24頁）

II. ジル・ド・レーの処刑。ブイエ法院長の軍隊。（本文52頁）

III. クラリス・マンゾンのアルビ市への入市。（本文98頁）

IV. 第二帝政のみだらな雰囲気によって、事故さえみだらな場面になる！（本文 126 頁）

V. 嘆き節「ガブリエルのいいケツ」。（本文143頁）

Le Petit Journal

TOUS LES VENDREDIS
Le Supplément illustré
5 Centimes

SUPPLÉMENT ILLUSTRÉ
Huit pages : CINQ centimes

TOUS LES JOURS
Le Petit Journal
5 Centimes

Troisième Année — SAMEDI 2 JUILLET 1892 — Numéro 84

LE DRAME DES TERNES

VI. 「テルヌ大通りの悲劇」。（本文170頁）

PARAISSANT LE DIMANCHE
37e Année - N° 1859
On s'abonne dans tous les bureaux de poste
Les Manuscrits ne sont pas rendus

LE PETIT JOURNAL
ILLUSTRÉ

ABONNEMENTS
Trois mois Six mois Un an
FRANCE & COLO
6 fr. 10 fr. 18
UNION POST.
8 fr. 50 15 fr 26

ARRESTATION DE L'ESCROC STAVISKY A MARLY-LE-ROI
Lisez, dans ce numéro, la suite du roman-reportage "Le Fils du Tzar n'est pas mort

Ⅶ. 1926年7月28日のぺてん師スタヴィスキーの逮捕。（本文196頁）

MORT EPOUVANTABLE D'UN AVARE

Qui vient d'avoir lieu dans une commune du département de la Moselle; la découverte de son trésor, et les noms de toutes les victimes qu'il a faites; son fils refuse l'or et l'argent qu'il trouve chez son père, et l'abandonne en partie aux personnes ou à leurs héritiers.

L'usure est une des plaies de notre société. Cette espèce de crime est d'autant plus dangereuse, qu'elle parvient le plus souvent à se soustraire à la vigilance des tribunaux ; et il arrive souvent que cette soif de l'or nous fait fouler aux pieds les droits les plus sacrés de l'humanité, pour élever une fortune qui sert de divinité à l'avare, qui toujours est usurier.

Le sieur Gérard, natif de Bruxelles, était venu habiter Sainte-Barbe, village du département de la Moselle : sa maison touchait à une vieille église, et depuis 40 ans qu'il demeurait dans ces lieux, il vivait toujours aussi pauvrement avec une servante qui avait vieilli avec lui.

Il s'absentait quelquefois, laissant dans sa maison la vieille Ursule avec les provisions bien exigues qu'il lui fallait pour vivre durant ce temps. On le voyait alors à son retour, plusieurs jours de suite, aller à la forêt prochaine et rapporter, sur une hotte, des fagots qui paraissaient bien lourds aux passants.

Gérard recevait souvent des messagers et des personnes d'assez mince apparence, alors il s'enfermait avec elles, et souvent on les voyait ressortir ayant les larmes encore dans les yeux. Son costume était celui d'un homme très-pauvre, il se privait même du nécessaire pour sa nourriture.

Le 10 juillet dernier, un homme, qui venait depuis plusieurs années et chaque semaine, causer avec le père Gérard, s'enferma comme de coutume, dans sa chambre à coucher, et ayant à lui donner quelques papiers, il passa dans un couloir et disparut. L'étranger attendit une heure, deux heures, et comme il n'avait pas l'habitude d'attendre si long-temps avant que de partir, il appela. Ursule entr'ouvrit la porte pour connaître le sujet d'une aussi longue visite ; alors Laurent exprima son mécontentement et raconta que Gérard avait disparu en lui disant qu'il allait revenir ; la surprise fut extrême, ils cherchèrent, appelèrent : personne La nuit se passa en vaines conjectures, le jour survint et Gérard ne parut point. Cependant, après trois jours d'anxiété, ils se décidèrent à prévenir le maire de la commune. On recommença les perquisitions et on ne trouva aucun indice ni aucune issue.

Le bruit se répandit aussitôt sur cette disparition, et parvint aux oreilles d'un vieux mécanicien qui, retiré à 3 lieues de Sainte-Barbe, et apprenant cette nouvelle, fut chez le procureur du roi, demanda la permission de monter, à l'autorité, où il croyait trouver Gérard.

Ils arrivèrent donc dans sa maison ; on alluma des flambeaux, ils entrérent dans le couloir, et alors, par un bouton que le mécanicien fit mouvoir, une porte s'ouvrit, on descendit des degrés, et, muni d'une pince, on en fit sauter une, on en ouvrit encore une autre, quel fut le spectacle qui se présenta alors à tous les yeux !

Gérard à la renverse sur de la paille, mort au milieu de monceaux d'or et d'argent, mort au milieu d'horribles convulsions, mort après s'être rongé les poignés ! ! Il avait oublié de retirer la clef de la dernière porte qui enfermait son trésor : là on reconnut la preuve de son usure. Il avait, dans ces anciens souterrains, construit un fourneau, et fondait lui-même en lingot de l'or et de l'argent, on fouilla ses papiers, l'on vit que cet homme n'était qu'un vil usurier, et on trouva les noms de nombreuses victimes qui étaient inscrites sur un livre, depuis une quarantaine d'années qu'il faisait ce métier. Laurent, qui était celui qui venait chez lui souvent, confessa qu'il était l'agent de cet usurier, que c'était lui qui portait, d'après les ordres de Gérard, l'argent à ceux qui en avaient besoin, à des intérêts de 80, 100 et 150 pour cent. Cette découverte amena celle de connaître que Gérard avait un fils en Belgique qui vivait malheureux avec sa sœur, et qui croyait son père misérable.

On fit venir le fils qui avait 55 ans, et quoique misérable, il ne voulut point accepter ces monceaux d'or et d'argent qui venaient d'une source aussi impure. Je prends, dit-il, ce qu'il me faut juste pour travailler et soutenir ma famille, et j'abandonne aux personnes ou à leurs héritiers dont les noms sont sur ces listes, le fruit des rapines de mon père ; j'ai bien souffert moi et ma famille, mais il est mort, je dois réparer ses torts, et puisse cet acte relever sa mémoire !

MORALE.

L'usure est un crime affreux, c'est un assassinat lent, exercé sur de pauvres malheureux. Pour se prévenir donc contre le mal qu'il fait, travaillons toujours avec courage et persévérance, ne négligeons pas nos affaires pour les plaisirs, car c'est une des causes qui ouvre nos portes à l'usurier.

Mettons nos économies aux caisses d'épargnes que le gouvernement protége, la petite pelotte s'arrondira tous les jours, elle nous donnera de l'aisance dans l'âge mur, les moyens d'élever honorablement notre famille, et, dans la vieillesse, nous jouirons de l'estime et de la considération des honnêtes gens.

Imprimerie d'images de DEMBOUR, Graveur et Lithographe à METZ.

Ⅷ. かわら版「ある守銭奴の恐ろしい死」。（本文252頁）

Le Petit Journal

Le Petit Journal
CHAQUE JOUR — SIX PAGES — 5 CENTIMES
Le Supplément illustré
CHAQUE SEMAINE 5 CENTIMES

5 Centimes SUPPLÉMENT ILLUSTRÉ 5 Centimes
Huit pages
L'AGRICULTURE MODERNE, 5 cent. —s— La Mode du Petit Journal, 10 cent.

ABONNEMENTS

	SIX MOIS	UN AN
SEINE ET SEINE-ET-OISE	2 fr.	3 fr. 50
DÉPARTEMENTS........	2 fr.	4 fr.
ÉTRANGER............	2 50	5 fr.

Quatorzième année DIMANCHE 20 DÉCEMBRE 1903 Numéro 683

UN DRAME DE COUR
Vengeance de femme outragée

IX.「オーストリア宮廷の悲劇　侮辱された女性の復讐」。（本文289頁）

...ssinat de la famille KINCK de Roubaix.

...ustave était parti quelques jours après son père pour aller le rejoindre en Alsace.— ...es autres enfants s'appelaient : Emile, Henri, Alfred, Achille, et la plus jeune, Marie.

Arrestation de Tropmann.

Pendant que la justice continuait ses recherches, on reçut du Hâvre la nouvelle que ...assassin de la famille Kinck était arrêté. — Voici dans quelles circonstances ce grand ...riminel était tombé dans les mains de la justice.

Le gendarme Ferrand faisant une ronde entra dans l'auberge du sieur Mangenau. Il ...ouva attablés plusieurs individus d'assez mauvaise mine auxquels il demanda leurs ...oms et leurs papiers. — L'un d'eux dont la physionomie avait paru contractée par ...n trouble subit, répondit qu'il était étranger et n'avait pas de papiers. — Si vous ne ...ouvez justifier de votre identité, lui dit Ferrand, je vais vous conduire chez le Procureur ...npérial. — A ce mot l'individu perdit tout-à-fait contenance ; il suivit le gendarme ...errand, mais arrivé sur le quai des casernes il profita d'une voiture qui passait pour ...échapper de l'étreinte du gendarme, et courut se jeter dans le bassin pour s'y noyer. ...- A peine y était-il qu'un calfat M. Hauguel se précipita pour l'empêcher de se suici-...er. — L'individu voyant ses projets de suicide contrariés, saisit son sauveteur par les ...mbes et essaya de l'entraîner avec lui. — Mais Hauguel eut la force et la présence d'esprit de se dégager. Il le ressaisit et le ramena épuisé à la surface de l'eau.

Porté au poste de sureté, on lui donna les premiers soins et on le fouilla. — On trouva sur lui des papiers au nom de Jean Kinck.

Revenu de son évanouissement, il déclara ne pas être Kinck, mais son complice, et que son véritable nom était *Tropmann* ouvrier mécanicien à Roubaix. — Il ajouta qu'il avait aidé dans l'accomplissement du crime, Kinck père et Gustave Kinck le fils ainé, et que lui n'était que l'instrument du crime ; qu'il était venu au Hâvre pour s'embarquer pour l'Amérique, mais qu'il ne savait pas ce qu'étaient devenus Kinck père et fils.

Ramené à Paris et confronté avec les victimes, Tropmann déclara reconnaitre Madame Kinck et ses cinq enfants, et cela avec un sang froid et un cynisme qui glaça d'effroi tous les assistants.

Deux jours après, la découverte d'un 7me cadavre vint jeter un nouveau jour sur ce terrible drame. On apprit qu'on avait découvert une nouvelle fosse.

L'autorité avertie fit immédiatement opérer les recherches et l'on découvrit bientôt le cadavre d'un jeune homme horriblement mutilé.

Le médecin et la justice examinèrent attentivement le cadavre, et l'on reconnut que le jeune homme assassiné n'était autre que Gustave, le fils ainé de la famille.

Mis en présence de ce nouveau cadavre, Tropmann le reconnut pour être celui de Gustave, mais en persistant dans son système de défense invraisemblable de laisser voir qu'il avait été la victime de son père.

Il parait donc évident que Tropmann qui était lié d'amitié avec la famille Kinck a combiné et mis à exécution l'affreux dessein de détruire cette famille tout entière pour s'emparer de sa fortune.

Son système de défense est inadmissible, et la découverte du cadavre de Gustave Kinck, le fils ainé, lui donne le démenti le plus absolu. —Jean Kinck, le père de famille, a dû être aussi incontestablement assassiné. — L'instruction se poursuit activement et simultanément à Paris, à Roubaix, au Hâvre et à Guebwiller.

On saura bientôt si Tropmann a accompli seul cet abominable forfait, ou s'il avait des complices, et l'opinion publique qui est loin d'être calmée, apprendra par les debats judiciaires l'entière vérité sur ce crime épouvantable.

LE CRIME DE PANTIN. — Assass

LE CRIME DE PANTIN.

Un horrible assassinat s'est accompli dans la nuit du dimanche au lundi 20 septembre, dans la plaine d'Aubervilliers près de Paris.

Lundi 20 septembre, en allant travailler son champ, un cultivateur nommé Langlois, attiré par un bout de linge ensanglanté, découvrait presque à fleur de terre un cadavre.

Terrifié il court chercher le Commissaire de Police, qui arrive accompagné d'un médecin. — Un homme de bonne volonté se présente pour opérer des fouilles, et bientôt l'on voit retirer du monticule de terre fraichement remuée, six cadavres. — C'étaient les corps abominablement criblés de coups de couteau, d'une mère et de ses cinq enfants.

La justice informée, M. le Juge d'instruction Douët d'Arcq et M. Claude, chef de la police, commencèrent l'instruction et firent faire des recherches par les agents les plus habiles du service de sûreté.

Après les constatations légales, les six corps furent placés sur deux voitures recouvertes de paille, et au milieu des cris et des lamentations générales, le cortége prit la route de la morgue.

Quel était le coupable? on savait que la veille au soir, une famille était descendue à la gare de Pantin par le dernier train venant du Rainey.

Les conjectures les plus invraisemblables étaient dans tous les esprits.

Combien d'assassins! plusieurs ou un seul! le coupable devait être un ami ou un parent; car comment admettre que six personnes, parmi lesquelles une femme et un jeune homme de seize ans se soient laissées amener, la nuit, dans un endroit désert, s'ils n'avaient pas confiance dans celui qui les conduisait.

Les recherches de la justice découvrirent bientôt que huit jours avant le crime, un jeune homme d'environ 20 ans, vêtu d'un costume en étoffe de fantaisie, s'était présenté à l'Hôtel du chemin de fer du Nord, tenu par M. Rigny, en face de la gare,

Il déclara se nommer Jean Kinck, mécanicien rue de l'Alouette à Roubaix. — Il avait, disait-il, un travail de nuit, et il viendrait se reposer le jour dans la chambre qu'on lui donna.

Dimanche 19 septembre, vers six heures du soir, une dame, avec cinq enfants, se présenta au bureau de l'hôtel, demandant Jean Kinck; on lui dit qu'il n'y était pas.

Deux heures après, elle revint et parut fort surprise de ne pas trouver Jean Kinck. — Elle sortit après avoir demandé deux chambres pour elle et ses enfants, mais on ne la revit plus à l'hôtel. Jean Kinck ne reparut que le lendemain matin, lundi à huit heures. — Il prit sa clef précipitamment et monta dans sa chambre accompagné d'un autre homme. — Là il changea de vêtements et redescendit au bout de cinq minutes.

Lundi 20 une dépêche arrivée de Roubaix à l'adresse de Jean Kinck, contenait à peu près ces mots : Attendez, nous ne sommes pas prêts.

La correspondance saisie était relative à des affaires d'intérêts et de famille, pas un papier n'était resté sur les victimes. — La culpabilité de Jean Kinck semblait évidente à la justice. Était-il seul? probablement non. — On sut également que dimanche 19 à six heures du soir, un jeune homme brun, les yeux noirs et l'air sinistre, se présentait chez le sieur Bellanger, taillandier à la Villette, rue de Flandre 209. Il demandait à acheter une pelle et une pioche pour travailler dans un jardin à Aubervilliers.

Il revint à huit heures et on lui donna les deux outils qu'il emporta assez gauchement. Tout fait donc supposer que c'est en sortant de chez le taillandier que Jean Kinck est allé creuser d'avance la fosse dans laquelle les six victimes ont été enterrées.

Le nom de Jean Kinck donné à l'Hôtel du chemin de fer du Nord, par un jeune homme, était celui du père de la famille assassinée. On sut que Jean Kinck était un homme de 45 ans environ, mais que depuis près de cinq semaines il avait quitté Roubaix, où il résidait, pour aller en Alsace son pays natal. — Madame Kinck était de Tourcoing. — Le fils aîné

Imp. Lith. Pellerin et Cie à Epinal, Fournisseurs Brevetés de S. M. L'Impératrice.

X. かわら版「パンタンの犯罪——ルーベーのカンク一家を殺害」。（本文264頁）

ANNO 63 - N. 36 DOMENICA DEL CORRIERE 3 SETTEMBRE 1961 - L. 40 LA COPIA

Banditi al Casinò di Nizza. Nel cuore della notte sette individui mascherati e armati irrompono in una sala da gioco del Casinò, costringono i presenti, giocatori e "croupiers", ad alzare le braccia e a voltarsi verso il muro. Arraffano quanto più possono e poi si allontanano indisturbati. Grande la paura, modesto, però, il bottino: poco meno di due milioni di franchi. (Disegno di W. Molino)

Ma la Calabria è proprio così?
(Servizio del nostro inviato speciale alle pagg. 20, 21 e 24)

XI. ニースのカジノに押し入った強盗団。(本文298頁)

第1章

三面記事と文明

1563年、金瘡公フランソワ・ド・ギーズ公はプロテスタント陣営の貴族ロルロド・ド・メレに暗殺された。公がプロテスタント側の主張を認めなかったため。

✣ 三面記事と文明

三面記事的出来事が世界史のなかで果たしている役割がたまに忘れられることがあるとしたら、それは子供の頃から私たちのレンズが、いんちきでさじ加減を加えられた教育のせいで歪められているからである。

数多くの歴史的事件が歪曲されたし、なかには故意に隠蔽されてしまったものもある。学校の先生は戦記や戦死、平和条約は教えるが、殺人は隠した。教えるとしてもそのうちのいくつかに絞ったり、輝かしい功績に偽装させたりした。

けれども、個人を殺害するのであれ、集団を殺戮するのであれ、殺人というものは、太古の文明以来、世界中のどこででも、文明の本質的な要素なのである。

例としてローマ史を取り上げよう。ローマというこの世界の女王は血腥い三面記事的出来事の見事なコレクションを残したのだから。

まず、紀元前七五三年にローマを建設したロムルスとレムスにしてからが殺害されている。歴代の王、執政官《コンスル》、護民官、皇帝は、競争相手らを刺し殺したり、友人たちに毒を盛ったり、虐殺を企てたりすることに生涯の一時期を当てている。

ローマでは、殺人と自殺が上流社会に広がっていたのである。ローマ史のある概説書によれば、歴代皇帝の非業の死の頻度は次のとおりだ。

二三五年から二八二年にかけて、十五人の皇帝が権力の座に就いたが、そのうち自然死の恩恵に浴したのはただ一人、クラウディウス二世だけである。

このガリアの地たるフランスにローマ帝国が進出し、ついでメロヴィング朝が成立、その後、カロリング朝帝国が成立して、シャルルマーニュが大事業をなしたが、それをなさしめたのもまた殺人である。

六世紀が始まると同時に、ブルグントの分王国の王ゴデギゼルが、兄で、これまた分王国の王グンドバッドに殺害された。ゴデギゼルは教会に逃げ込むという過ちを犯した。

グンドバッドは、それ以前の四九三年にも、弟キルペリックの頸を斬り、義妹をローヌ川に投げ込んでいる。

五二三年、ブルグント王ジギスムントは息子ジケリックを躊躇せず絞殺した。ところが、翌年、このジギスムントがクロデマールの命で死刑に処せられる。また同じときに、ジギスムントの妃と二人の王子も井戸に投げ込まれた。するとこ今度はクロデマールがクロタールに殺害される。

東ゴートの女王アマラスンタは姦通を口実に、五三四年、いとこのテオダハドに絞殺された。このテオダハドものちに臣下に惨殺される。

クロタール一世は非嫡出子クラムらを火刑に処す。

七世紀はお偉方が犯した殺人に事欠かない。

六〇三年、ブルンヒルドはクロタール二世の幼い息子メロヴェクを殺害させる。

ヴィエンヌの司教デシデリウスが六〇八年、石で撲殺される。

ブルグント王テウデリク二世が毒殺される。六一三年のこと。

クロタール二世はジギベルトおよびテウデリクの非嫡出子の殺害を命じた。

クロタール二世は、多数の殺人の責任者ブルンヒルドに対し、荒馬に引き摺られる刑を宣告。六一三年のこと。

六二九年には、クロタール二世の長子のダゴベルト一世が殺人を犯した。

パリの司教がフランクの領主たちに殺された。六六〇年のこと。

六七〇年、コンスタンティヌス四世は自分の兄弟二人を死に追いやった。

六七九年、ダゴベルト二世と息子が殺害される。森で狩りをしていたときだった。

フランク王国の分王国ネウストリアの宮宰エブロインはオータンの司教レウデガリウスの頸を刎《は》ねる。両目を突いたあとに。

今度はこの宮宰の番である。六八七年、アウストリアの宮宰ピピン二世（中ピピン）に討ち果たされた。

以後数世紀の歴史も、社会的な人間関係が改善されたことは確かめられない。

七四二年、カール・マルテルの息子グリフォはピピン三世（小ピピン）とカールマンの兄弟の命令で殺される。

ロンスヴォーの敗戦の恨みを晴らさんと、七七八年、シャルルマーニュは理由も訴訟もなくヴァスコニア（ガスコーニュ）公ルプス三世を絞首刑に処した。

八一八年、シャルルマーニュの息子ルイ（ルートヴィヒ）一世敬虔帝はシャルルマーニュの非嫡出子ベルナールの目を突いた。ベルナールは苦しんで三日後に死ぬ。

前 44 年、元老院でユリウス・カエサルが暗殺される。

フランス王ロタール二世は九八六年、毒殺される。

その跡を継いだ怠惰王ことルイ五世もまた毒を盛られ、二十歳にして死んだ。妃によってである。九八七年のこと。

鉄の世紀と言われる十世紀には、教会の内部に犠牲者が多い。たとえば、ステファヌス六世、絞殺。ヨハネス八世、毒殺。ヨハネス十世、窒息死。ベネディクトゥス六世、絞殺。等々。

以後、文明化する世界を通じて、殺人の進化をたどるつもりだ。それは毒、矢、古代ローマの剣、軍剣、斧、銃、拳銃、リヴォルヴァー、爆弾、短機関銃……によって代わる代わる犯されるだろう。

伝統を重んじて相変わらず毒、短剣、あるいはロープさえ用いる物好きもいるだろうし、大義

613 年、クロタール二世が行ったブルンヒルドの処刑法は人目を引いた。

名分もまず変化するまい。国家的理由、宗教的理想、政治的理想、自由、独立などなど。同じ空疎な言葉が人が他人《ひと》を殺めることの偽装として、今日まで利用されているはずだ。……

▼仏、一〇三五年――ノルマンディ公のロベール（一世）華麗公が兄リシャール三世を毒殺した後、自身も毒殺される。

▼英、一〇七六年――赭顔王の異名をもつイングランド王ウィリアム二世は狩猟パーティの最中に流れ矢に当たって倒れた。これは事故にあらず！

▼仏、一〇七六年――カンブレーの司教の役人が実直な商人ギヴェールの舌を切り、目をくりぬいて、殺した。（カンブレーの反乱）

▼仏、一一一一年――ランの悪徳

司教ゴードリが信者の一人に惨殺される。
▼スウェーデン、一一六八年――カール七世がカヌートに殺される。カヌートはカール七世が父サンクト・エリックの殺害の共犯者だと思い込んでいたため。
▼仏、一二〇七年――ジョン失地王、甥のアーサーの腹に剣を刺して殺害。遺体を海に投げ込む。
▼仏、一二〇八年――教皇イノケンティウス三世の特使ピエール・ド・カステルノーがトゥールーズ伯爵の臣下に暗殺される。これがアルビジョワ十字軍のきっかけとなった。
▼仏、一二〇九年――二万人近くの異端者がベジエで保守層に、立派な動機により殺される。
▼伊、一二六〇年――ロマーノ家の最期。エッツェリーノ・ダ・ロマーノの弟アルベリコ・ダ・ロマーノは臣民によって拷問にかけられる。六人の子供は虐殺され、後妻は娘たちと生きたまま火刑に処された。
▼英、一二八四年――エドワード一世に引き渡されたダヴィーズ・アプ・グリフィーズは、諸侯会議の裁定により、絞り首、四つ裂きの刑に処せられた。
▼仏、一三一四年――テンプル騎士団の領袖ジャック・ド・モレーの処刑。
▼仏、一三一五年――フィリップ端麗王（四世）の息子ルイとシャルルの嫁マルグリット・ド・ブルゴーニュとブランシュ・ダルトワの情夫たちの処刑。情夫である二人の騎士、ゴーティエとフィリップのドン兄弟は生皮を剝がされた。
▼英、一三二七年――王妃の命により、イングランド王エドワード二世は恐ろしい処刑をされた。
▼仏、一三四四年――フィリップ四世、オリヴィエ・クリッソンならびにブルターニュとノルマンディーの十四の領主を待ち伏せし、裁判なく頸を刎ねた。
▼伊、一三四六年――アンドレア・ドゥンゲリアは夫人であるナポリ女王ジェヴァンナ一世に絞殺された。
▼スペイン、一三五一年――カスティーリャの新王は、王母に随い、先王の愛妾レオノール・デ・グスマンの殺害を命じた。
▼ローマ、一三五四年――リエンツィはカピトリウムの丘で包囲され、脱出を試みるも殺害される。
▼スペイン、一三五八年――ペドロ残虐王（一世）は嫉妬から、兄、いとこ、太子の母を殺害させた。
▼スペイン、一三六一年――ペドロ残虐王は、夫人ブランシュ・ド・ブルボンを七年にも及ぶ捕囚の末、死に追いやった。
▼ポルトガル、一三七八年――国王フェルナンド一世の異母弟バレンシア公ジョアンが妻であり王妃レオノールの姉であるマリア・テレス・デ・メネゼスを斬り殺す。
▼仏、一三八二年――重税に抗し、槌を手にして蜂起したことからマイヨタンと呼ばれるパリ市民が、収税吏を撲殺し、ユダヤ人を殺害した。

1382 年、「マイヨタン」が収税吏を撲殺し、ユダヤ人を虐殺した。

▼伊、一三八六年――デュラキオン公のカルロ三世、暗殺される。
▼仏、一四〇七年――ブルゴーニュ公であるジャン無畏公、パリで王弟ルイ・ドルレアンを殺害させる。
▼仏、一四一二年――カボシュ党に援助されたブルゴーニュの過激派がパリで大虐殺を敢行。

1407年、ジャン無畏公がパリで王弟ルイ・ドルレアンを暗殺。►口絵I

▼ローマ、一四一五年――ボヘミアの神学者ヤン・フス、浄火で焼かれる。
▼仏、一四一八年――ブルゴーニュ派の首謀者がアルマニャック派を殺戮する。
▼仏、一四一九年――イングランドのヘンリー五世がルーアン市長アラン・ブランシャールの頸を刎ねさせた。王太子シャルル（後の七世）はジャン無畏公をモントローで殺害。
▼トルコ、一四二三年――ムラト二世は跡目争いが起こらないように兄弟を一人残らず絞殺した。
▼伊、一四二五年――フェラーラの侯爵は妻と非嫡出子を斬首した。
▼仏、一四三一年――ジャンヌ・ダルクがルーアンで火刑に処せられる。
▼スコットランド、一四三七年――ジェイムズ一世が叔父に暗殺される。叔父は極刑に処せられた。
▼仏、一四七二年――王弟シャルル・ド・フランスが毒殺される。
▼仏、一四七三年――ダルマニャック伯爵が暗殺される。
▼伊、一四七六年――ミラノ公ガレアッツォ・マリーア・スフォルツァがミラノのサント・ステファノ教会で暗殺される。
▼仏、一四七七年――ルイ十一世はジャック・ダルマニャック、ヌムール公、ド・ラ・マルシュ伯爵の頸を刎ねた。

▼スペイン、一四八〇年――異端審問が設置され、国中が火刑台で覆われる。
▼スコットランド、一四八一年――スコットランドの貴族がジェイムズの寵臣三人を絞首刑にする。
▼伊、一四九七年――枢機卿チェーザレ・ボルジアがアレクサンデル六世の息子フアンを暗殺。
▼伊、一四九八年――アレクサンデル六世がサヴォナローラを火刑に処す。
▼伊、一五〇〇年――チェーザレ・ボルジアが妹ルクレチアの三人目の夫を絞殺。
▼トルコ、一五一二年――セリム一世は二人の兄弟を葬り去った。
▼スウェーデン、一五二〇年――九十四人の上院議員が横死を遂げた。
▼仏、一五二七年――財務卿サンブランセが絞首刑に処せられる。王母に嫌われたのが理由。
▼独、一五三五年――ミュンスターの反乱の指導者ヤン・フォン・ライデンの恐ろしい死刑。
▼英、一五三五年――シスマを支持しない人々にたいする血みどろの迫害。
▼仏、一五三五年――フランソワ一世が自らの前でルター派信徒数名を拷問死させた。
▼英、一五三六年――ヘンリー八世が妻アン・ブリンの頸を刎ねる。
▼伊、一五三七年――フィレンツェ公アレサンドロ・デ・メディチが大饗宴の最中に暗殺される。
▼スコットランド、一五三九年――七人のプロテスタント信者が火刑に処せられる。
▼英、一五四二年――ヘンリー八世が妻キャサリン・ハワードの頸を刎ねる。
▼仏、一五四五年――プロヴァンス地方のアルプス山脈では、異端であるとしてヴァルド派の住民が弾圧された。
▼伊、一五四七年――アンドレア・ドレアの甥が暗殺される。
▼ジュネーヴ、一五五三年――カルヴァンが異端思想を理由にミゲル・セルベトを火刑に処す。
▼英、一五五四年――ウォリック伯ジョン・ダドリ、その夫人ジェーン・グレイ、ジェーン・グレイの父の三人が斬首される。
▼英、一五五五年――宗教改革派（カルヴァン派）にたいする血みどろの迫害。
▼スペイン、一五五九年――異端審問所へ犠牲者たちの引き渡し。
▼仏、一五五九年――プロテスタントにたいする血みどろの迫害。
▼仏、一五六三年――フランソワ・ド・ギーズ公が殺害される。

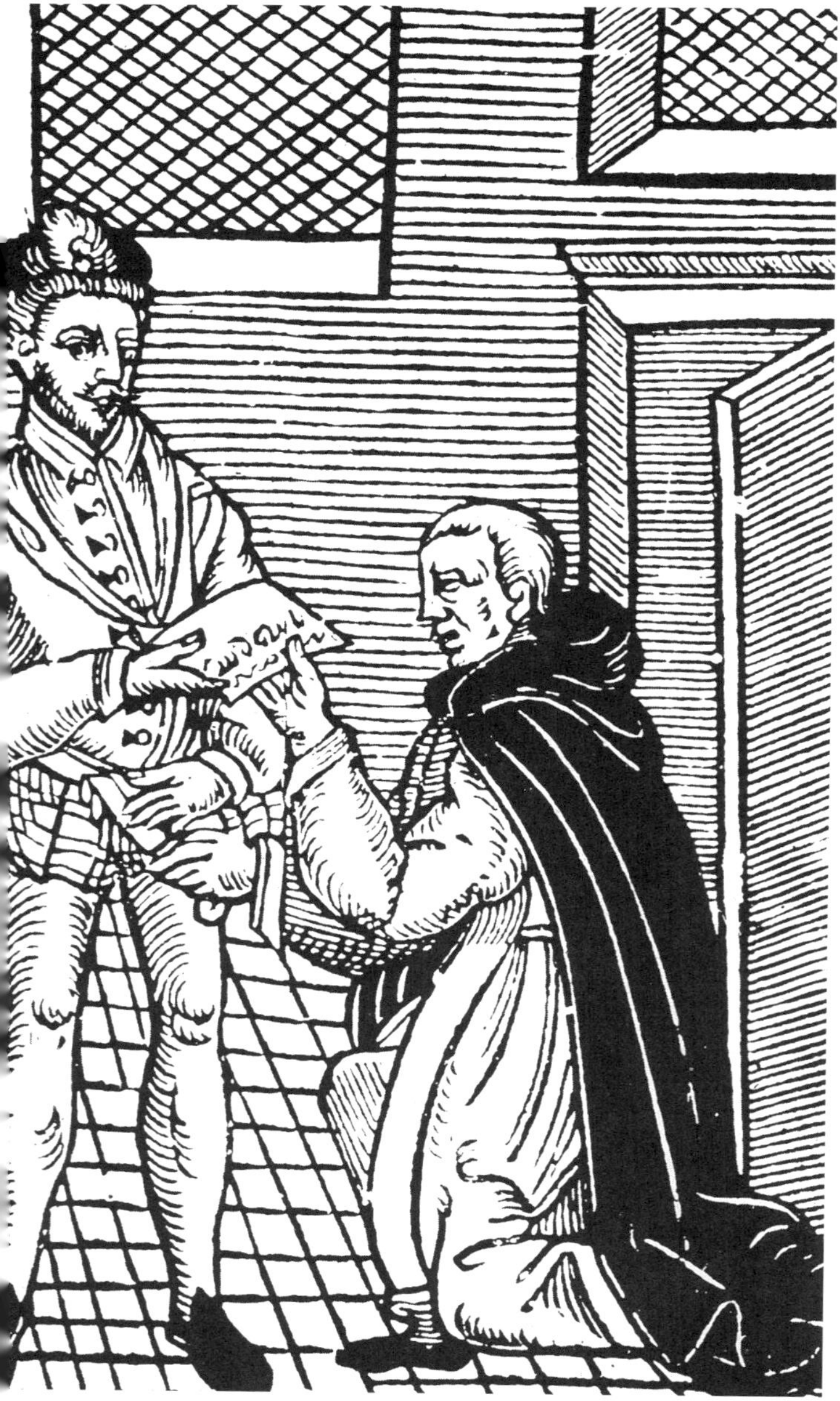

▼スコットランド、一五六六年——ヘンリー・ダーンリーは女王メアリー・スチュアートの面前でメアリーの寵臣デイヴィッド・リッツィオを暗殺する。
▼仏、一五六九年——コンデ公の殺害。ジャルナックの戦いのあと。
▼仏、一五七二年——聖バルテルミーの虐殺。
▼仏、一五八八年——ブロワで、アンリ三世がギーズ公を殺害。
▼仏、一五八九年——サン＝クルーで、アンリ三世はドメニコ会修道士の狂信家ジャック・クレマンに暗殺される。
▼トルコ、一五九五年——二十七歳のスルタン、メフメト三世は兄弟の中、十九人を絞殺。父の夫人の中、十人を海に投げ込む。
▼仏、一六一〇年——フランソワ・ラヴァイヤックが国王ア

1589年、アンリ三世が修道士ジャック・クレマンにサン＝クルーで暗殺される。

ンリ四世を刺殺。
▼伊、一六二〇年――カトリック教徒が五百人以上のプロテスタントを刺殺。
▼独、一六三四年――アルブレヒト・フォン・ヴァレンシュタインはボヘミアのエーガーにて皇帝の命で公式に殺害された。
▼仏、一六五七年――スウェーデン女王クリスティーナ、フランス滞在を利用し、モナルデスヒの殺害を命じた。
▼ペルシア、一七一七年――ホタキ朝では、アブドゥッラーが弟のミール・マフムードに刺殺された。
▼露、一七一八年――皇帝《ツァー》ピョートル一世は息子のアレクセイが「怠惰」だということで自ら処刑した。
▼スウェーデン、一七一九年――カール十二世の大臣ゲルツ男爵が斬首。
▼ペルシア、一七二五年――スルタン、マフムードは甥のアシュラーフによって殺された。アシュラーフは一七一七年に殺されたアブドゥッラーの息子。
▼仏、一七五七年――ロベール＝フランソワ・ダミアン、ルイ十五世暗殺未遂。
▼ポルトガル、一七六一年――イエズス会士、マラグリダは絞首刑の後、火で焼かれた。
▼トルコ、一七六五年――大宰相ムスタファが絞殺される。
▼仏、一七六六年――ラ・バールの騎士ジャン＝フランソワ・ルフェーヴルが瀆聖のかどで処刑。享年十八歳。
▼仏、一七八九年――バスティーユ司令官ド・ローネー、七十歳代のフーロン、その婿のベルチエ・ド・ソーヴィニーが殺害される。ヴェルサイユでも国王親衛隊員数名が殺害される。
▼仏、一七九〇年――流血の動乱。
▼スウェーデン、一七九二年――スウェーデン王グスタフ三世、舞踏会の最中に暗殺される。
▼仏、一七九三年――ルイ十六世がでっちあげ裁判の後、処刑される。革命家のマラーが、シャルロット・コルデーに暗殺される。マリー・アントワネット、ジロンド派二十一人、オルレアン公、ロラン夫人、ド・ベリー、ウシャール将軍、バリー伯爵夫人……等々、でっちあげ裁判の後、処刑。
▼仏、一七九四年――ヴァンデ地方の村々での皆殺し。老人、女、子供が殺害される。任務を口実に地方で公式の殺人。毎日のようなギロチンへの護送車。
▼仏、一八〇〇年――ピエール・ロビノー・ド・サン＝レジャンとフランソワ・ジョゼフ・カルボンはサン＝ニケーズ通りで爆弾を仕掛け、三十二人に傷を負わせたが、ナポレオン一世には害が及ばなかった。
▼スウェーデン、一八一〇年――王太子カール・アウグスト・アヴ・アウグステンブリの葬儀の日、フランス王妃マリー・アントワネットの愛人としても知られるハンス・アクセ

ル・フォン・フェルセン伯爵は毒殺の犯人と疑われ、大衆に殺害される。
▼仏、一八一五年――百日天下の「協同者」に対する王党派の残虐な殺戮。ニームの守備隊の殺戮。アヴィニヨンでギヨーム・マリ＝アンヌ・ブリューヌ元帥が、トゥールーズでジャン＝ピエール・ラメル元帥が殺害された。ミシェル・ネイ元帥は処刑の形で殺害される。（白色テロル）
▼アフリカ、一八一六年――アルジェリアの太守《デイ》、トルコ兵に殺される。
▼トルコ、一八一六年――セルビアでトルコ人が村々に火を放ち、住民たちを串刺しの刑に処し、道々で出会った者を殺害した。
▼仏、一八二〇年――ルヴェルがベリー公を暗殺。
▼ポルトガル、一八二九年――ドン・ミゲル（ミゲル一世）の治世（一八二八～三四）には千百二十五人が殺害され、千七百人が国外追放、二万八千百九十人が投獄された。
▼仏、一八三五年――ジュゼッペ・フィエスキの仕掛け爆弾が爆発して四十人の死者を出したものの、国王ルイ・フィリップは難を逃れた。
▼スペイン、一八三五年――修道士が虐殺される。
▼米、一八三五年――リンチ法が施行されて黒人が大量殺戮される。
▼スペイン、一八三六年――公式の大虐殺の後、民衆は騒乱に乗じ、ケセダ将軍を殺害。
▼仏、一八四八年――自由の名による戦闘と虐殺。
▼仏、一八五八年――オペラ座の出入り口で、青年イタリア党員フェリーチェ・オルシーニの爆弾はナポレオン三世に危害は加えず、百五十人を負傷させ、約十人を殺害した。
▼モンテネグロ、一八六〇年――ダニロ一世が拳銃で撃たれて死亡。
▼中国、一八六二年――叛徒に敗北した陳将軍は絞首刑の命令を受け、従った。
▼米、一八六五年――大統領エイブラハム・リンカーンがジョン・ウィルクス・ブースに銃撃され、死亡。
▼ペルシア、一八六八年――二つの宗派の論争から二百五十三人の死者が出た。
▼仏、一八七一年――コミューン政府は無数の復讐、不当拘留、略奪、殺害を許可した。コミューンを弾圧する側も、無数の復讐、不当拘留、略奪、殺害を許可した。
▼ペルー、一八七二年――グティエレス兄弟が大統領ホセ・バルタを暗殺し、死刑となる。
▼英、一八七二年――インドの大反乱（セポイの乱、一八五七～五八）を起こした部族に対する残酷な処刑。インド総督メーヨー卿はイスラム教徒に暗殺される。
▼米、一八八一年――大統領ジェームズ・エイブラム・ガーフィールドはボルティモア・ポトマック鉄道の駅でピストル

で二発撃たれ倒れる。
▼露、一八八二年――一八六六年と一八七九年のテロの後、ニヒリストたちはアレクサンドル二世を爆殺。
▼仏、一八九四年――イタリア出身のアナーキスト、サンテ＝ジェロニモ・カセリオがフランス共和国大統領サディ・カルノーを刺殺。
▼ペルシア、一八九六年――イランのガージャール朝第四代シャー、ナーセロッディーン・シャーはミールザ・レザー・ケルマーニーに拳銃で撃たれ、暗殺された。
▼スイス、一八九八年――イタリアのアナーキスト、ルイ

1792年、フランス全土で「自由万歳」と叫び、ほしいままに虐殺が行われた。

ジ・ルケーニがオーストリア皇后エリーザベトを刺殺。
▼伊、一九〇〇年――アナーキスト、ガエタノ・ブレーシがイタリア国王ウンベルト一世をピストルで殺害。
▼米、一九〇一年――アメリカ大統領ウィリアム・マッキンリー・ジュニアはバッファローで開催されていたパン・アメリカン博覧会でポーランドのアナーキスト、レオン・フランク・チョルゴッシュに撃ち殺される。
▼露、一九〇一年――サンクトペテルブルクで、テロリスト、ピョートル・カルポヴィッチがロシア帝国教育大臣ニコライ・ボゴレポフを暗殺。彼の政策に不満があったため。

1858年、ナポレオン三世を狙ったオルシーニの爆弾により約10名の死者と150名の負傷者が出た。

1894 年、アナーキストのカセリオがフランス共和国大統領サディ・カルノーを刺殺。

▼露、一九〇二年――サンクトペテルブルクで、社会革命党員ステパン・バルマショフなる者が内務大臣に就任したばかりのドミトリー・シピャーギンを暗殺。彼の政策に不満があったため。

▼セルビア、一九〇三年――セルビア王国の首都ベオグラードで、幾人かの謀反人に王アレクサンダル一世オブレノヴィッチ、王妃ドラガ、陸軍大臣、王の副官、王妃の弟、宮廷官吏が虐殺される。殺害者たちはアレクサンダル一世の後継者に愛国者とみなされ、訴追されなかった。

▼露、一九〇四年――サンクトペテルブルクで学生テロリスト、エゴール・サゾーノフが内務大臣ヴャチェスラフ・プレーヴェの車に爆弾を投げた。彼の政策に不満があったため。

▼露、一九〇六年――ニコライ二世の叔父、セルゲイ・アレクサンドロヴィチ大公がテロリストにして詩人のイワン・カリャーエフに暗殺される。

▼スペイン、一九〇六年――アルフォンソ十三世の婚礼の祝宴の最中に、マドリードの通りで、アナーキスト、マテオ・モラレス（通称モラール）が王家の馬車にむけて投げた爆弾により、二十六人の死者、百十二人の負傷者を出した。新郎新婦は無事だった。

▼ポルトガル、一九〇八年――王妃アメリー・ドルレ

1903年、ベオグラードで謀反人たちがセルビア王アレクサンダル一世、王妃ドラガ、その弟、大臣、数名の将校を虐殺した。

アンの目の前で、国王カルルシュ一世と王太子ブラガンサ公が撃ち殺される。
▼露、一九一一年——首相ピョートル・アルカージエヴィチ・ストルイピンが、キエフの劇場でニコライ二世行幸の特別公演を観劇中、革命家の弁護士ドミトリー・ポグロフによって暗殺された。
▼スペイン、一九一二年——スペイン王国首相ホセ・カナレハスがマドリードの通りで暗殺される。
▼ギリシア、一九一三年——ギリシア国王ゲオルギオス一世がテッサロニキの通りで心臓を撃ちぬかれる。
▼ボスニア・ヘルツェゴビナ、一九一四年——サラエボで、セルビア人学生ガヴリロ・プリンツィプがオーストリア＝ハンガリー帝国の皇帝・国王の継承者フランツ＝フェルディナント大公らを暗殺。（サラエボ事件）
▼仏、一九一四年——パリのレストラン「カフェ・クロワッサン」で、社会党の代議士ジャン・ジョレスがラウル・ヴィランに拳銃で撃たれ、殺害された。思想を同じうしなかったため。ヴィランは大戦中の数年を刑務所で過ごすが、一九一九年に無罪となる。
▼オーストリア、一九一六年——社会主義の作家フリードリヒ・アドラーが首相カール・フォン・シュ

1914 年、サラエボ事件の暗殺者ガブリロ・プリンツィプの逮捕。

テュルク伯爵を拳銃で殺害。思想を同じうしなかったため。フリードリヒ・アドラーは一九一六年の革命のおかげで解放されることになる。

▼露、一九一六年――修道僧ラスプーチンにシアン化物入りの菓子を与えた後で、ユスポフ公とプリシュケヴィッチ議員がリヴォルヴァーでとどめを刺した。

▼露、一九一八年――七月十七日から十八日にかけて、エカテリンブルクで、チェカ委員のグループがロマノフ王家、すなわちニコライ二世、アレクサンドラ・フョードロヴナ、王子、四人の王女（それにスパニエル犬ガミー）を虐殺する。

▼ポルトガル、一九一八年――ポルトガル共和国第四代大統領シドニオ・パイスは銃弾三発を受け倒れる。

▼独、一九二二年――ベルリンの街中で、ワイマール共和国外務大臣ヴァルター・ラーテナウが二人の元将校に殺害される。

▼アイルランド、一九二二年――アイルランド独立運動の指導者マイケル・コリンズは故郷コークへ向かう途中、頭部に銃弾を浴び、死亡。

▼スイス、一九二三年――ジュネーヴでロシアの技師がリヴォルヴァーでヴォロウスキーを殺害。

▼仏、一九二六年――ボルシェヴィキの敵、元ウクライナ人民共和国大統領シモン・ヴァシーリイエヴィチ・ペトリュー

1934年、ユーゴスラヴィア王アレクサンダル一世の暗殺者はその場で射殺された。

ラ氏はパリにて、ソ連のユダヤ人に拳銃で七発撃たれ、暗殺される。

▼ポーランド、一九二七年――十九歳のロシア人青年がソヴィエトの駐ポーランド代理大使を至近距離からピストルで八発撃った。大使がエカテリンブルクの虐殺に部分的に関与していたから。

▼仏、一九三〇年――在フランスのロシアの将軍が白昼パリで謎の車の中に誘拐された。その後彼の姿を見た者は誰もいなかったはず。

▼仏、一九三二年――ポール・ゴルギュロフがパリでフランス共和国大統領ポール・ドゥメールを殺害。

▼ルーマニア、一九三三年――ルーマニアの首相ドゥカは「鉄衛団」のメンバー三人に撃ち殺された。

▼ポーランド、一九三四年――ポーランドの内務大臣がワルシャワで暗殺された。

▼オーストリア、一九三四年――オーストリアのナチス党員二名が首相官邸に侵入し、首相ドルフスを殺害。

▼仏、一九三四年――マルセイユでクロアチアの民族主義者が発砲し、ユーゴスラヴィア国王アレクサンダル一世とフランス共和国外相ルイ・バルトゥを暗殺。

個人を殺害するのであれ、集団を殺戮するのであれ、殺人がいまなお文明国家の歴史の土台をなしていることは、近年の新聞を参照するだけで確かめられるだろう。いかなる意見をも傷つけないために、歴史上と称される三面記事的出来事の年表を一九三四年でやめておきたい。

第2章

三面記事の発展

中世に現れた三重の太陽は2世紀の間、版画家やかわら版の刊行者にネタを与えた。

❖ 中世のニュースは現実離れしていた

中世に流行した三面記事的出来事は天空の事象だけだった。

暴力行為は地上に溢れていたので、驚かせも楽しませもしなかったし、略奪行為は手を変え品を変え、軽い気持ちも同然で頻発していたのである。そういうわけで、十一世紀になると、誠実な人々が平穏に生きようと、自警団を設けることを考えついた。

この立派なグループに所属するには、当人が同時代人の生命と財産を尊重することを誓約する必要があった。

大領主および小領主への誓約は通例、司教によって作成されたが、これには三面記事的出来事が長々と列挙されていた。たとえば、盗難、殺人、破壊、火事であり、これらを志願者は二度と犯さないことを誓約したのである。

「私は聖職者も修道士も襲いませんし、馬も横取りいたしません。……

「私は平民も商人も捕まえません。彼らの金銭も強奪しませんし、脅し取りもしません。……彼らの財産を得ようとして鞭で打ちません。……

「私は家々に火も放たなければ、損壊もいたしません。……

「私は卸売商人も巡礼者も襲いません。彼らの財産を強奪しません。……」

こうした道徳再建の素晴らしい計画もほとんど効果がなく、ラウル・グラベルが指摘するように「人類は神の恩恵を忘れ、悪に傾き、犬が自分の吐いた場所に戻るように過ちを繰り返した」のだった。

十一世紀の終りには、一部の大衆を不愉快にした比類のないスキャンダルが起こった。それは「ガリアの王座の忌わしい内縁」である。

カペー朝の四代目で放埒な君主フィリップ一世は四十歳のとき、貞節な王妃ベルト・ド・フリズと離婚した。王妃が太りすぎたという理由からである。フィリップとの間に二人の子供をもうけた王妃を修道院に追いやって、アンジュー伯の美人妻ベルトラド・ド・モンフォールを連れ、高位聖職者たちの指弾には無視をきめこんで、結

Le double des lettres en/
uoyez a la Royne et a mon

seigneur dangolesme: Touchant la noble victoire obtenue par le trescrestien roy de frãce cõtre les venitiẽs. depuis le lundy septiesme iour du moys de may Mil.CCCCC.⁊.ix.

Les « occasionnels » sont consacrés aux récits de batailles sur la terre ou dans le ciel...

「かわら版」には、地上もしくは天空の戦記が描かれている。

婚した。フィリップとベルトラドは破門されたけれど幸せに暮らした。

十二世紀には、捕物劇ともいうべき三面記事的出来事がいくらか評判になった。この出来事はサン＝ドニ修道院長にして国王顧問であったシュジェが『ルイ六世の生涯』の中に記録している。

大領主にして大山賊でもあったトマ・ド・マルレが悪行の数々を犯していたので、国王ルイ六世が「この不信心者を神に懸けて抹殺する」決心をした。

国王はトマ居城のクレシー城館を焼き払い、その郎党を斬首した。が、トマは逃げ切り、その後、十六年にわたって、ランスからランにかけて、恐怖の種をまき続けた。

ルイ六世は大いに怒って、騎士団を率いてクシーに向かった。今度ばかりは、トマは剣で突かれて致命傷を負い、捕えられ、ランに移送されて、そこで哀歌の絶頂にふさわしい死を迎えたのだった。

「トマはまさに死に瀕していた。多くの者が彼に、告解して、臨終の聖体拝領を受けるように勧めた。彼はやっとのことで同意すると、主の御聖体は聖職者の手で運んで来られた。……主イエス御自身が、罪を悔い改めない人間であった不幸な体内に入ることにいささか嫌悪の情を抱いているようだった。……彼は神の御聖体の秘跡を受けることなく醜悪な魂を放った。……」

バイユーのつづれ織り

バイユーのつづれ織り《タピスリー》は知的階層向けの高級なお話でしかない。なぜなら、教養乏しい大衆が見ても、言い伝えに基づいて解釈すると怖くなる気象現象しか、印象には残らないからである。

彗星の出現、血の雨、蛙の雨、雲の動きといったものは当時、大人気のお題目であったから、黎明期のかわら版は真っ先にそれを取り上げた。

当時のかわら版には、「商業的」な二種類の出来事があった。すなわち、ひとつは武勲、戦記、王の入市式で、もうひとつは天空の事象である。……

戦記には事欠くことはないが、彗星や食の数は、かわら版の刊行者が家族を養っていくには足りない。そういうわけで、執筆者たちは、驚異に心を奪われたお客を満足させるために、彗星や食の出現をしばしば、解釈したり、誇張したり、挙句はでっち上げることさえしなければならなかった。

プロヴァンスの司祭であったクロード・アトンは『回想録』のなかで、同時代人の趣味を次のように強調して

いる。(一五七五年九月二十五日)

「彼らは怒りで互いに戦う人々を天に見て、それは正しいと主張した。……」

また、日記文学で名高いピエール・ド・レトワールは『日記』にこう記している。

「一五八二年三月二日、夜の九時頃、パリの街の上に天の輝きの大いなる光と壮麗さが見られる。それは驚きと何か大悪の予感を伝えている。」

かわら版には天の光景がもっと細かく書かれている。一五八九年一月、道化祭の日には——「夜の七時、八時頃に、白衣を着た二人の男が現れた。右手に血まみれの鋭利な剣を持ち、その男たちは自分たちを見つめていた人々の眼差しを徐々に険しくした。」

天の光景に色をつけている場合もある。

「それらは青い衣を着た美しい大男たちだった。彼らは青と赤の二色旗を持っており、旗は半ば広げられていた。……」

そして、「本当らしく」するために、執筆者は天の三面記事的出来事に音響効果をつけることも考えついている。

「天が暗くなった直後、武装蜂起を呼びかけるトランペット、太鼓、笛などなど戦争に使う楽器のような騒々しい騒音が聞こえた。このファンファーレは長いこと続き、火縄銃の射撃、砲撃、武具の擦れる音がいつ果てるとも知らず聞こえた。そのとき、いつものように、召集された軍隊が相対していた。」

マチルド女王が刺繍した「バイユーのつづれ織り」には、彗星の出現が描かれているが、それは当時の事件を特徴づける三面記事的出来事である。また、不明瞭な天体やそれを凶兆とみなして恐れる人々、その天体の到来をイングランド王ハロルドに告げる人々も描かれている。

モンタルジーの犬と穴開きの聖母像

中世において、およそ三面記事的出来事を解決する一般的な方法は決闘裁判だった。その起源はゲルマン民族の大移動の初期に遡る。ブルグントの法（グンドバッド法典）では、刑事事件の係争の場合、三種の証拠が認められていた。すなわち、証人の証言、司教補佐の宣誓、そして決闘裁判である。要するに、決闘裁判とは「神判」であり、理屈の上では、神は無実の者に勝利をもたらし、罪人を罰するに違いないというものであった。

この決闘裁判こそ三種の証拠のうち最重要で、当初の判決を無効にすることさえできたのである。

さて、一三二六年カンブロンで、修道士と従者が、聖母マリア像に槍で五つの穴を開けていたユダヤ人を現場で取り押さえた。二人の目撃者はすぐさま、カンブロンの司祭に犯人を告発した。司祭は事の重大さを前にして、彼らを教皇のもとに派遣した。教皇猊下は「裁判執行」の書簡を与えた。このユダヤ人は審問を受けたが、罪を否定し、巧みにこの裁判を乗り切って、自由の身となった。このとき、病気だったジャン・デティネなる鍛冶屋がこんな幻視《ヴィジョン》を見た。天使が現れて、カンブロンの聖母の仇を討つのに、天が彼を指名したと告げたというのである。奇跡的に恢復したジャン・デティネはエノー伯爵

LE COMBAT D'UN CHIEN CONTRE UN GENTIL
QUI AVOIT TUÉ SON MAISTRE FAICT A MONT
Soubs le regne de Charles V. en 1371

シャルル五世は、加害者である騎士マケールと、被害者の飼っていた犬による決闘裁判を見物した。

に会いに行って、聖像破壊のユダヤ人の有罪を証明するために、ユダヤ人と戦うことを申し出た。年老いて体の弱い鍛冶屋は棍棒と丸盾で武装し、若くてたくましいユダヤ人と決闘場で戦った。勝ったのは老人だった。

神の裁きは下ったのだ。ユダヤ人は投獄され、刑場に引き立てられた。

ちなみに、これと同様に奇跡が起こった三面記事的出来事は、十五世紀初頭にもある。

一四一八年七月三日、博打で有り金をすった兵士が酒をくらって、悪態を吐き、冒瀆の言葉を吐きながら、店から出て行った。そして、鵞鳥売り《オ・ソワ》通りの聖母像の前を通りかかると、激高して短剣で何度も刺した。

このとき傷つけられた聖母像は血を流したそうである。奇跡が叫ばれ、聖母像はサン＝マルタン＝デ＝シャン教会に運ばれた。罰当たりな兵士のほうは舌に穴を開けられて、火あぶりになったという。

決闘裁判に話を戻そう。版画家や年代記作者が数ある事例の中から騎士マケールの話を取り上げたのは、この騎士が思いもかけない相手と戦うはめになったからである。シャルル五世の治世に、騎士マケールというオルレアン東方の町モンタルジーの貴族で国王親衛隊の射手がいた。この男は陛下が同僚のオブリー・ド・モンディディエに与える寵愛に嫉妬していた。

ライヴァルを亡きものにしようと心に決め、マケールは入念に殺害計画を練った。そして、ある日、オブリー・ド・モンディディエを追って、ボンディの森に行った。同僚とその飼い犬しかいなかった。マケールは追いかけて行って、殺害すると、遺体を人里離れたところに埋めた。マケールには適当なアリバイがあったので、疑うものなどいないはずだった。ところが、被害者の飼い犬が王宮の門前で吠えていたせいで、人目を引くことになってしまったのである。この犬は普段はそこに主人と一緒に来ていたのだ。その犬の行動を不思議に思った飼い主の友人たちが、犬に付いて森に行くと、失踪した騎士の遺体を発見した。

つづいて、この犬がマケールを見るたびに獰猛になるのが目についた。犬が歯を見せて、マケールの喉元にとびかかろうとするからである。犬がいつも決まって怒るので、疑惑が生じ、やがていくらかの状況証拠が出てきた。マケールはあくまでも潔白を主張。いっぽう、犬のほうは執拗に吠えて、牙をむくばかり。両者の証言を前に、国王は「この犬の告訴とこの貴族の否認は、決闘場にて決着をつけよ」と命じた。この方法によって、神は許したもう、真実が明かされることを。国王と廷臣たちは、異例の決闘に列席した。マケールは棒と盾の使用が許可され、犬は樽に逃げ込むことが許された。

騎士は犬に敗れて、罪を告白し、罰せられた。一三七一年のことであった。

1418年7月3日、酔いどれ兵士が聖母マリアの像を短剣で刺した。

一二三九年以来、裁判所内に設置された異端審問所では魔術に関する裁判が始められていたが、初期の被告人は高位の人々で政治的奸計の被害者であった。バイユーの司教ピエール・ド・ラ・ゴルスは妖術を用いた嫌疑で絞首刑に処せられたし、シャロンヌの司教ピエール・ド・ランティリーは蠟人形をつかってフィリップ端麗王とルイ強情王の死を祈願したとして告発されたのである。

この類いの罪業は民衆には広まっていなかった。というのも、教会の神父の教えに従って、魔術的実践などは錯覚やまやかしとみなされていて、現実のものとは誰も思っていなかったからである。ところが、アヴィニヨンに教皇庁を設けたフランス人教皇ヨハネス二十二世は、意欲的にその反対の布告を発した。教皇はみずからの学説を体系化して、魔術師の訴追を命じ、彼らに適用される刑罰を定めたのである。かくて、ヨハネス二十二世こそが教皇教書によって、悪魔信仰の教義を作ったのであるから、四世紀にわたる三面記事的出来事の新しい形式を提唱したのは彼だといえるわけだ。

✣ ジル・ド・レーの残虐事件

さて、魔術師が主役でも犠牲者でもあるという幾多の聖史劇の先駆けとなったのは、一四四〇年に王国中を動揺させたジル・ド・レー事件である。レーの領主たるジル・ド・レー男爵といえば、ジャンヌ・ダルクの戦友であり、フランス元帥で、「武装した勇敢な騎士」であった。

この若者は美に夢中になって、軍隊生活から引退すると、審美家として莫大な財産を浪費した。大掛かりな見世物を上演したり、写本画《ミニアチュール》や高価な織物、工芸品を蒐集したり、金のかかるおかかえの軍人を身辺に置いたり、聖職者の団体を設立したりしたのである。破産寸前に陥ると、錬金術の研究に関心を示し、ティフォージュの城塞に当代屈指の賢者の石の専門家たちを招聘した。レーの領主はイタリアの占星術師フランチェスコ・プレラティから黒魔術の手ほどきを受けて、全能の悪魔の加護を祈り、鳩や雉鳩を犠牲に捧げた。しかし、鳥の血では要件が満たされていなかったので、新しい主に幼児の手や目や心臓を定期的に捧げなければならなかった。彼はこうしたことを行うのにたいへんな快楽を感じていたので、子供の行方不明と両親の悲痛な訴えがあまりに多くなり、ナントの司教の注意を引くほどだった。そして、元帥みずからを破局に陥れた軽率なふるまいがあった。それは

Ein erschröckliche geschicht/so zu Derneburg in der Graffschafft Reinsteyn/am Hartz gelegen/von dreyen Zauberin/unnd zwayen Mannen/In etlichen tagen des Monats Octobris Im 1555. Jare ergangen ist.

Die alte Schlang der Teüffel/dieweyl er Got/und zůvoran den Sun Gottes/unsern Herrn Jesum Christum/und das gantze menschliche geschlecht/fürnemlich umb unsers Haylands Christi willen hasset/hat er sich bald im anfang/und kürtzlich nach der erschaffung umb dz weibsbild/als umb die/welcher same seinen kopff zertretten solt/angenommen/dieselbigen durch sein hinderlist und lugen/zů dem jämerlichen fal/deß unglaubens unnd ungehorsams wider Got gebracht/Darauß das gantz menschlich geschlecht/in ewige verdamnuß unnd verderben komen were/so Christus unser Hayland/den zorn des Vatters nicht weck genomen/und das gericht wider uns auffgehaben het. Nu behelt der alte Feind gleichwol alten haß wider Christum/und uns/für unnd für/und helt auch sein alte weyse/er setzet sonderlich dem weiblichen gschlecht hart zů/als dem schwecheren werckzeug/damit er sie von Christo wegreysse/unnd in ewige verdamnuß füre/unnd wie er zů Eua sprach/sie wurden werdē wie die Götter/Also bläßt er noch das gifft in der weyber hertzen/lernet sie zaubern/auff das er sie klůg mache/das sie mehr wissen dann andere leüt/und also den Göttern gleich werden/damit macht er sie jm anhengig/und zů Teüffels dienerin/ja auch zů Teuffels breüten/wie dise jämerliche geschicht/welche warhafftigklich also wie unden angezaiget/am Hartz ergangen ist/Die derhalben also gemalet unnd geschriben/im druck auß gangen. Auff das doch die rohe lose welt/zů Gottes forcht erwecket/und von dem Gottlosen wesen abgeschreckt werden/ Dann Gott der allmächtige derhalben solche Exempel uns sehen laßt/das er damit unsere harten hertzen durch dise erschröckliche exempel / zur forcht Göttliches gerichts/und straffe erwecke/man mag es malen/predigen/singen und sagen/unnd wie man jmer kan den leüten einbilden/damit der laydige hauffe ain wenig zů Gottes forcht/gehorsam/und zucht gezogen werde/besonder zů disen letsten zeyten/in welchē der listige Sathan/dieweyl er mercket/das der tag des gerichts sich nahet/gar rasend toll und unsinnig ist/und bede durch sich und seine gelider/ grewlicher weyse/wider Christum und sein armes heüfflein wüttet/Die ellende welt aber dargegē so frey sicher in allem můtwillen dahin lebet/als ob der Teüffel vor langst gestorben sey/und kain Got/kain gericht oder straff/verhanden were/Der Almächtig Got und vatter/unsers Herrn Jesu Christi/wölle dem grimigen feinde wehren/sein armes heufflein vor jm und seinen glidern schützen und handthaben/seinem und der seinen wüten und toben/einmal ein ende machen/durch Jesum Christum Amen.

¶ Folget die geschichte / so zů Derneburg in der Graffschafft Reynstein am Hartz gelegen/ergangen ist/ Im October des 1555. Jars.

ジル・ド・レーの処刑。ブイエ法院長の軍隊►口絵Ⅱ

一四四〇年の聖霊降臨《ペンテコステ》の主日に、彼が武装した男たちとサン＝テチエンヌ＝ド＝メル＝モルト教会に侵入し、剃髪《トンスラ》にした聖職者を捕えたことである。

ナントの司教はこの不埒なふるまいにつけこんだ。公開状によって、レーの領主を幼児虐殺、自然に反した罪(男色)、悪魔と契約を結んだかどで告発したのである。一四四〇年九月十三日には、召喚状にて、ジル・ド・レーは異端であるとして起訴した。これに対し、ジル・ド・レーは翌十四日、処罰されないと高を括って、異議を申し立てることなくナントに赴いた。

ナントの城塞では教会の裁判がひと月続いたが、世俗の裁判のほうはもっと迅速に進んだ。被告は法廷を罵ると、みずからの罪業を白状した。彼が好んでいた楽しみとして列挙したのは、「喉を切る……頸の切断……手足の切断……腹を裂いて内臓を見る……子供に鉄製の鉤をつけ、寝室に吊るして窒息死させる……等々」だった。

それを聞いた群衆は法廷の周りで「殺せ、殺せ」と叫んでいたが、ジル・ド・レーが神の赦しを受けた後では、その「立派な改悟」を称えるのをよしとした。

一四四〇年十月末、ジル・ド・レーは熱心に祈りを捧げてから、共犯の二人とともに絞首刑に処された。絞首台の下では浄火が燃えていたが、さりとて、その遺体は灰にならなかった。この恩恵についてジャン・シャルチエは『シャルル七世年代記』の中でこう説明している。

「……ジル・ド・レーが死んだそのとき、縄が切られて、四、五人の高位の婦人や令嬢の手で埋葬された。……」

十六世紀の年代記に溢れる畸形と悪魔

畸形児の受けとめ方は各地の迷信に即して、文明ごとに変化している。エジプトでは畸形児が崇拝されたけれども、ギリシア、わけてもスパルタでは所定の深淵に投げ捨てることが習わしとなっていた。

畸形に関して中世ヨーロッパでは、版画家や写本装飾師、作家は簡単な情報だけで着想を得たものだった。一四三〇年頃、ポーランドの沿岸で巨大な魚が捕獲されたという噂がヨーロッパ中に広まった。この生き物に関する記述や描写は各人各様、一四三三年刊の『阿蘭陀《オランダ》大年代記』ではたいそう美化されている。

「……それは人間の形をして、司教冠《ミトラ》をかぶり、両腕で杖を持っている。……祭式を司宰する司教の装飾一切を身に着けており、二本足で歩いた。」

この魚の司教はとりわけ聖職者に好意を示して、近づくのを許した。魚の司教は話せなかったけれども、人の言葉は理解できた。それゆえ、ポーランド王から塔への幽閉を命じられたさいには多大な苦痛を表したのである。地方の聖職者が国王にとりなしてくれたおかげで、魚の司教は自由の身となった。牢の門が開かれた日、ポーランドの二人の司教が魚の司教を海岸まで大々的に運んだ。群衆は長々と歓呼して迎えた。魚の司教は何度もうやうやしい挨拶をしてから、海に潜った。魚の司教は礼儀正しかったからである。この話は同時代の三面記事的出来事として描かれたが、その後幾世代にもわたって楽しまれたのだった。

畸形の誕生はやがて歴史的な大事件の挿話としても登場するようになる。画家で印刷業者のアントン・コーベルガーが挿絵を描き、発行したシェーデルの『ニュルンベルク年代記』(一四九三年)の中で、二つの戦争の話のあいだに、ある攻囲戦の最中に双頭の子供の生まれた事件について言及している。彼はまた、最上流の婦人が嵐のあいだに、人の子供の頭をもったライオンの子を産んだとも語っている。しかも、著者はこの事件に驚いておらず、高貴な女性が間違いをおかすのも百獣の王とだけである、とこう指摘しているくらいなのだ。

こうして、あまたの著者が畸形に強い関心を寄せることになったが、十五世紀末になると、悪魔憑きが畸形を容疑者にした。神学者や法学者が、畸形は悪魔と女性の肉体関係から生まれると主張したので、畸形児を出産した女性は魔女として火刑台に送られるのが当然と思われたからである。

『ニュルンベルク年代記』には、片目の人、十本の腕を持つ者たちや犬の頭部を持つ者たちの肖像が描かれ、旅行者用の地図も付属していた。

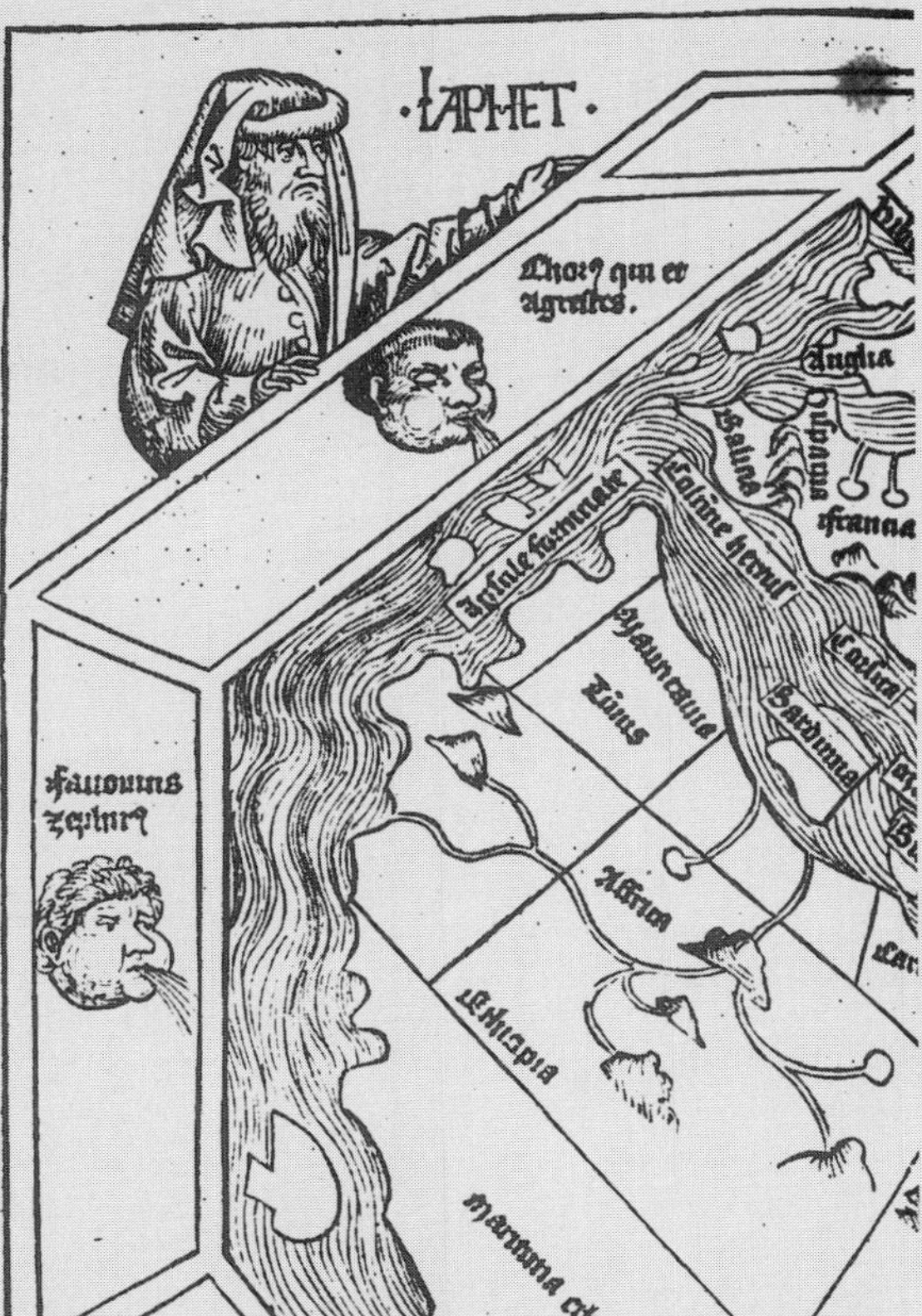
·IAPHET·
Chorus qui et agrestes.
Anglia
Hispania
Gallia
Affricus
uel lips
Fauonius zephirus
Ethiopia
Libanot9
Nilus fluui9
Ventorum quatuor cardi nales sunt primus Septentrio flat rectus ab axe faciens frigora et nubes hunc dexter circius nives et grandines A sinistris boreas constringens Secundus subsolanus ab ortu spatiis vulturnus desiccans eurus nubes generans Tercius auster humidus fulmineus A dextris euro auster calidus a sinistris euro nothus tempestuosus Quartus zephirus hiemem resoluens producens flores a latere affricus generans ful mina et crepus nubila faciens

Orbis dicitur a rota & est quilibet figura sperica & rotunda: ideo mundus orbis dicitur. quia rotundus est: & dicitur orbis terre vel orbis ...rum. Dicitur autem secundum vince. filii sem obtinuisse asiam. filii cham ... ci & filii iaphet europam. Isid. in li. Ethy. asserit quod orbis diuisus ... tres partes sed non equaliter. Nam asia a meridie per orientem usque ad se... trionem peruenit. Europa vero a septentrione usque ad occidentem ... Sed affrica ad occidentem per meridiem se extendit. Sola quoque ...

✣悪魔の子供たち

畸形児が生まれる原因や男夢魔《インクブス》を生じさせる性向をめぐって、学者たちの議論は尽きなかった。

畸形を生んだ母親たちを良心の呵責なく断罪しようとして、ソルボンヌの神学部が一三一八年に下した決定が参照された。それによれば、男夢魔《インクブス》の作用は「否定できないものと見做されなければならない」というわけだ。

法律家、神学者、学者たちはあまたの著作のなかに数々の証言を蒐集した。昔話が実際にあった三面記事的出来事として述べられているのである。たとえば、一二七一年にイタリアのパヴィアで女性が悪魔に孕まされ、猫の頭を持つ子供を産んだという話とか、一五三一年には頭部だけの人間、二本脚をもつ蛇、はたまた豚を産んだ女性がいたという話である。

一五四〇年頃、クラクフで畸形児が誕生した。挿絵画家は、わずかな記述を頼りに、宗教画の悪魔にヒントを得て、手足のほかに、吻、尻尾、しかめ面を描き加えた。こうした挿絵がフランスの歴史家ピエール・ボエスチュオ・ド・ローネーの著作『キリストの誕生から今日までに観察された驚異の歴史』(一五六〇年)に収録されている。

この本は三面記事的出来事を寄せ集めて、挿絵を入れた書物である。それにはあらゆる類いのものが混在していて、悪魔の図像から三つの頭をもつ動物やシャム双生児の図像まで含まれている。

このボエスチュオの驚異譚はひろく人口に膾炙したので、パリの作家クロード・ド・ティスランによって続編が書かれたほどだ。

ところで、高名な医師アンブロワーズ・パレは子供の誕生に悪魔が積極的に関与すると信じていたが、そののちには、かの有名な悪魔学者のジャン・ボダンが『魔女の悪魔狂』(一五八二年)のなかで畸形の生殖について研究した。その書には、世にいう悪魔の結婚の事例が蒐集されている。

たとえば、ブノワ・ベルヌなる司祭が八十歳のとき告白したところでは、その半生を人間に変装した美しい女の悪魔と一緒に暮らしていたとのこと。

十六世紀末葉、1540年に誕生した「クラクフの畸形」は、真実の三面記事的出来事とみなされていた。それを描くにあたり、当時の挿絵画家は宗教画の悪魔からヒント得た体形に描いた。

また、スペインのコルドバ出身の女子大修道院院長マグドレーヌ・ド・ラ・クロワは、三十四年前から悪魔と同棲していたと一五四五年に認めたという。

ボダンによれば、悪魔は畸形を生み出すことができるとのことである。ブラジルで目撃されたような、「蜥蜴の皮で覆われ、ライオンの腕を持ち、燃えるような目、同様な舌を持つ」畸形を生み出すらしい。

こうしたボダンの学説を堅固なものにしたのは、ブラバンの元主任検察官マルタン・デルリオが一五九八年に著した悪魔学の論文である。このイエズス会の学者によれば、魔女や男夢魔《インクブス》は人間と協力して産む能力があるのだという。この論文には、聖トマス・アクィナス、テルトゥリアヌス、ラクタンティヌスが引用されることで、畸形は悪魔と血縁関係があるという仮説が確信に変わり(1)、その仮説は魔女裁判の被告と判事をともに動揺させた。男夢魔《インクブス》と女夢魔《スクブス》もたいそう流行することになったが、尋問の報告書がその事実を示している。

(1) 当時、ある仮説や理論に信憑性を与えるのは、観察や実験ではなく、聖書や使徒や教父、中世の神学者、古典古代の哲学者等の言葉である。そうした「権威」が重要であった。

神学者や学者たちは悪魔の力を信じていたので、畸形は魔女と夢魔《インクブス》との交合から生まれると主張した。

Cāpanus astronom⁹

conceitur. Cum autem
instauratione non suf
imperatorem constar
sumptus necessarios

ルイ十三世治下のパリ、あるいは三面記事的出来事の首都

路地の汚泥が悪臭を放ち、馬車が混雑する、ルイ十三世の御代、十七世紀前半のパリは夜毎に殺人と略奪の舞台であった。当時のパリには、襤褸《ぼろ》をまとった浮浪者、巾着斬り、殺し屋、馬泥棒が、明らかになっているだけで五万人もいたという。

犯罪史上にその名をとどめている強盗団もある。賊の成員が灰色の服を着ていた「灰色の従者《グリゾン》」団、各メンバーが帽子に羽飾りをつけていた「羽飾り《プリュメ》」団、新橋《ポン＝ヌフ》周辺を専門に強盗を働いていた「サマリア女の修道士《フレール・ド・ラ・サマリテーヌ》」団および「短剣の騎士《シュヴァリエ・ド・ラ・クルト・エペ》」団、赤い外套を着ていた盗賊「非売知《ルージェ》」団など。

こうした攪乱分子に加えて、物乞い、兵士、夥しい数の娼婦、女衒、女性の売買人、いかさま師がいたことも忘れてはならない。こうした連中は武器を手にして攻撃に参加していたのである。

夜警の下級警官も町人《ブルジョワ》自警団の諸隊もそのような賊の部隊には歯が立たなかった。

ルイ十三世の治世初期の混乱や汚職を描いた作品にジャン・ド・ランネルの『風刺小説《ロマン・サティリック》』（一六二四年）があるが、その登場人物は当時のパリの生活環境をこのように伝えている。

「……お方様はこの街の路地のあちこちで殺人や盗難が起きているとはお信じになられないかもしれません。日が暮れてから敢て外出しようとする者などいないでしょう。……」

さて、この時代に起こったあまたの三面記事的事件のうち、パリの人々の注意を引いたのは次の二件、「触りの魔の所業」と「ダンクル元帥の死後の引きまわし」である。

一六一二年頃、こんな噂が広まった。夜間、パリの全地区で、「市壁づたい」に設けられた市門の陰に潜んだ卑劣漢が、夜遅くまで歩いている女性を襲撃している、と。犠牲者たちの証言によれば、犯人は大きな縁のある帽子をかぶり、長い外套を着て、鉄製の籠手《こて》をしていたという。犯行の手口はいつも同じ。女性が犯人の側を通るや、犯人は「前掛け」に鉄製の籠手をした手を隠し、

女性を引き寄せるとひっかいて、暗闇に紛れて去って行くのである。この犯人は「触り魔」と呼ばれた。モンマルトル門近在のさる女庭師はこう告発している。「触り魔は《仕事》を子細に行うので、その苦痛たるや想像を絶するのです。」

もうひとつはフランス史に記されている事件である。国王アンリ四世がラヴァイヤックの凶刃に倒れてからというもの、増税がひどく、あまりに生活費がかかって失業が増えたせいで、民衆は腹を立てていた。民衆の憎しみが少しずつ、王母マリー・ド・メディシスの寵臣にして時の絶対権力者であるコンチーニの周辺に集中した。

このコンチーニというぱっとしないイタリア人が、七年にわたり、権力、富、名誉を我が物にしていたのだ。それをなさしめていたのはルイ十三世の王母マリー・ド・メディシスの化粧係兼呪術助言者であった、妻レオノーラ・ガリガイの力による。

この横柄なイタリア人は宮廷部屋付き侍官から侯爵、ついでダンクル元帥となったが、まったく人望がなかったので、少壮のルイ十三世の承認のもと、「ルーヴル宮の跳ね橋に通じる固定橋の袂で」射殺された。

死体はひとまず隣の室内球戯場に安置されていたが、夜になると、サン＝ジェルマン＝ローセール教会に運ばれた。墓掘り人夫は帰っていたので、翌日までパイプオルガンの下に隠された。

しかしながら、王を裏切り、民に仇なす、悪魔の友を教会に埋葬するのは冒瀆でないかと思われた。民衆の怒りは職業煽動家らに焚きつけられて、四月二十五日の明け方以降、表面化した。ある男女の一団が、わめき、冒瀆の言辞を吐きながら、教会の門を押し破ると、元帥の死体を外に出して、その足に鐘の縄を付け、こうして泥のなかを新橋《ポン＝ヌフ》の絞首台に引っ張って行った。そこで、ある失業中の従僕が死体を逆さ吊りにした。浮かれたならず者が、鼻、耳、「恥ずべき部分」を切り取った。

残りを焼こうと、火刑台に火が点された。けれども、元帥は燃えきらなかった……。妖術のせいだ、と人々が騒ぎ立つなか、どこぞのものとも分からぬ男が元帥の胸をナイフで切り開いて、心臓を取り出すと、拍手と嘲笑のなか、それをこんがりと焼いて食べた。このことは少なくとも、かわら版《フィーユ・ヴォラント》や一枚刷り絵で報じられたことである。その晩、浮かれ狂った人々は、ダンクル元帥の遺体の残りを　パリ市庁舎の広場で燃やした。

大勢のならず者が残り滓をうまいこと利用した。骨片や焼けてない肉片を売りに出したのである。酷いのになると、「四分の一エキュ二枚の羊の腎臓を、元帥の腎臓

だと偽って、四十個ほども」売ったという話だ。
また、他には、このイタリア人の灰の混じった粉塵を集めて、魔術の愛好家に三十グラム、四分の一エキュの高値で譲った者もいる。
元帥の未亡人レオノーラは全財産を没収され、略式の裁判を受け、同年七月に、グレーヴ広場で斬首された。

死ぬ前に、群衆に富の虚しさを語り、かつて侮辱した人々に許しを乞うた。
人々はすぐにコンチーニの一家が皆殺しされたのに感づいた。……

死後、市中を引きまわされるダンクル元帥。（1617年）

✣十七世紀、あるいは見世物にされた畸形

Voicy la figure d'un Monstre, trouué dans l'Isle de Madagascar en Afrique, par un Cap.ne d'un Vaisseau de Mons.r le M.al de la Meilleraye. Il est apresen a Nantes en Bretagne, et seras bientot a Paris.
Nantes
la Riuiere
de Loire
Ce Monstre est d'un naturel doux et traictable qui parle un certain langage que l'on ne comprend point. On lui a apris a faire le Signe de la Croix; et l'on a consulté des Docteurs en Theologie et en Medecine, pour sçauoir si on lui peut donner le Bapt.me Ils ont ordonné qu'il seroit instruict pendant 4. mois, et si on trouuoit qu'il raisonna qu'on le pourroit Baptiser.
Baltazart Moncornet ex. auec priuil.

十七世紀には、あらゆる生まれつきの畸形が「予後の値うち」を失ったとはいえ、畸形はこれまでとは別の理由で公衆の念頭を去らなかった。畸形にたいする考え方も変わっていたのだ。畸形の誕生はもはや単なるスキャンダル、あるいは風変わりな三面記事的出来事でなく、科学的な事件だったのである。

一六〇五年、パリでのこと、高名な外科医たちが、臍で密着した死産した双子の解剖を行い、高く評価された。また、高名な医師ジャン・リオランが、縁日の見世物に出るような生きている畸形の身体的、知的行動を研究したり、胸部が密着したシャム双生児である結合双生児を研究しても誰も驚かなかった。

リオランは報告書で、悪魔が「畸形の父親」であるという学説を打ち砕こうとした。「悪魔

興行主たちは、同じ版画をわずかに手直ししただけで、畸形の見世物の宣伝に何度も使いまわした。

の身体組織と人間の身体組織とは異なっているので、相互の生殖能力は相いれない」と主張したのである。

また、古来、畸形は不幸をもたらすと信じられてきたが、リオランはそれに反論した。

「結合双生児が生まれると、喜び幸福になる。両親にとっては至福の源泉であって、毎日、多額の献金が集まるのだ。」

畸形が商業的な成功を収めることが反響を呼び、興行師は遠隔地へ探しに行くことに関心を持つようになったし、旅行者が発見した畸形の博覧会をちらしやポスターで宣伝したのである。

そのころ、パリで畸形が生まれて、世論が割れようとしていた。一六六二年のこと、パリのスリーゼ通りで、二人の娘が脇腹が密着した状態で生まれた。

両親はすぐさまサン＝ポール小教区の司祭のところに連れて行ったが、二人の洗礼は拒否された。司祭は実際は一人の子供のはずだと言って、適当に一方を選んで洗礼を施した。司祭が洗礼を終えてすぐに、双子は息を引き取った。双子のうち一方は秘跡も受けられずに亡くなったとして、両親は告訴した。知識階級はサン＝ポールの司祭を非難し、民衆もこの問題に口を出したので、大スキャンダルとなり、サン＝ポールの修道院長も司祭を叱責した。

畸形は防腐処理を施されて、その後も仕事を続けた。両親が畸形をサン＝ジェルマンの定期市で公開したのである。両親は司祭が犯したスキャンダルのおかげで、多額の利益を稼いだ。

こうした三面記事的出来事に困惑したのは高位聖職者たちだ。イタリアの司教座聖堂参事会員神学教授フランチェスコ＝エマヌエーレ・カンジアミアは『神聖な発生学』なる論文を著して、畸形を洗礼するときの条件について紙幅を割いた。

「いずれにせよ、司祭は胎児の頭部が人間の特徴を呈することを確かめよ。そして、人間に妊娠させられた動物の母から生まれた子と相対するときは、注意に注意を重ねるように。……」

カンジアミアがここで例として挙げているのは、正常な体躯をした人間の子を産んだ牝牛の事例である。司祭がその子を洗礼すると、誰もがそれに満足した。その証拠に、牝牛の息子は成長するにつれて、模範的な信仰心を示したからである。けれども、この論文の著者はこう付け加える。

「残念なことに、この子は、自分が見られていないと思うと、母親のように草を食《は》み、反芻した。……」

同様の場合では、条件付きで洗礼を授けるようにとされている。

法に照らして殺されたルーダンの司祭

ルイ十四世の治世の初期には残酷極まりない宗教裁判が目立って起こっている。これは、宗教の名において、悪魔と交際した疑いのある者を「浄化する」のが目的とされていた。こうした不快な狂信を特徴づける三面記事的出来事として、ルーダンの悪魔憑きの事件がある（一六三四年）。

　この途方もないドラマは地方の利害がらみの事件が端緒となっている。一六一七年八月にルーダンのサン＝ピエール＝デュ＝マルシェ教会に赴任した新任司祭ユルバン・グランディエは、有能な説教師にして社交家、教養もあり、たいへんな色男であった。ただし残念なことに、傲慢で、喧嘩早く、女好きだった。告解に来た女性には言い寄る、薬剤師とは口論する、有力な田舎貴族とは争い、主任検察官の娘を孕ませる、同棲相手ともぐりで結婚するといった次第。それはユグノーの多く住む禁欲的な地方の町では目に余った。

　また、ルーダンの城塞を取り壊せとの王令が出て、住民が二派に割れたさい、このリシュリュー枢機卿の計画にたいする反対運動の先頭に立っていたのがこのユルバン・グランディエであった。

　かくてグランディエの名と悪評は、当地に新設されてまもないウルスラ会の女子修道院の奥にまで及んだ。当院の若き院長ジャンヌ・デ・ザンジュは彼の艶聞《スキャンダル》を聞いて面白がった。

　十七人の名家の修道女を抱えるシスターのジャンヌ・デ・ザンジュは、顔は美しいが、畸形で、心は病んでいた。彼女はグランディエと面識がなかったけれど、恋情のようなものを抱いた。だから、ウルスラ会の司教座聖堂参事会長が死ぬと、早速彼に欠員のポストを贈った。ところが、返ってきたのは断りの手紙。修道院長は悔しさのあまり、復讐を画策した。このとき協力を申し出たのは、グランディエを妬んでいた、無能で醜男の司教座聖堂参事会員ミニョンである。

　ジャンヌたちにグランディエを貶める機会がやってきたのは、寄宿生がいたずらをしたときだった。ウルスラ会修道院では、諸聖人の前日、先輩寮生が頭に布をかぶ

グランディエの火刑。1634年6月23日に修道院長ジャンヌ・デ・ザンジュの体から出てきた匿名の悪魔による筆跡、また同年6月30日、支出証明書にネフタリと署名した悪魔の筆跡は名高い。

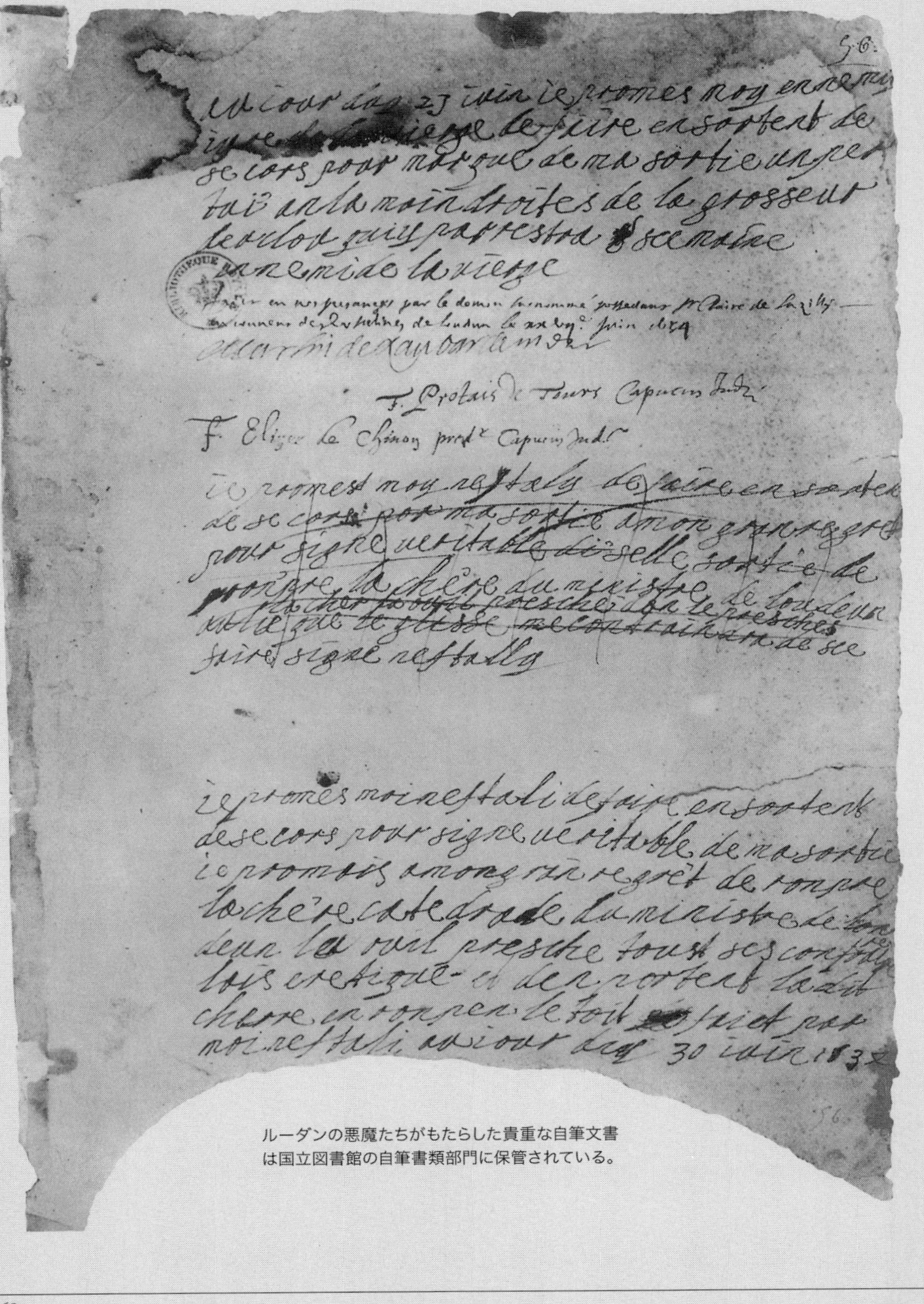

ルーダンの悪魔たちがもたらした貴重な自筆文書
は国立図書館の自筆書類部門に保管されている。

って幽霊を演じ、新入生を怖がらせるのが習わしだったのである。

ミニョンはおぼこ娘たちが怖がっていたことを確かめると、彼女たちが悪魔から与えられた「時には現実となる幻視《ヴィジョン》」を危険なまでにまねていると他人《ひと》に話した。グランディエの敵の数から考えて、ジャンヌ・デ・ザンジュには、次のような噂を広めることなど造作もなかった。修道院に出現している悪魔はグランディエに酷似しているという噂である。数日後、ルーダンの誰もが、この悪徳司祭が悪魔と親密な関係にあると言うようになった。

悪魔祓い僧たちが呼ばれて、修道女たちに質問を行ったが、驚くべき結果が出た。なんと修道女たちは皆、自分が悪魔に取り憑かれていると信じるか、そうであるふりをしていたのである。これにはジャンヌが範を示していたのだ。

けれども、悪魔祓い僧以外には、誰も「現実の悪魔憑き」など信じなかった。医者たちもそうだし、国王特別親任官にしてリシュリュー枢機卿の腹心たるジャン・マルタン・ド・ローバルドモン男爵もそうだ。しかし、彼はそこにこそ、リシュリュー枢機卿の政敵ユルバン・グランディエを葬り去る算段があることに気がついたのである。

その間、修道女たちは悪魔憑きの演目を日々改良していた。スキャンダルは大きくなった。悪魔祓いが公開された。悪魔が修道女たちを介して質問に答えたり、自筆の署名をしたりしたのである。

グランディエの有罪の証拠には事欠かなくなった。悪魔が修道女を介して証言していたからである。だが、悪魔は嘘吐きだとみなされていたので、これらの証言が承認されることはなかった。

この難点を解決したのはローバルドモンである。「悪魔はローマ教会の司祭に拘束されると、常に真実を言う」という原則を認めさせたのだ。ユルバン・グランディエは一六三三年十二月七日に逮捕され、悪魔とその協同者の証言に好意的な判事から火刑を宣告された。度重なる拷問にも、虚偽の自供への署名は拒否し、大勢の野次馬の前で火刑に処された。彼の瞑想を見て、野次馬たちは心が動かされた。

❖ ノブレス・オブリージュ、あるいはブランヴィリエ侯爵夫人の毒殺

色恋沙汰や房事だけが若きルイ十四世の宮廷を風靡していた時代、情痴事件は町人《ブルジョワ》社会にも広まりつつあった。

ラ・ヴォワザンの肖像。

好い結婚に恵まれなかった若い女性たちは、夫の専横から逃れんことを夢見ていたけれども、離婚するすべはなかったし、姦通すれば修道院送りになる惧れがあった。だから、呪詛や黒ミサを試みて不首尾だった場合、戯れに、「相続の粉」との異名をもつ毒薬を用いたのだった。干した蟾蜍《ひきがえる》か、毒人参か、砒素かを、少量ずつ、食物に混ぜて、投与することが勧められ、昇華物や濃硫酸は浣腸に用いられた。

　法医学の専門家たちは急死の理由を解明することはもはや不可能だとしていたが、処罰されない保証はなかった。ブランヴィリエ侯爵夫人は苦い経験からそれを学んだのである。毒殺事件の幕開けとなる、この世紀に最も評判を呼んだ三面記事的出来事のヒロインは「性的快楽《プレジール》に熱心」な美女であった。一六五一年、二十一歳のときに、アントワーヌ・ゴブラン・ド・ブランヴィリエ侯爵と結婚した。侯爵は移り気であったから、侯爵夫人は慣例から、夫の親友に抱かれて慰められた。情人の名はゴダンというが、サント＝クロワと呼ばれていた。誰もが

この状況に満足していたのに、不実な妻の父親だけは違った。父ドブレイは厳格な司法官で、一六六三年三月十九日に国王の封印状によってサント＝クロワを逮捕、投獄したのである。

　サント＝クロワは二ヶ月後、侯爵夫人の閨房に戻ってきた。侯爵夫人は実父に毒を盛って恨みを晴らしてやろうと考えた。そこで、サント＝クロワから「毒薬の名人」を紹介してもらった。クリストフ・グラゼ、王の薬剤師である。

　侯爵夫人は慎重を期して、「グラゼの処方」を施療院の患者で試してみた。夫人はキリスト教的愛徳の名の許に施療院を訪問していたのである。

　毒入り菓子がその生成物の効果を示すと、侯爵夫人は父の枕許に付き添った。この「看病」は八ヶ月に及んだ。父ドブレイは一六六六年九月十日に亡くなった。

　父から解放された侯爵夫人は、今度は別の情人に心を奪われ、財産の一部を乱脈に使い果してしまった。初めてお金に困ると、従僕に命じて、ドブレイの相続人である二人の兄弟の食事に毒を混入させた。訳ない仕事だった。夫人と兄弟は一緒に住んでいたからである。二人とも三ヶ月後には、数週間の間隔をおいて帰らぬ人となった。つづいて、欲得ずくから妹にも毒を盛り、情人たちや夫と放恣な生活を続けた。そのうち、夫人はブランヴ

有罪判決を受けた後のブランヴィリエ夫人を、ルイ十四世の第一画家にしてアカデミーの学長たるシャルル・ブランがクロッキーに描いている。

ィリエ侯爵を毒殺して、サント＝クロワと結婚しようと心に決めたが、サント＝クロワは侯爵夫人との結婚に乗り気でなかったので、侯爵に強力な解毒剤をこっそり飲ませていたのである。まさかサント＝クロワが夫の命を救おうとは、さすがに侯爵夫人も予期していなかった。

書簡文学で名高いセヴィニェ夫人もブランヴィリエ侯爵の怪事件に言及している。侯爵は「毒を盛られたかと思えば、解毒剤を飲まされたりして、五、六度たらい回しにされたが、一命を取り留めた……」

ところが、このとき急死したのはサント＝クロワだった。彼は莫大な負債を抱えていたので、家財一式は差し押さえられた。

差し押さえされた物品のなかに小箱があったが、そこから毒の入ったガラス瓶やブランヴィリエ侯爵夫人の手紙が発見され、夫人の身は危うくなった。スキャンダルが巻き起こった。侯爵夫人の訴訟と死は、消しがたい記憶を残すことになった。

侯爵夫人には、社会的地位が考慮されて、斬首の刑が宣告された。侯爵夫人はそれに少しもたじろがなかったし、悔い改めさえした。

ブランヴィリエ侯爵夫人の犯罪が語り継がれるなか、ラ・ヴォワザンことカトリーヌ・デエーの告白によって、ルイ王朝の名高い「毒薬事件」が露見することになった。

この裁判の内幕は今日暴露されている。宮廷の高貴な身分の方々が護符や毒薬を需《もと》めに来たり、教えを乞いに来ていたのは周知のとおりだ……。ラ・ヴォワザンの娘マルグリットの告白や火刑裁判所の秘密は、フランス史に記されるようになってきている。ラ・ヴォワザンは陳腐な三面記事的出来事の枠から解き放たれたのだ。

❖十八世紀が好んだ人間味あふれる行為

十八世紀に脚光を浴びた主要な三面記事的出来事は、善行や英雄的行為を示す言動である。

この現象は流行の文学の影響や、とりわけ版画家や年代記作者の顧客の上品さによって説明されよう。当時、版画や新聞は高級品で、支配者層向けのものだったし、支配者層は下層民の悪事になど関心はなかったからである。貴族は庶民を斬捨御免で殺害する特権を有していたので、貴族の犯罪が俎上に上がることなど例外中の例外だった。古くからの考え方が深く浸透していたので、先祖の貢献を考慮されて、貴族の暴力行為は許されていたのである。

一七二三年、コンデ家のシャロレ伯爵は、パリ西方のアネの村を通過中、ナイトキャップをかぶった村人が自宅の戸口に佇んでいるのが目に入った。それを、ふざけて、銃で撃って殺害したのである。翌日、摂政オルレアン公フィリップに恩赦を求めた。それは単に形ばかりだった。

道路の事故についても事情は変わらない。大領主が豪華な四輪馬車に乗って、通行人を轢き殺したときも、そうである。

一七八〇年、ブリヨンヌ夫人の子息デルブフ公爵が、フォーブール゠サン゠タントワーヌ通りの真ん中で、サン゠ポールの代理司祭を轢いた。代理司祭は瀕死の人にお祈りをしていたのだった。聖職者が無残な状態になっているのを見て、野次馬たちは無礼を承知で憤慨の叫びを発した。公爵は呵呵大笑し、「六頭の馬で」再び出発した。

公爵は高等法院の主席検察官の許に告訴されたが、訴追されることはなかった。

当時の版画に貴族の悪行が偲ばれるものはない。その代わり、貴族は才能ある版画家に報酬を支払って、みずからの「人間味あふれる扱い」を作品に残させたのである。

オルレアン公は騎馬従者を助けようとして、狩猟服姿でヴィリエ゠コトゥレの川で泳ぐ姿が描かれた。版画の下には公を称えた四行詩が記されている。

「高潔な娘」（1788年）

また、狩猟の最中に、農民がいきり立った鹿にやられて重傷を負ったが、マリー・アントワネットは負傷者の女房を慰め、幾許かの金子を与えた。詩人や芸術家は多少とも自発的に、こうした善行をもとに作品を創作した。

　しかしながら、絵画や版画にも、貴族を扱っていない、二つの出来事がある。

　ひとつは「高潔な娘」カトリーヌ・ヴァッサンがノアヨンの屎尿の汲み取り人夫を救助したこと、もうひとつは砲兵科伍長のルイ・ジレがオータンの盗賊を成敗したことである。

　この勇ましい軍人の武勇伝はあらゆる新聞に掲載されたし、グリムは《文芸通信》誌のなかでこの英雄の発言を高く評価している。

　また、一七八五年の官展《サロン》で最も好評だったのも、少女を救出するル

イ・ジレの絵画だった。この作品の複製版画を画家ピエール＝アレクサンドル・ヴィルの父J・G・ヴィルがプロシア王に献呈している。

他にも、非常に広まった版画にヴォワザールの作品があり、これはアルトワ伯に献呈されている。アルトワ伯は配下の下士官の悪評を打ち消すのに、こうした結構な手本を利用することの重要性をよく分かっていたのである。

ルイ・ジレの評判たるやものすごいもので、アンディノ座で「伍長」という二幕物のパントマイムが上演されたほどであった。

❖高潔な娘

一七八八年三月十三日、ノアヨンで、四人の屎尿汲み取り人夫が呼吸困難に陥り、糞尿溜から出られなくなった。弱々しくうめいている一人を除いて全員が死んだと思われ、窒息の危険を冒してまで人夫たちを助けようとする者はいなかった。ブルイーユの司祭は志願者を募ったが誰もいなかったので、酢の入った取っ手つきの壺をもって、みずから糞尿溜の中に降りて行こうとしていた。そのとき、カトリーヌ・ヴァッサンがその壺をつかみとると、糞尿溜に飛び降りた。この二十歳のヒロインは三たび往復して、ついに三人の屎尿汲み取り人を生きて連れ戻した……。彼女は力尽き、意識を失って倒れた。彼女は正気づくと、四人目を探しに走ったのだ！

高潔な娘はノアヨンの市政府、聖職者、オルレアン公爵から褒美を賜った。また、国王からも二四〇〇リーヴルの持参金を下賜されたのである。

❖伍長

ルイ・ジレ、別名フェルディナンはアルトワ機甲師団の伍長、年齢は六十六歳である。四十五年の軍務を終えて、フランス北方の街サント＝ムヌーの家への帰途、オータン近郊の森を歩いている途中で、金切り声を耳にした。「救援に駆けつける」と、少女が二人の賊に木に縛りつけられていた。逃げようとした悪人の頬をジレはサーベルの一撃で切り、ピストルで狙っていたもう一人の手首を切り落とした。

二人を追跡した後、勇敢な軍人は少女を親元に連れ戻した。少女の両親はジレに娘との結婚を申し出た。ジレは、この年齢《とし》ではお嬢さんを幸せにすることより、お嬢さんを救うことのほうがずっと容易いことでしたから……と答えた。また、ジレは礼金も辞退した、「褒美はわが心のなかにあります」と言って。

少女を助けるルイ・ジレ。「伍長ルイ・ジレ氏、別名フェルディナン。アルトワ機甲師団伍長」デッサン、アントワーヌ・ボルテル。版画、クロード・ヴォワザール。オトゥール社発行、1786年。

❖義賊ルイ・マンドラン、ピストル強盗とゆすりを考案

密売人の総元締であるルイ・マンドランが世間を騒がせた事件は、実際には、武力攻撃や殺戮行為を重ねたにすぎない。だが、民衆が溜飲を下げ、マンドランが国民的英雄になったのは、この密売人が犠牲者を選ぶことを心得ていたからである。

ルイ十五世治下のフランスでは、民衆は不当な税金に打ちひしがれていたので、税を専横に徴収する徴税請負人が襲われるのは心愉快なことだったのだ。

一七五五年、ヴォルテールはザクセン・ゴータ公爵夫人宛の手紙で庶民の見方をこのように伝えている。

「マンドランは三月《みつき》前まで、単なる盗賊にすぎませんでした。ところが、今ではカリスマなのです。彼はフランス王の街々で金をばらまき、ぶんどり品をフランス国王が配下の兵士に与える以上に手厚く彼の兵士に分配しています。人民は彼の味方です。人民は徴税請負人がいやでたまらないのですから。」

ところで、十八世紀中葉、密貿易は恐るべき弾圧の対象であった。

「禁制品ノ取引ヲ行ウ者ハ、火器ヲ所持スルモノデアレ、絞首刑、モシクハ絞殺刑ニ処ス。……」

当時の禁制品は塩、煙草、火薬、インドの織物などだった。これらこそ、マンドラン一味が雄騾馬の背に乗せてスイスから運び入れているものだったのだ。

マンドランは抜かりなく拳銃で脅して、密輸品をできるだけ高値でその専売権をもつ者たちに転売していた。徴税請負人や徴税請負の官吏は、取引を拒絶すれば、金品を強奪されるか殺されるかのどちらかだった。それを庶民は大喜びし、そこに神の指を見た。この義賊はフランスに六度の遠征をしたにすぎないが、のちのちまでの語り草となった。

一七五四年一月七日、「マンドラン一味」は国境を越えると、頑なに抵抗する官吏を幾人か撃ち殺した。サン＝テティエンヌ＝ド＝サン＝ジョワールでは、煙草の専売品保管販売職員の娘が八〇〇〇リーヴルの値をつけることを聞き入れている。

二度目の遠征は、六月に開始され、前回を上回る利益

強盗をはたらくマンドラン。この絵の下には次のような詩が書いてある。「われわれに場所代を支払えば、つねに／かなえてやるだろう　どんなささいな要求も／煙草であれ、塩であれ、インドの更紗でさえも／ここにあるから選びたまえ　引き留めるものなど何もなし」

を得た。

三度目の遠征では、サン＝シャモンの絹織物販売所の所長が命を落とすことになった。

ヴェルサイユの王権は危機感を持ち始めた。「マンドラン一味」の四度目の遠征では、オーヴェルニュ地方の徴税請負人たちに恐怖の種をまき散らした。

モンブリゾンでは、不当に刑を宣せられた囚人たちを解放したので、その大部分はマンドランの軍隊に入隊した。

十月四日、マンドランはフランスに戻り、五度目の遠征を敢行。武装した二百七十人の配下を随え、百四頭の馬でご禁制の品々を運んだのだった。またも同じ成功を収めた……。マンドランは高名で金持ちであったので、参謀部を組織し、配下の者用の制服を発注した。薄灰色の服装と緋色の外套を誂えさせたのである。

陸軍大臣は狼狽して、八つの連隊を動員し、密売人の総元締の二百人の兵士の捕獲に当たらせた……。軍隊はグルノーヴルで待ち構えたが、徒労に終わった。フランス王国随一の人気を誇るこの盗賊は間者からの報告を受け、六度目の

輝ける終りを迎えられん

遠征の経路を変更していたのである。

十二月十八日、マンドランはボーヌを襲撃、市庁舎に侵入し、塩の収税吏に二万リーヴルを免除させた。

その翌日、マンドランはオータンを包囲して、神学生三十七人を捕虜にし、身代金二万五〇〇〇リーヴルを要求。正規軍からの派遣隊と二度にわたる戦闘を交えた後、サヴォワに帰還した。マンドランはこの地で英雄として迎えられた。

ところが、一七五五年五月十日の夜、フランス国王軍五百名が国際法を破って、サルディーニャ王領のサヴォワに侵入、マンドランを捕縛したのである。

ヴァランスの高等法院は同年五月二十四日付けの判決で、「腕、腿、脚、臀部を生身のまま切断すべし」という刑を宣告した。

マンドランは祈りながら死んだ。それをもとに嘆き節の作者が思いついた気の利いた断片は以下のごとし。

キリスト教徒よ　聞きたまえかし
かかる例をば役立てよ
密輸入などとりやめて
大なる汝《なれ》が過誤《あやまち》を嘆きたまえ
さすれば汝《なれ》も　マンドランの如《ごと》

❖ジェヴォーダンの獣

ジェヴォーダンの獣は剥製にされたときでも、伝説上の怪物だとみなされたままだった。

この獣が出没し、殺戮を始めたのは一七六四年七月の初旬のこと。「今月の三日、アバの村で、十四歳の少女が獣に食い殺された」と報じられた。

九月の末には十三人が食い殺されている。狩り出しが行われ、罠が仕掛けられ、お祈りが唱えられたが、その甲斐もなかった。獣の捜索に歩兵四十人、騎兵十七人からなる竜騎兵の分遣隊が派遣された。

新聞《ガゼット》各紙はジェヴォーダンの獣の被害で埋め尽くされていた。

行商人が村々で売り歩いた『ジェヴォーダンの獣の嘆き節』には獣の実際の特徴が記載されている。

「この獣はライオンさながらの口を持ち……二本の歯は猪のような牙の形……背中はカイマンなる鰐に似ており、鱗に覆われている。尻尾は豹のごとし。」

犠牲者数は日を追って増え続け、世間の悲嘆が宮廷にまで達したので、ルイ十五世は獣を仕留めた者に六〇〇〇リーヴルの報奨金を約束した。そして、殺害したらただちに、「臓腑を取り出し、骨組みとともに、ヴェルサイユへ送る」よう命じた。だが機は熟していなかった。

二月七日、六十三の小教区が、選抜された射撃手を、二万二千人におよぶ猟師の異例の狩り出しに派遣したが、不首尾に終わった。

そうしたなか、あちこちのアイデアマンから手紙が舞い込んだ。ド・ジョアスなる者は「猛毒を仕込んだ女性の人形」の制作を提案した。これを杭の上に並べておけというのである。なお、頭部と乳房の部分には、豚の膀胱に毒入りの血をしみ込ませたスポンジを詰め込んだものを使用したらどうかと述べている。また、エルベールなる者は、ボンネットとレースを羊に纏わせて羊飼いの女に変装させ、獣をおびき寄せることを考えついた。そうすれば、待ち伏せした猟師が造作なく撃ち殺せるというわけだ。

国王はフランス随一との評判を誇る狩猟官ダンヌヴァルに助力を乞うた。ダンヌヴァルは補佐、子息、猟犬を

FIGURE
DE LA BÊTE
FAROUCHE

ET EXTRAORDINAIRE, QUI DÉVORE LES FILLES Dans la Province de Gévaudan, & qui s'échappe avec tant de viteſſe, qu'en très-peu de tems on la voit à deux ou trois Lieues de diſtance, & qu'on ne peut l'attraper ni la tuer.

EXPLICATION

ON écrit de Marvejols, dans la Province de Gevaudan, par une Lettre en date du premier Novembre mil ſept cent ſoixante-quatre; que depuis deux mois il paroît aux environs de Langogne, & de la Forêt de Mercoire une Bête farouche qui répand la conſternation dans toutes les Campagnes. Elle a déja dévoré une vingtaine de Perſonnes ſur-tout des Enfans & particulièrement des Filles. Il n'y a guère de jours qui ne ſoient marqués par quelques nouveaux déſaſtres. La frayeur qu'elle inſpire empêche les Bucherons d'aller dans les Forêts, ce qui rend le bois fort rare & fort cher.

Ce n'eſt que depuis huit jours qu'on a pu parvenir à voir de près cet Animal redoutable. Il eſt beaucoup plus haut qu'un Loup: il eſt bas du devant, & ſes pattes ſont armées de griffes. Il a le poil rougeâtre; la tête fort groſſe, longue, & finiſſant en muſeau de Lévrier; les oreilles petites, droites comme des cornes; le poitrail large & un peu gris; le dos rayé de noir; une gueule énorme; armée de dents ſi tranchantes, qu'il a ſéparé pluſieurs têtes du corps, comme pourroit le faire un razoir. Il a le pas aſſez lent, & il court en bondiſſant. Il eſt d'une agilité & d'une viteſſe extrêmes: dans un intervalle de tems fort court on le voit à deux ou trois lieues de diſtance. Il ſe dreſſe ſur ſes pieds de derriere, & s'élance ſur ſa proie, qu'il attaque toujours au cou, par derriere, ou par le côté. Il craint les Bœufs, qui le mettent en fuite. L'allarme eſt univerſelle dans ce Canton; on vient de faire des Priéres publiques; on a raſſemblé quatre cens Payſans pour donner la chaſſe à cet Animal féroce, mais on n'a pu encore l'atteindre.

Vû par moi Cenſeur pour la Police. Ce 24 Novembre 1764.
Vû l'Approbation, permis d'Imprimer à la charge d'enregiſtrement à la Chambre Syndicale.
DE SARTINE.
Regiſtré ſur le Régiſtre N°. 14. de la Communauté des Libraires & Imprimeurs, page 197.

Se vend AUX ASSOCIÉS. Chez F.-G. Deschamps, Libraire, rue Saint-Jacques.

かわら版はパニックをまき散らした。

猛獣の図

獰猛で途方もない獣の図。この獣はジェヴォーダン地方で少女たちを食い殺し、目にもとまらぬ速さで逃げ、瞬く間に、2、3リュー先に行ってしまうので、捕縛することも退治することもできない。

【説明】

ジェヴォーダン地方マルヴジョルのことが1764年11月1日付の手紙に記されている。2ヶ月前から、ランゴーニュ近郊、メルソワールの森に、一頭の「獰猛な獣」が出没し、この地方の全域に悲嘆が広まっているのだ。この獣はすでに20人を食い殺したが、犠牲者はほとんどが子供、特に少女である。この獣に関する何らかの惨事が起こらぬ日など滅多にない。

この獣が恐くて木樵は森に行かれない。これによって、薪が貴重となり高価になった……。この恐ろしい獣が間近で目撃されてからまだわずか一週間である。この獣は狼よりも体長がはるか長い。前軀は低く、脚には鉤爪を備えている。赤みがかった毛並をしており、頭部は大きくて長く、グレーハウンドのような鼻面をしている。耳は小さく、角のように真っ直ぐ。胸は広くて、やや白髪まじり。背には黒い筋があり、口は並はずれて大きい。歯は鋭いので、剃刀さながら、首をいくつも食いちぎった。

この獣はゆったりとした足取りで、飛び跳ねながら駆ける。じつに敏捷で、目にもとまらぬスピードを有するので、瞬く間に、2、3リュー先に行ってしまう。後ろ脚で立ち上がり、獲物に飛びかかると、後方、もしくは側面から、獲物の首を襲う。ただし、牛を怖がり、牛を見ると逃げ出す。この獣はこの小郡全域で恐れられている。先頃、公の祈禱が行われた。また、400人の農民が集まって、この獰猛な獣の狩り出しを行ったが、不首尾に終わっている。

ジェヴォーダンの獣は剥製にされて、ヴェルサイユに展示されたが、その被害は収まらなかった。

引き連れ、専門の武器を携えて、ノルマンディーからオーヴェルニュへと盛大に赴いた。けれども、この季節の終りには非難ごうごうで、ルイ十五世はアントワーヌ・ド・ボーテルヌに交代せざるをえなかった。

狩猟補佐官にして陛下の鉄砲持ちであるボーテルヌも子息、猟犬の群れ、二人の従者、十四人の猟場番人を随えて行った。

科学的狩猟の甲斐なく、獣の食欲は一向に衰えないまま、二、三ヶ月が流れた。その間もジェヴォーダンの農民は幾多の犠牲者に涙を流してばかり。国中が打ちのめされていた。ボーテルヌもこの戦いを断念しかかったが、その矢先、九月二十一日に、巨大な山猫を撃ち殺したのである。獣の目撃者は特定した、そう、この獣だ、と！

宮廷でも街でも、その熱狂たるや筆舌に尽くせぬほど。感謝のミサがとり行われ、クレルモン＝フェランで三人の外科医によって防腐処理がほどこされた獣の到着が今か今かと待たれていた。

一七六五年十月二日、ヴェルサイユでジェヴォーダンの獣が展示された。ボーテルヌは聖ルイ勲章と一〇〇〇リーヴルの年金を受領し、紋章にジェヴォーダンの獣を入れることが許可された。

ところが、十二月の末のこと、一通の知らせが舞い込み、祝賀ムードに水を差した。ジェヴォーダンの獣が新たに四人の犠牲者をもたらしたというのだ。ヴェルサイユからは、公式には獣は死亡し、剝製にされたとのそっけない返答があった。王権と被害地の長官との関係は途絶えた。被害地方では、獣の死まで殺戮が続いた。獣は翌年の六月十九日にようやく、殺されたのだった。

『ジェヴォーダンの獣による被害の日誌』（一七六四―一七六五年）および各小教区の記録簿によると、異なった猛獣の犠牲者の数はおよそ百四十人と推定される。その伝説が、挿絵画家や嗅ぎ煙草入れの製造業者お気に入りの主題たるジェヴォーダンの獣を生み出したのだ。

❖ ベンジャミン・フランクリン三面記事的出来事を執筆する

一七八三年十一月二十一日、パリのラ・ミュエット庭園で気球の自由飛行が実験されたが、パッシー地区に住んでいたベンジャミン・フランクリンはベランダからその全階梯を注視していた。この実験は、ピラートル・ド・ロジエとダルランデス侯爵が乗船したものである。

フランクリンは当夜のうちに、この実験のことをロンドンの英国学士院院長ジョゼフ・バンクスに、英語で書き送っている。この手紙はあまり知られていないが、センセーショナルな三面記事的出来事の紛うかたなきルポルタージュであるから、以下に引用しよう。

一七八三年十一月二十一日　パッシーにて

私はあなたから三月七日付の好意的なお手紙を受け取りました。空気静力学の実験に関する私の手紙がお気に召されたようでうれしく存じます。……

ラ・ミュエットで実験された気球はかつてヴェルサイユで羊、アヒル、雄鶏を乗せて上げられた気球（一七八三年九月十九日）よりはるかに大きなものでした。気球の底部は開いていて、その開口部の真ん中には格子の籠のようなものが設置されており、その中で柴や藁の束が燃やされています。こうしてこの火を介して希薄化した空気が気球の中を上昇し、その側面を膨らませ、その中に充満するのです。

この底部の近くに、外部とつながれた柳製のバルコニー部分があります。乗員はそれに乗り込み、各自の前にある開口部の炉に藁束を投入して、火を維持し、気球を膨らませておくことができるのです。

……

風ニ吹カレタ装置ハ庭園ノ並木道ノ上ヲ進ム。

――つまり散歩道の木々にぶつかりながら進んだのです。バルコニー部分は木々の上部の枝々にひっかかってしまいました。木々の枝は最近切られたばかりで、堅くてたわみません。そのうえ、気球の本体はその向こうに傾いていましたから、ひっくり返ってしまいそうだったのです。私はそのとき乗員たちが心配でなりませんでした。投げ出されてしまわないか、焼かれてしまわないか、と。というのも、気球はもう水平ではなく、火が、ちょうど上側にある布を内部から包み込んでしまうかもしれなかったからです。しかし、まだつないである数本の綱を用いて、この装置は水平に戻され、下ろされて、再び整えられました。けれども、気球はひどく損傷していたのです。

地平線ノ上ヲ飛行。望みの高さまで上昇すると、火を弱めて、装置を風で水平に飛行させました。……

……多数のパリ市民が気球が通るのを見ていましたが、それに人が乗っているとは誰も分かりませんでした。なぜなら、気球は遥か高いところを飛んでいましたから、人は気づかなかったのです。……このラ・ミュエットの実験は確かに大したものです。この実験は重大な影響を及ぼしえますが、誰もその重要性を予想できないでしょう。……

敬具

ベンジャミン・フランクリン

残念ながら、気球の打ち上げ実験のいずれもが、ベンジャミン・フランクリンを熱狂させた実験と同様に、成功したわけではない。一七八三年八月二十七日、モンゴルフィエが空気静力学の気球をシャン・ド・マルスで打ち上げた。コラムニストによれば、見物者の数、三十万人だとか……。気球は多量の降雨ももののともせず、すばやく「密雲の上に」昇った。四十五分後、パリ北郊の村ゴネス近郊に落下した。ところが、住民はそれを怪物だと思い、石を投げたり、農業用フォークで突き刺したりしたのである。

銃で殺してしまえと猟師が主張しているところに、折よく村の司祭がやってきて、怯える信者たちを安心させた。住民はモンゴルフィエの気球をぞんざいに扱うことは諦めたが、結局、「史上最も美しい物理実験の装置」を馬の尻尾に結びつけた。

ピラートル・ド・ロジエは、こうした失敗を考慮に入れていなかったので、気球で英仏海峡を渡ろうとして命を落とした。

世界初の気球の有人飛行を、ベンジャミン・フランクリン氏はパッシーの自宅テラスから見物していた。

1783年8月27日、気球による三面記事的出来事がゴネスの住民たちにとらえどころのない不安をもたらした。

フランス大革命

十八世紀末葉のフランスでは、貴族階級の不埒な行為の物語が、新しい思想を普及させるのに一役買ったし、一部の人々には、平等と友愛という哲学的理想とはかけ離れた犯罪行為を行わせた。

攻撃文書の作者たちが、貴族ははるか昔から「人民を食い物」にしたのだから、今度は人民が「貴族を食い物」にするのは正しい、と主張したためである。

かくて、人民には先祖伝来の敵を絶滅させる権利があるだけでなく、貴族の財産を奪取する権利もあるというのだ。

パリでは一七八九年以来、略奪が横行した。貴族の邸宅には赤い印が付けられていたし、地区の委員が路上で市民を捕えて、金品宝石を徴発していた。なかには貴婦人にイヤリングを外させる暇《いとま》も与えず、引きちぎるようなせっかちな輩もいた。

一例として、一七八九年七月十四日に起こったある特徴的な出来事を引いておこう。バスティーユ監獄司令官ローネーの殺害である。

バスティーユの騒擾の後、群衆はこの要塞のなかで備品を壊していたが、軍人たちが司令官を市庁舎に連行しているその後をついて行く一団があった。

その後ろを料理人フランソワ＝フェリックス・デノな

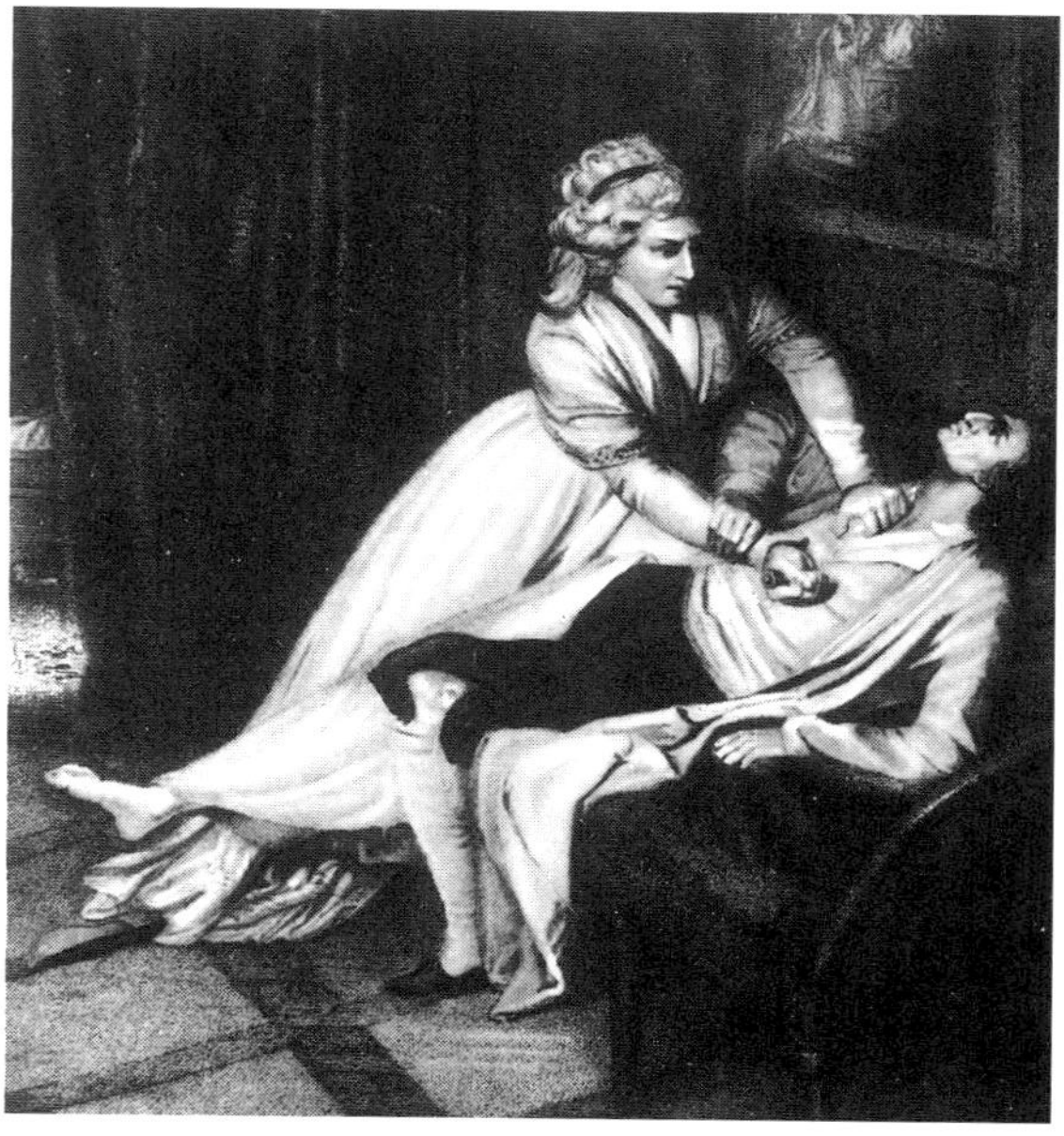

る者が駆けて行くのが見られた。この男は六月二十七日以来、老ブルトゥイユ男爵夫人の邸での仕事を辞めていたのだった。

司令官のローネーは抵抗しているとき、ついデノの下腹部に足蹴りを加えてしまった。この行為を目撃した人々が司令官を懲らしめようと駆け寄り、警備兵を追い払って、司令官を殴った。ローネーは銃剣で幾度も刺されて、倒れた。そのとき、いきり立った男がデノにサーベルを差し出して、こう言った。「あの野郎はあなたに怪我を負わせたのですよ。……頸を斬っておしまいなさいな……」拍手喝采のなか、デノは司令官の頸と肩に切りつけた。だが、サーベルの用い方が分からなかったので、頸を切り落とせなかった。それで、ポケットから黒い柄のナイフを取り出した。男爵夫人のところでは、このナイフでロースト肉を切っていたのだ。デノは司令官の頸を根気よく切った。頸を切り落とすと、農業用のフォークを借りて、フォークの歯のひとつに血まみれの頭部を差し込み、出発した。後ろでは群衆が歌っていた。

七月十四日には、長々とした行進をした後、デノは受領書と引き換えに、司令官の首をシャトレの国民軍詰所に引き渡した。そして、七月十五日の午前中に、デノは戻って来て、頸を引き取り、この日も行進した後、晩に

マラーはフランスの版画では浴槽で殺害されているが（左）、イギリスの版画ではソファーの上である（右）。

新たな受領書と引き換えに置いていった。十六日にまた引き取りに来た。デノはその頸が役に立たなくなると、受領書なしでサン＝ロッシュの墓掘り人夫に引き渡した。七月十六日の夜七時のことだった。

デノはみずからの偉業を、ヴェルサイユから来た代議士に物語った。この証言は、めったに掲載されない「愛国的」な出来事が評価されていたのはどんな点なのかを示している。

「『代議士殿、ローネーの頸を断ったのは、このわたくし、クールタロン通りのデノでございます』
『あなたがなされたのですと……そのためにお金をもらわれましたかな？』
『いえ』と私は答えた。
『よろしい。褒美が出ますぞ』
『褒美など欲しくはございません。……純粋に祖国愛によってなしたのであり、勲章を頂戴するためなのです。……しかも、私は食い扶持に急き立てられたわけではございませんので。……』」

ところで、地方では、民衆の恨みが翌一七九〇年の一月にようやく表面化し始めた。毎週、ジャーナリズムは数十の騒動を記録していた。

「七十一歳のディジョンの高等法院評定官がヴィトゥオーで惨殺された。政治上の反対者たちから喉元や耳に杖を打ち込まれたのである。（一七九〇年二月二十八日）」

ヴィトゥオーの裁判官が作成した調書には次のような記述がある。

「……評定官は地べたに押し倒されて、喉元や耳に杖を何度も何度も打ち込まれたので、痛ましくも午前十一時に息を引き取った。……」

犯人たちは民衆から褒め称えられた。

「ヴァランスの教会では、砲兵隊の司令官が刺され、鉄砲で撃たれて、死亡した。司令官が当教会にて自らの潔白を証明した直後のことだった。（一七九〇年五月十日）」

《パリの革命》紙の四十五号には、このヴォワザンの司令官が「不法だが、正当に」殺されたと書かれている。

「エクス＝アン＝プロヴァンスでは、兵士たちの目の前で、激昂した集団が弁護士一人と貴族二人を大通りの木々に吊るした。（一七九〇年十月十四日）」

《デュシェーヌ親爺》紙では、奇妙な追悼演説が記されている。(1)

「エクスの民衆は『永遠ノ生』のためにそうしたのだ！民衆は大人しく家にいて、人権を学ぶ方がさらによかったというのか、断じてそうでない。……」

❖ナントの水死刑

国民公会議員のカリエールは、ナントへ任務に赴いたさい、囚人をつぎつぎに水死刑に処することを思いついた。早く浸水するよう特別に整備された弁のある船を用い、囚人は二人ずつ結びつけられるのだ。

革命政府は、過度に熱心なこの議員を処罰した。彼は大方の同時代人と同様に、犯罪と政治行為を混同していたのだ。

❖医師マラーの浴槽

一七九三年、この「人民の友」の死が報じられるや、政府筋の画家であるダヴィッドが、浴槽で暗殺されたマラーを描いた。

マラーが最後の入浴をする絵は、行商人によって数知れず広められた。いっぽう、イギリスの版画では、医者というものに対する尊敬の念から、不作法な衛生器具は長椅子に変えられることになった。

事実、マラーは一七七五年にイギリスで医師免状を取得している。姓の最後に「t」の字を加えてMARATとフランス風にし、前には貴族の称号である「ド」を付けたのも、フランス国籍と、アルトワ伯の近衛隊医師の免状をともに得たからであった。けれども、フランス貴族を攻撃するにあたっては、「ド」を削除したのである。

(1)《デュシェーヌ親爺》は革命家のルネ・エベールが一七九〇年に発行した新聞。ちなみに、一八九二年に「デュシェーヌ親爺」という小唄が流行したが、後出(一五〇頁)のラヴァショルが死刑台に向かいながらこの歌をうたったという逸話もある。

❖ フュアルデス事件の数々の嘘

一八一七年三月二十日早朝、アヴェロン川にナポレオン帝政下の元検事アントワーヌ・フュアルデスの遺体が浮かんでいるのが発見された。頸部にナイフで切られた大きな傷があった。

当初ささやかれたゴシップをもとに、警察は週《エブドマディエ》番通りでもぐりの売春宿を営むバンカル夫妻の家を捜索した。すると、そこで一着の上着、一枚の毛布、血の付着した数枚のぼろ布などが見つかり、あいまい宿の主人夫妻と、常連であるブスキエ、コラール、バック、それに数人の下っ端が逮捕されることになったのである。

バンカルの子供たちは尋問されて、その供述から司法当局は嫌疑を固めた。

「二人の男の人が病気の人を連れて家《うち》にやって来ました。……男の人たちは病人をテーブルに寝かせました。パパが瀉血してやっているのを、ママが明かりで照らしていたのです。……他の人たちは手桶で血を受けていました。」

二百三十五の証言を吟味した結果、検察官はロデスの名士二人を起訴した。フュアルデスの名づけ子で裕福な地主バスティド・グラモンと、バスティドの義弟で証券仲買人のジョジオンである。

十五人の被告人は牢内で裁判を待っていたが、拘留中にバンカルが死んだ。尿入りグラスに二サンチーム硬貨を浸して毒を得、それを飲んだからだという。

証人たちの供述に矛盾があるにもかかわらず、起訴状が手配された。フュアルデス事件は表向き次のようなものとして認識されていた。まず三月十八日に、元検事は多額の金を手形の形で受け取っていた。そして、翌十九日の夜八時に、この手形の交渉のための会合が設定されていた。自宅を出ると、待ち伏せていた男たちに襲撃され、バンカルの宿に連れて行かれた。フュアルデスがテーブルの上で喉を掻き切られた後、その遺体はバスティド先導のもと、バック、コラール、ブスキエ、バンカルによってアヴェロン川に運ばれた。

その翌日、ジョジオンはフュアルデスの事務所に押し入って、手形と水銀を奪った、というのである。だが、ロデスの謎はそれほど単純ではなかった。王党派が警察とぐるになって起こした陰謀という者もいれば、フュアルデスがルイ十七世の生存を証拠立てる文書を保持していたことを仄めかす者もいた。そんななか、途方もないニュースがヨーロッパを駆け巡った。クレマンドという大尉がこんなことを暴露したのである。即決裁判所裁判長のご令嬢が、事件のあった晩、バンカルの宿の小部屋にいたというのだ。

それはクラリス・マンゾンという若い女性の枕物語だった。翌日、クラリスは現れると、クレマンド大尉の興味を惹きたくて話をでっち上げたのよ、と笑いながら言った。

それでも、四日後、クラリスは、事件当夜はバンカルの宿の小部屋にいて、おぞましい出来事を聞いたことを認める申立てを作成した。そして、その晩は、婦人服の上に男性の服を着ていたと付け加えた。

フュアルデス氏の肖像画。有名な嘆き節（下）と一緒に行商人が売り歩いた。

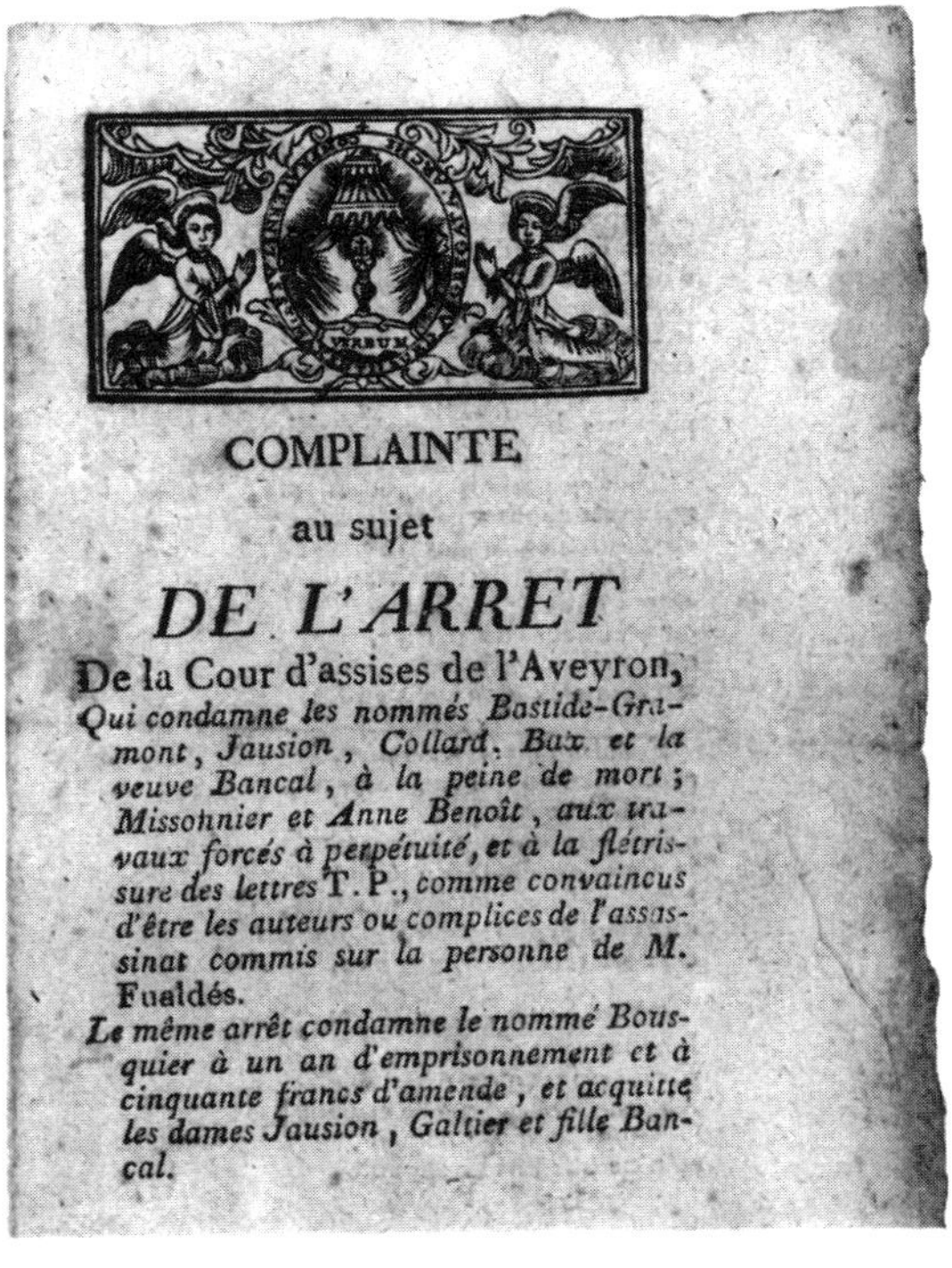

COMPLAINTE

au sujet

DE L'ARRET

De la Cour d'assises de l'Aveyron,

Qui condamne les nommés Bastide-Gramont, Jausion, Collard, Bax et la veuve Bancal, à la peine de mort; Missonnier et Anne Benoît, aux travaux forcés à perpétuité, et à la flétrissure des lettres T. P., comme convaincus d'être les auteurs ou complices de l'assassinat commis sur la personne de M. Fualdés.

Le même arrêt condamne le nommé Bousquier à un an d'emprisonnement et à cinquante francs d'amende, et acquitte les dames Jausion, Galtier et fille Bancal.

クラリス・マンゾンのアルビ市への入市。►口絵Ⅲ

県知事はもっと話を聞きたがったが、クラリスは気を失った。

ところが、八月三日には、彼女は県知事の家に出頭すると、自分は嘘をついていたと書面で認めた。彼女は一度もバンカルの宿に入ったことがなかったというのである。自白を終えると、彼女は失神した。

裁判長、検察官、弁護士、パリから来たジャーナリスト、クレマンド、クラリスの父が、代わる代わる彼女に真実を言わせようと骨を折った。彼女は法廷で話すと約束した。

審理は八月十八日に開始された。クラリスは二十二日に出頭した。黒い婦人服を着て、わらのキャプリン帽から垂れ下がった長く白いヴェールで顔を隠していた。

無意味な言葉を数語発して、クラリスは気を失ったが、意識を取り戻すと、こう叫んだ。

「私に人殺したちを見せないで！」

そして、また気を失ったが、つぎには胸を張って、バンカルの宿に入ったことは一度だってないと主張した。

彼女は態度を変えることはなく陪審の評決を迎えた。九月十二日、バスティド、ジョジオン、バック、コラール、バンカル未亡人に死刑判決が出た。

その二日後、クラリス・マンゾンは偽証罪で逮捕された。これでクラリスの名声はさらに高まった。彼女は牢内で記者たちと面会し、あらゆる種類の申し出を受け入れ、脱稿したばかりの『手記』を二四〇〇フランで売ることさえした。

裁判は中断されることになり、被告人たちは鎖で縛られて、ロデスを出立し、アルビへと向かった。一八一八年一月十九日のことである。クラリスは特別に馬に乗って行くことを許され、将校と憲兵に付き添われて移動した。通行中の町村ではしばしば拍手喝采された。

アルビで審理が再開されたのは三月二十三日のこと。三十日、クラリス・マンゾンはとうとうバンカルの宿で

クラリスのリトグラフ。刑務所、逢引、重罪院での三通りの服装で描かれている。

の夜のことに言及する決心をした。彼女は最初の証言を再度取り上げ、三度《みたび》失神した。

六月、バスティド、ジョジオン、コラール、バンカル未亡人は、アルビでギロチンにかけられた。

死刑執行の原因となった主要な三人の証人は、死ぬ前にみずからの証言を撤回している。

フュアルデスの悲劇を通して、何人もの人物がパリで束の間の名声を味わった。クレマンド大尉は『回想録』を物した。

フュアルデスの遺体をアヴェロン川に運んだブスキエは、クルティウスの蠟人形展示室に職を得た。棒を手に、フュアルデス裁判のスターたちの蠟人形を指してまわったのである。

世間の注目の的であった淑女クラリスは、数ヶ月はパリの女王だった。彼女が忘れ去られて、亡くなるのは一八四七年三月二十二日のこと。死を前にして、立会人に「バンカルの宿に足を踏み入れたことなどなかったわ……」と告白したという。

ちなみに、クラリスは死ぬまで内務省から終身年金を受給していた。

パリの尻刺し魔

一八一八年の冬、新手の流行病がパリを襲った。路上に、劇場に、パレ＝ロワイヤルの廻廊に、ご婦人方のお尻をつぎつぎと刺してまわる男たちが出没したのである。

最初の尻刺し魔は立派な風采をした予備役の士官殿(1)、にレジオン・ドヌール勲章の佩用者だった。被害者の女性はチュイルリー公園のベンチに腰かけていたところ、にわかに臀部に激しい痛みを覚え、意識を失った。被害者はただちにチュイルリー宮に搬送されたが、鋭利な刃物で深さ十二、三センチほど、刺されていたのである。

お次は三日後、パレ＝ロワイヤルにて、夫婦が腕を組んでの散歩中、夫人は左側の臀部の上あたりを細身の短剣で刺され、傷を負った。犯人は逃走している。

これを受けて、警視庁は同年十二月三日、報道機関に声明を発表した。

「先頃より、路上で邂逅した十五歳から二十歳の少女たちを、ポンチ、杖、傘の先端等で背後から刺すことに残酷なる快楽を覚えている者が出没している。犯人の身体的特徴は不十分にしか分かっていない。」

犯行は急増した。《独立《アンデパンダン》》、《燈火《ファナル》》、《討論《デバ》》、《仏蘭西新聞《ガゼット・ド・フランス》》の各紙は尻刺し魔の新しい所業を物語った。

パリジャンはおそれて、一人歩きはもうしなくなった。そのとき、警察内の小才の利く者たちがこんなことを思いついた。ほうぼうの風俗店から二十人の娼婦を雇うことにしたのだ。娼婦たちは尻刺し魔を物ともせず、私服警官に尾行されながら、通りを歩き回っていたからである。

一日一回の仕事で総額五フランが支給された。娼婦たちには身持ちのよい女性の様子をさせ、目を伏せて歩かせた。二十人ばかりの娼婦が毎朝九時に、モンテスキュー十字路にある白十字の看板を出している酒屋に通った。三人の警官がこの散歩を取り仕切っていたのである。だが、一週間続けられたものの、手がかりは一向につかめなかった。

新聞は非難で沸き返った……。この監視は断念されることとなり、その目論見は失敗した。八八〇フランの大

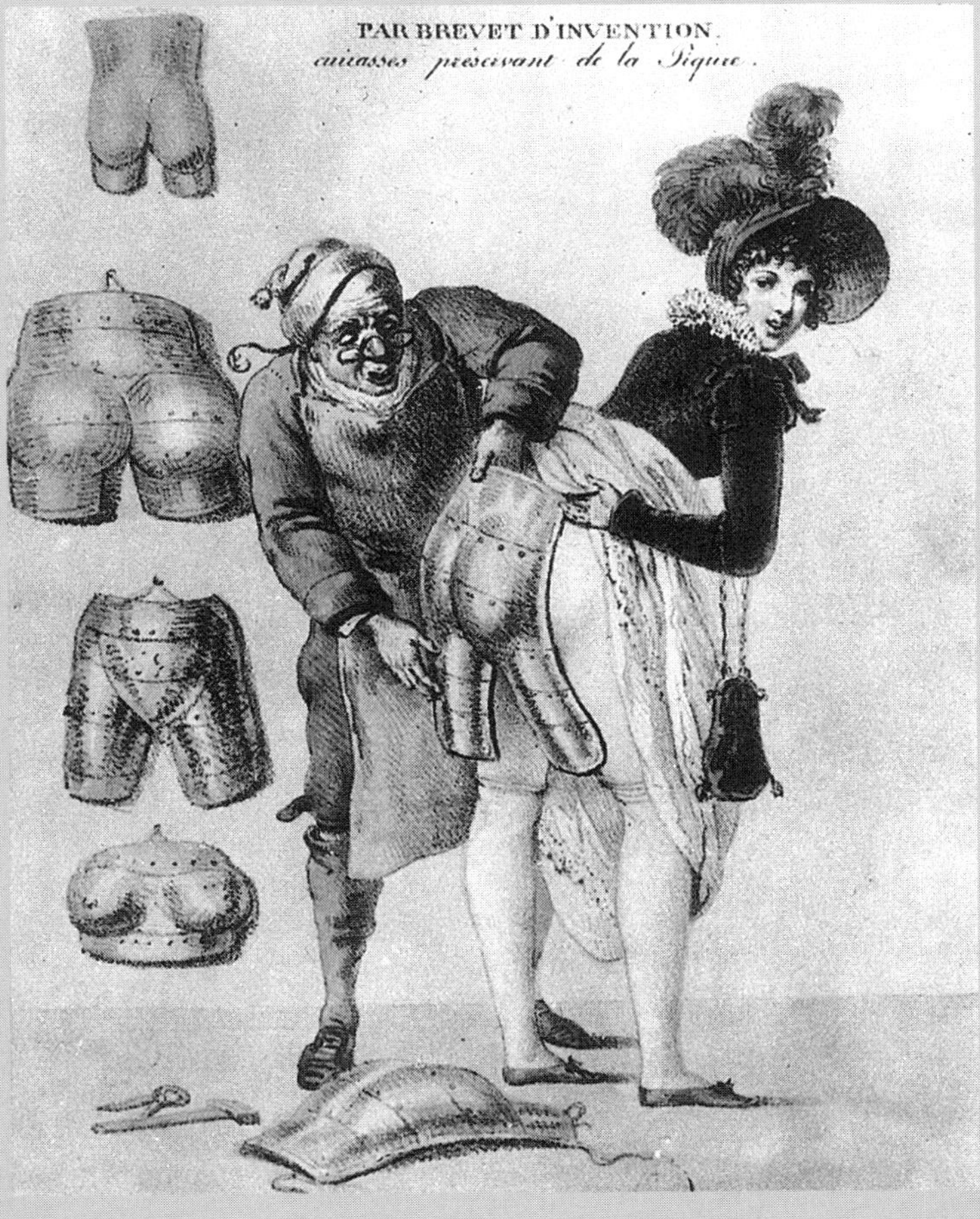

お尻ガードの図。下の図には「特許あり。ピックから守る尻あて」とある。

金を費やしたのに。

それでも、とうとう、一八二〇年二月一日、軽罪裁判所はオーギュスト゠マリー・ビズールという前科者に、禁固五年と罰金五〇〇フランの判決を下した。この男はクロワ゠デ゠プチ゠シャン通りの裁縫師見習いで三十五歳、四人の女性を刺した疑いで起訴されていた。だが、この見せしめのかいなく、こうした変質者の犯行は翌二一年まで止まなかった。

一八一九年以降、パリ中に不安が蔓延するのに乗じて、ひと儲けをたくらむ実業家が現れた。サン゠ルイ島で薬局を営むリベール氏は、刺し傷に効く軟膏を売り出した……。また、武器製造業者のなかには軽金属製のお尻ガードを開発した者もいたのだ。

風刺画家や風刺歌謡作家《シャンソニエ》もこの刺戟的なテーマに飛びついた。『エピクロス協会のメンバーによる、尻刺し魔をテーマにした嘆き節、ロマンス、シャンソンの全作品を収録した小冊子』が売り出された。

また、尻当てを取り付けたり、試着したりしている様子が多数の版画に描かれていたし、巷間では「おふざけ尻刺し魔」が歌われた。……

数ヶ月の不安のあとで、パリは笑いを取り戻したのだ！

(1) 王政復古期に休職させられたナポレオン帝政期の軍人。社会に不満をもっていた。

❖ラスネールの人となりが残虐犯罪をやわらげた

政治であれ、賭博であれ、
騙される者と騙す者しかいない。

――ラスネール

アヴリルとラスネールはロマン派時代の犯罪者のうちでも一、二を争う有名な名前である。テオフィル・ゴーチエは「ラスネールの手」という詩を残した。ヴィクトル・ユゴーは『レ・ミゼラブル』の中で、アヴリルのかぶっていた川獺《かわうそ》の帽子に言及し、ラスネールを登場させたが、彼はユゴーが創作した登場人物以上に興味深い盗賊だった。それはラスネールが凶悪な殺人者の部類に入るからであろう。『フランス死刑史』（一八六三年）の著者がそう感じたように。この書物では、ラスネールは、アンリ四世の暗殺者のラヴァイヤック、カルトゥーシュ、義賊マンドランのあいだでジル・ド・レーに近い地位を占めている。これは彼の階層の人とって、大いに名誉あることである。

逮捕されてから数週間後、ラスネールの哲学理論や詩作品が彼の殺人事件の話と同じだけ紙面を埋めた。文学者たちはただちに殺人犯を賞賛した。この殺人者は恋人をシルフィードと呼ぶくらいにロマン派だったから……。このすこぶる傑出して機知に富んだ哲学が紙面を飾った。

「私は私自身の維持の手段として殺人を選択した、私の生を保障するために。」

「人殺しである私は死刑台と私の間にある関係、ある契約を結んでいたと悟った。」

「私はワインを一杯飲むように人を殺めた。」

パリジャンは彼の許を訪れようと、フォルス監獄の門に殺到した。

殺人者の人となりによって、おぞましい三面記事的出来事が忘れられたが、彼を刑務所送りにした三面記事的出来事は次のとおりである。一八三四年十二月十四日、ラスネールは「おばさん《ラ・タント》」という異名をもつ寡婦シャルドンと、その息子を斧で殺害した。三十一日には集金係の青年を待ち伏せして、半月包丁で深手を負わせている。ラスネールはビリヤードのチャンピオンであり、パリの賭博場の常連だったが、逮捕時はボーヌにいた。そのときは、レヴィ・ジャコブと名乗り、手の込んだ詐欺を働いていたのである。

　ラスネールの裁判は一八三五年十一月十二日に始まり、大多数の傍聴人を集めた。傍聴人は彼の礼儀正しさ、端正な顔立ち、生き生きとした目、洗練された話し方に感嘆した。彼はビロードのケープのついた青い服を身に着け、当時贅沢な新製品だった極上のバチストのハンカチを手に持っていた。

　ラスネールは弁護に気を遣って、詩神《ミューズ》を追い立てたりしなかった。弁護士に広めてほしいと、こんな時宜を得た詩篇を託していたのだ。

おれは泥棒、いかさま師
極悪人さ、白状するよ
卑怯なまねをしたときは
金なんてもってなかった
飢えて仕方がなかったさ
大食《ぐら》いのみじめな男は
悪事に手を染めたくもなるもの

審理のときには、ラスネールはこんな話をして、女性ファンを怖がらせた。彼は寡婦のシャルドンと息子を斧で殺害したあと、被害者のコートを身にまとい、ヴァリエテ座の夜公演に出かけたというのである。……しかも、観劇の前に、中国風浴場《バン・シノワ》に行って血痕を洗い流したという。

　ラスネールは雄弁に語ったが、盟友のアヴリルと同様、死刑判決は免れなかった。

　判決が下され、パリ高等法院付属監獄に収監されると、ラスネールはそこで『回想録』を執筆した。彼は礼儀正しく、感じのよい態度をとり、自分から捜査局長に他に見逃されている犯罪をいくつか語った。単独の犯行のほうが発覚しにくいことの証明だと彼は言っていた。

　死刑執行の十日前、ギロチンについて数篇の詩を創作した。

いよいよ彼の頭部が落ちる
あの重い刃に打たれて
群衆に残された楽しみは
市中引き回しを眺めることだけ……
血がいくらかしたたり落ちて
事が終われば出発する
「クラマール墓地へ」と言いながら

Imp Lith de Villain
Il est un secret qui me tue,
Que je dérobe aux regards curieux,
Vous ne voyez ici que la statue,
L'âme se cache à tous les yeux.
Lacenaire
22 7bre 1835

ラスネールの肖像と彼の見事な筆跡（『回想録』初版口絵）。

一八三六年一月八日、ラスネールはビセートル監獄へ移送された。そのとき、彼は回想録に最後の数行を書き入れる許しを願い出た。

「明日、おそらく、私の頭は落ちるだろう。心ならずも、この『回想録』を中断して、出版者の世話に委ねなければならない。

「裁判によって新情報が補われている。さらば、私を愛してくれた者たちよ。そして、私を呪っている人たちにも、さらば。彼らには呪う権利がある。……」

ラスネールはにこやかに断頭台にのぼった。《法廷通信《ラ・ガゼット・デ・トリビュノー》》紙の記事とは反対に、聖職者の命令にたいへん勇敢な態度を示した。

この断頭台は老朽化していたので、刃がスムーズに動かず、落ちずにひっかかってしまった。

受刑者の目の前で刃をもう一度上まで上げねばならなかったが、彼はにやにやしながら、最後の軽口をたたいている。

ラスネールは享年三十四歳。彼の詩篇と『回想録』は死後刊行され、大当りをとった。何人もの作家には非難されたけれども。レオン・ゴズランが《巴里評論《ルヴュ・ド・パリ》》誌にこう書いたように。

「……冒瀆だ、ラスネールを詩人と呼ぶことは。人間を神にする高揚が詩だというのか……大地、富、万物がこんな男に献身するのが詩だというのか。この男は生きた人間の胸から心臓を取り出し、一時間後にはヴァリエテ座で観劇し、長椅子のビロードで指を拭いたのだ。私は蝶の翅をもぐような詩人に刃向かう。」

❖毒物鑑定人たちの最初の論争

泥土と血からつくられた軽蔑すべき者、すなわちラスネール、ラファルジュ、ペイテルのような者がペンを執りおぞましくも殺人を擁護しようとして、すぐにも文学という高貴な仕事を企てる権利をもつことは恥ずべきことであるし、われわれの顔を赤らめさせる。

――ジュール・ジャナン
（《討論《ジュールナル・デ・デバ》》紙、一八四一年九月二十日）

一八四〇年、ラファルジュの夫人マリー・カペルの罪状の問題をめぐって、フランスはまっぷたつに割れた。ラファルジュ夫人派の陣営と反ラファルジュ夫人派の陣営である。マリー＝フォルチュネ・カペルは、伯母で、フランス銀行総裁の夫人であるガラ男爵夫人の邸に住んでいた。美しいが夢見がちであった彼女を、周りの人間は二十三歳のときに結婚斡旋所から紹介された夫の腕に委ねた。一八三九年のことである。「申し分ない結婚相手」シャルル・プク＝ラファルジュはコレーズの貴族で二十八歳、最初の妻を亡くしたやもめだった。グランディエに壮麗な城と製鉄場を所有し、年平均で八万フランの収益を上げているとのことだった。

ことは二週間で成立したが、グランディエに到着するが早いか、マリーは逃げたがった。シャルル・プク＝ラファルジュは偽っていたのだ。城というのは荒れ果てた廃屋のことだったし、製鉄場というのは破産状態であった。彼の経済状態は悪く、信用できる使用人のディディエに融通手形にサインさせたほどだった。

マリーは寝室を閉ざして、オリエントに連れて行ってくれるならば、持参金は放棄する旨を書面を通じて述べた。

この騒動は、表面的な和解をもたらした。夫は互いのために契約を取り交わし、マリーが委任状に署名したので、シャルルは借金の交渉をすることができた。

シャルルはパリで三週間を過ごした。十二月十八日、母からの手紙とともに、自家製のお菓子が一箱送られてきた。彼はそのうちの一個を食べただけだが、大きくて毒入りだった。急遽グランディエに帰宅したものの、翌四〇年一月十五日に帰らぬ人となった。家族は検死を要求した。

最初の鑑定で故人の内臓に砒素《ひそ》成分の沈殿物があることが明らかになった。これだけで、ラファルジュ夫人を起訴できる次のような三段論法が確立された。

ラファルジュ夫人は夫を愛していなかった。ところで、夫人は鼠を殺すために砒素を買っていた。ゆえに、夫を毒殺した。

二度目の鑑定では、ラファルジュ氏の遺体から砒素が残留していないことが証明されたので、法院検事が三度目の鑑定を要求したが、これも同じ結果だった。

ラファルジュ夫人派は拍手喝采した。「ラファルジュ夫人は無罪だった！」

裁判官は遺骨の四度目の鑑定を命じた。毒殺者たちの恐怖の的である、化学界の大御所オルフィラ氏が自ら出馬して、百分の一ミリグラムの砒素を検出した。

弁護側は再鑑定のために同じように著名な化学者ラスパイユを招来したが、彼が到着したときには、すでに遅し。直前に、テュールの陪審が、このパリ女に終身懲役を宣告してしまっていたからである。ラスパイユは優れた同業者の鑑定に論争を挑んだが、徒労に終わった。

無罪であれ、有罪であれ、有名になったラファルジュ夫人は回想録を出版し、1852年に死んだ。病を理由に釈放された数週間後のことだった。

❖井戸掘り人夫と公証人、あるいはニュース界のスター

一八三六年と三八年、世間の目は二人の男に釘付けになった。デュファヴェルとペイテルである。

デュファヴェルは恐いもの知らずの井戸掘り人夫で、一八三六年九月二日から十六日にかけて二十メートル以上掘られた井戸の底で流砂に埋もれてしまっていた。ようやくのことで工兵に救出されると、この不憫な男は自身の壮挙を口述した。彼はリヨン近郊のシャンヴェールで、頭部をかがめ、右の脚を折り曲げたまま、二週間も過ごしたのである。

この「崇高」なテーマは舞台にのせられた(1)。

公証人セバスティアン・ペイテルは、一八三〇年にパリを征服しようと試みた。彼は様々な新聞に寄稿していた。彼の『洋梨《ポワール》の生理学』(2)という国王ルイ＝フィリップを攻撃したパンフレットは、アンリ・モニエの挿絵入りで、ちょっとした成功を収めたことで知られている。

ペイテルは父の遺産の一部をつかって、リヨンで公証人の勉強を修め、ベレーで公証人の職を買い、フェリシー・アラザールというクレオールの女性と結婚した。この女性は美しくもなく教養もなかったが、莫大な持参金があったからである。

結婚して半年が経った一八三八年十一月一日のこと、ペイテルは妊娠中の妻の遺体を小型四輪馬車で連れ帰った。到着すると、この悲劇について次のような身勝手な説明をしたのである。

従僕のルイ・レイが主人の小型四輪馬車に先行して、無蓋の四輪荷車を運転していた。折しも、南から激しい風が吹きつけ、雨が降っていたのだった。ペイテル夫人は夫の左腕に支えられて、眠っていた。

突然、銃声が聞こえた。妻が叫んだ。「あなた、ピストルをとって。」ペイテルは逃げる男に発砲して、馬車をとびだした。男は従僕だった。坑夫のハンマーを用いて従僕を撲殺した。

引き返すと、いとしい妻がびしょ濡れになった草原で意識を失っていた。馬車のなかで銃声が聞えたとき、その弾丸が彼女に致命傷を与えていたのだ。だから、犯人は従僕のルイ・レイである。

ところが、あいにくなことに、証拠はいずれも従僕に有利だった。鑑定人はペイテル夫人の顔に異なる二つの傷があるのを認めたのである。しかも、即死であるから、銃声を聞いて夫にピストルを取るように勧めることなど、できない相談だった。

ブールの重罪院に出頭したセバスティアン・ペイテルは一八三九年八月二十六日に死刑を宣告された。このニュースはパリの文壇に衝撃を与えた。挿絵画家のガヴァルニと小説家のバルザックは誤審を確信して、受刑者のもとを訪れ、助命運動に奔走した。

とはいえ、国王ルイ＝フィリップがペイテルの上告を棄却するのをとめることなど誰にもできなかった。『洋梨《ポワール》の生理学』の著者は、一八三九年十月二十八日、ブールの大市《フォワール》が催される広場で死刑になったのである。

(1) シャルル・デノワイエ作「シャンヴェールの井戸、あるいはリヨンの労働者」。三幕物。初演は一八三六年九月二十四日、パリ、ランビーギュ＝コミック座にて。

(2) ルイ＝フィリップはでっぷりしていたことから「洋梨」とあだ名されていた。また、当時、「生理学」ものが流行していた。

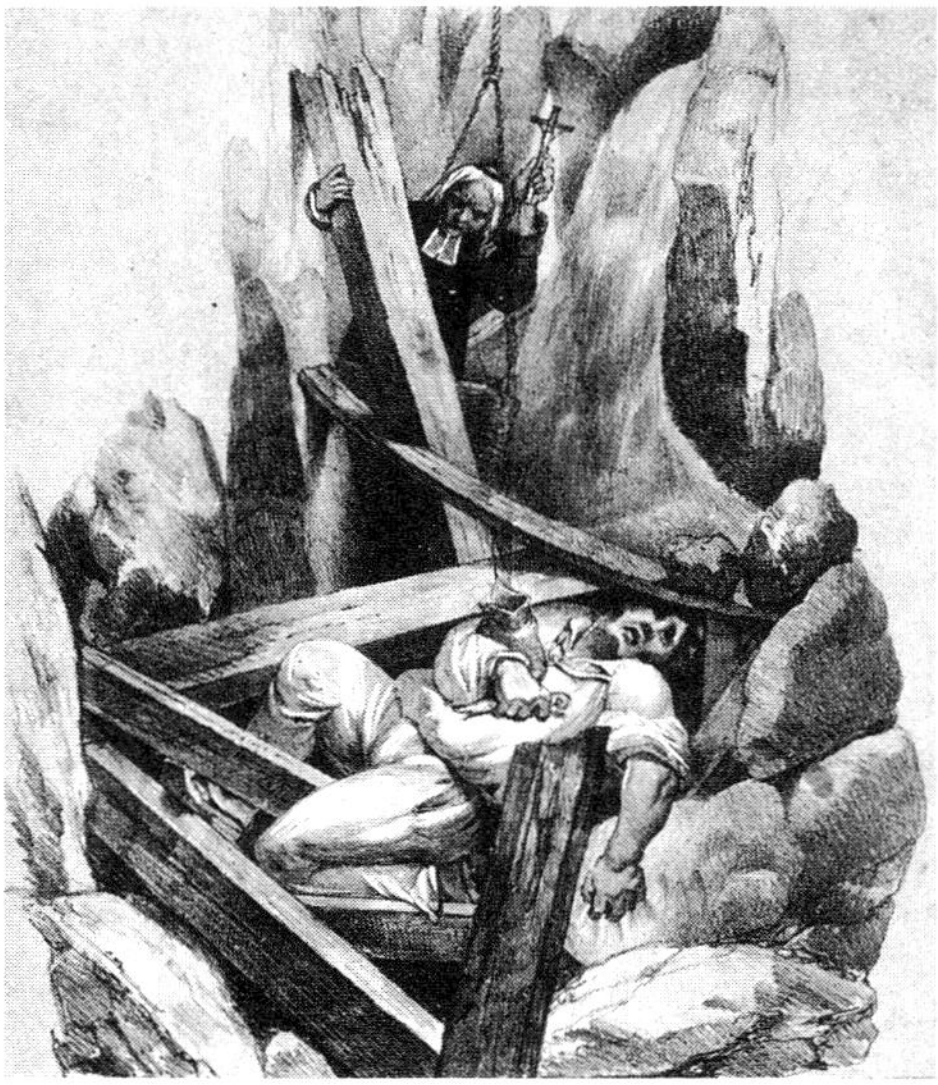

Présidence de M. Dubieu, conseiller.

M. le procureur du roi requiert l'application de la peine.

M. le président prononce l'arrêt qui condamne Peytel à la peine de mort.

ENFANT NOUVEAU-NÉ COUPÉ PAR MORCEAUX.

COMPLAINTE SUR PEYTEL

Approchez-vous, petits et grands,

(上) 井戸掘り人夫が地中に埋もれた事件は石版画に描かれた……さらには舞台に乗せられることに。
(下) ペイテル夫人を歌った嘆き節が掲載されたかわら版。

❖ 死を招く列車

パリとペックを四時間で結ぶ蒸気鉄道が晴れがましく開線してから二年後、パリ‐ヴェルサイユ（左岸）に続いて、一八四〇年九月十日、新たにパリ‐ヴェルサイユ（右岸）が開通した。

一八四二年五月八日日曜日のこと、大規模な鉄道事故が最初に起こったのはこの路線である。ヴェルサイユで国王の祭典が催され、大噴水の見世物が公開されたので、鉄道会社は臨時列車を一般に開放していた。

日も暮れかかる頃、嬉々とした群衆は五時半発の四十台の車輌に詰め込まれていた。鉄道員は車輌の扉に外側から鍵をかけた。そして列車は二台の機関車に牽かれてヴェルサイユを発った。ベルヴュの下り坂までは通常どおりに運行した。ところが、クラマールとミュドンの間で、先頭を行く機関車の車軸が折れてしまい、悲劇が起こった。二台目の機関車が全速力のまま追突したのである。鉄のぶつかる激しい音が響くなか、一台目の機関車の車輌がいずれも乗客もろとも粉々になった。火がレールに落ちて、施錠された車輌を焼き払ったのだ。

四十分後、すべてが灰燼に帰した。

翌々日、鉄道会社は被害状況を発表した。重傷六十三名、死者三十九名であり、原因はただ車軸が折れたことで、「人知を超えた想定外の事故」とのことであった。

捜索開始から二十分後、ベルヴュの犠牲者のなかに、海軍少将デュモン・デュルヴィルとその妻子が黒焦げになっていたのが確認されたが、人々はそれを知って呆然とした。

パリから数キロ離れたこの地で亡くなったこの人物は、十六年の間に、地球の海の三分の二を駆け巡っていた。彼はその旅で沿岸から一万五千里はなれた水圏学のデータを持ち帰ったのだ。一八四〇年一月二十一日には、彼は極圏の経度一三八度の地点に、雪に覆われた未知の土地を発見し、妻の名をとってアデリーと命名している。

そのうえ、この船乗りは思いもかけない名声を受ける権利があった。というのも、「ミロのヴィーナス」像がルーヴル美術館に所蔵されているのも彼の功績だからである。一八二一年に、デュモン・デュルヴィルは科学ア

BLE CATASTROPHE

fer de Paris à Versailles.

res nécessaires pour maintenir le bon ordre. La garde municipale, la gendarmerie, la troupe de ne ont été chargées du service.

Sept cadavres, moins mutilés, ont été transportés à la morgue. On y remarquait une jeune femme ant encore les débris d'un bracelet au bras et une chaîne en or, mais la figure entièrement brûlée. rmi ces derniers deux ont été reconnus à deux heures.

Le lendemain, les ouvriers et les militaires sont occupés à enlever avec des pelles et des perches tristes restes des autres victimes. Ce ne sont que des cendres et des ossements accumulés les uns r les autres, au milieu desquels on retrouve des pièces d'or, d'argent, des montres et d'autres bi-

DÉTAIL DE L'HOR

Arrivée sur le chemin

DIMANCHE 8 mai. — Le convoi, parti pour Paris à 5 heurs et demie, se composait de 15 w
gons, contenant chacun 40 personnes, en tout 600, prises àVersailles ou aux différentes statio
jusqu'à celle de Bellevue. Arrivé à la descente de ce dernier enroit, entre Clamart et Meudon, l'e
sieu de la première locomotive, machine à quatre roues, se bris La seconde locomotive qui suiva
était lancée avec une vitesse telle, qu'elle vint heurter la prenère. Le choc prit une nouvelle vi
lence du surcroît de chargement. Le chauffeur fut broyé ; première machine arrêtée fut bris
en un clin d'œil. Le feu tomba entre les rails. En un instant les premiers wagons jusqu'au ci
quième compris, furent enflammés. Les cris des voyageurs, detumulte, la confusion, leurs effor

パリ－ヴェルサイユ間の列車の事故を伝えるかわら版。《パリ－ヴェルサイユ間の鉄道に起こった恐ろしい大事故の詳報》とある。

走るよ、走るよ、不幸の列車が……

カデミーへの報告書のなかで、この腕をもったウェヌス・ウィクトリクス（女の勝者）を描写している。

「……裸婦像は林檎を持った左手を上にあげ、右手は巧みに厚手の腰巻を押さえていた。……」

この腕は後に壊れてしまったが。

事故の翌日以降、科学アカデミーでは、鉄道車輛の扉を施錠することの是非が議論された。

この大惨事は他にも多大な影響をもたらしている。事故を追悼するバラッドが「肺病病みのリュシー」の曲にのせて歌われたのである。バラッドの作者はのんきな乗客と列車の悲惨な運命と対比させている。

想い出、楽しみ、愛に浸って
喜ぶ乗客　その行く手には
醜い顔の死が待ち受ける
それでも列車は走り続ける

このバラードはのちに、シャンソン「場末のつばめ」（一九一二年）の作者ベネクとデュモンの両氏にさる歌の着想を与えたに相違ない。その歌とは、四十年前、ベラール・ジャックがパロディにすること大ヒットさせた歌「死を招く列車」。

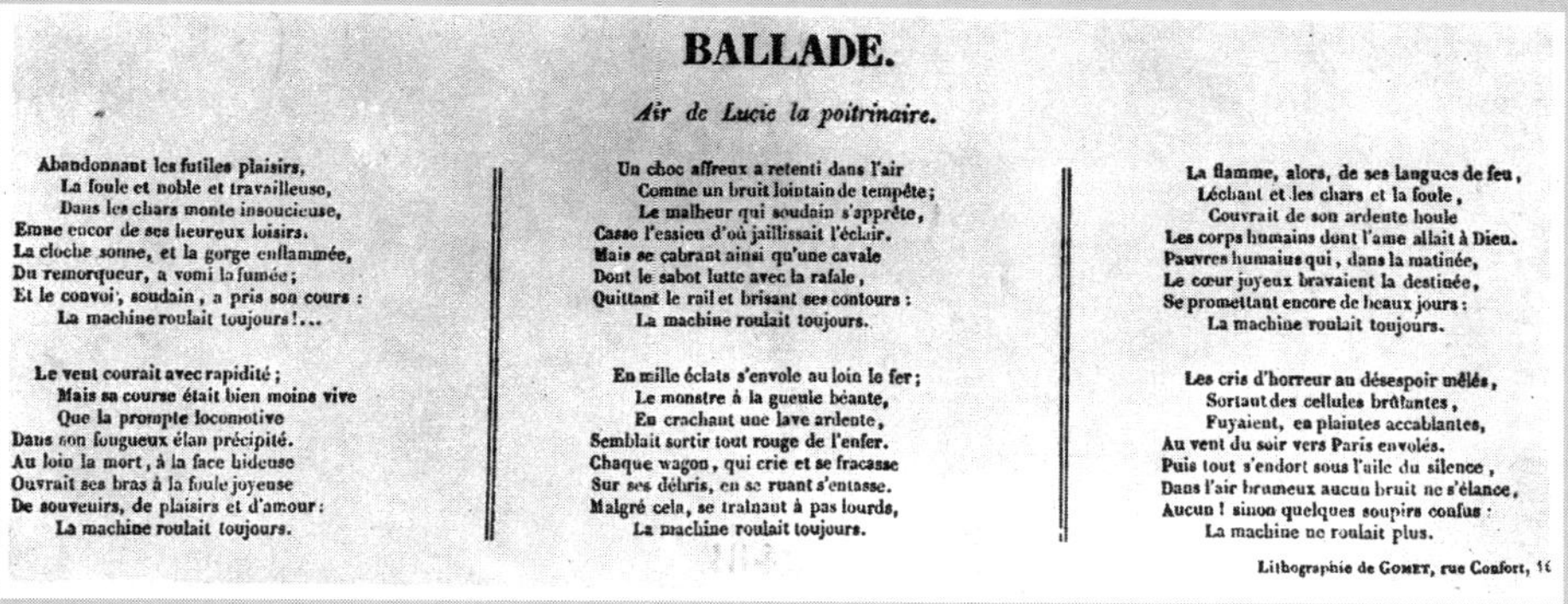

BALLADE.

Air de Lucie la poitrinaire.

Abandonnant les futiles plaisirs,
La foule et noble et travailleuse,
Dans les chars monte insoucieuse,
Emue encor de ses heureux loisirs.
La cloche sonne, et la gorge enflammée,
Du remorqueur, a vomi la fumée;
Et le convoi, soudain, a pris son cours :
La machine roulait toujours!...

Le vent courait avec rapidité;
Mais sa course était bien moins vive
Que la prompte locomotive
Dans son fougueux élan précipité.
Au loin la mort, à la face hideuse
Ouvrait ses bras à la foule joyeuse
De souvenirs, de plaisirs et d'amour :
La machine roulait toujours.

Un choc affreux a retenti dans l'air
Comme un bruit lointain de tempête;
Le malheur qui soudain s'apprête,
Casse l'essieu d'où jaillissait l'éclair.
Mais se cabrant ainsi qu'une cavale
Dont le sabot lutte avec la rafale,
Quittant le rail et brisant ses contours :
La machine roulait toujours.

En mille éclats s'envole au loin le fer;
Le monstre à la gueule béante,
En crachant une lave ardente,
Semblait sortir tout rouge de l'enfer.
Chaque wagon, qui crie et se fracasse
Sur ses débris, en se ruant s'entasse.
Malgré cela, se trainant à pas lourds,
La machine roulait toujours.

La flamme, alors, de ses langues de feu,
Léchant et les chars et la foule,
Couvrait de son ardente houle
Les corps humains dont l'ame allait à Dieu.
Pauvres humains qui, dans la matinée,
Le cœur joyeux bravaient la destinée,
Se promettant encore de beaux jours :
La machine roulait toujours.

Les cris d'horreur au désespoir mêlés,
Sortant des cellules brûlantes,
Fuyaient, en plaintes accablantes,
Au vent du soir vers Paris envolés.
Puis tout s'endort sous l'aile du silence,
Dans l'air brumeux aucun bruit ne s'élance,
Aucun! sinon quelques soupirs confus :
La machine ne roulait plus.

Lithographie de Gomet, rue Confort, 1[illegible]

バラッド

「肺病病みのリュシー」の曲で

つまらぬ楽しみに後ろ髪をひかれつつ
身分の高下に関わりなく
頓着無く車輛に乗って
満ち足りた余暇に興奮冷めやらぬ様子
鐘が鳴り　機関車の
燃える炉が煙を吐いた
列車が動きはじめた
それでも列車は走り続ける……

風が速く吹いていたが
それより速く
高速の機関車が
急速に激しく突っ走る
想い出、楽しみ、愛に浸って
喜ぶ乗客　その行く手には
醜い顔の死が待ち受ける
それでも列車は走り続ける

恐ろしい衝撃が鳴り響く
遠くの嵐の音のように
突如不幸がたちあらわれて
車軸が折れ　閃光が見えた
蹄鉄が突風と張り合う
牝馬のように上体を上げ
レールから外れ　車体が壊れても
それでも列車は走り続ける

鉄が粉々になって遠くまで舞い上がる
怪物が口を大きく開けて
焼ける溶岩を吐き出しながら
地獄から真っ赤になって出てくるようだった
車輛はきしみ　その残骸の上に
次の車輛が砕け　押し寄せて積み重なる
それなのに　重い足取りでのろのろと
それでも列車は走り続ける

そのとき炎が火の舌で
列車と群衆を舐めながら
乗客はその燃えるうねりで覆われていた
人々の魂は神の許へ向かっている
哀れな人々は　朝
心浮かれて運命に挑み
幸福な日々がまだ続くと思っていたのに
それでも列車は走り続ける

絶望の混じった恐ろしい叫びが
燃える客室から立ち上り
パリの方に吹く夕べの風に
やりきれない嘆きとなって消え去っていた
そしてものみなが静寂の翼の下で眠る
靄のかかった大気の中ではどんな音も生じない
きれぎれな溜息の他にはどんな音も！
列車はもはや走り続けない

✣ 模範少女が交霊術を世に出す

一八四六年、米国のニューヨーク州アルカディアのハイズヴィルにマイケル・ウェックマンという人が住んでいたが、戸を叩くような不可解な音を聞いて、自宅が幽霊屋敷だと思い込んだ。ウェックマンは転居することにしたが、それに代わってこの屋敷に越してきたのが、ジョン・フォックスとその妻、そして娘のマーガレットとケイティであった。

一八四七年十二月、姉妹が床に就こうとすると、壁や寄木張りの床からこつこつ鳴る音が聞こえた。それは、以後、毎晩、同時刻に鳴る、まぎれもない物音（ラップ）だったのである。一八四八年三月、フォックス姉妹は母親の手を借りて、物音（ラップ）を解釈するための暗号を編みだした。アルファベットの文字ごとに決まった打数を割り当てたのである。

すると、叩音を鳴らす霊がみずからの死の秘密を打ち明けたのだ！　この三面記事的出来事はアメリカの新聞や雑誌に数行に要約されて、およそ文明世界の不文律を覆そうとしていた。

「一八四八年、ハイズヴィル

「六歳と八歳の二人の少女、ケイティとマーガレットのフォックス姉妹は先だってより不可思議な力に苛まれていた。姉妹の部屋の寄木張りの床がカチカチ動き、家具や物が彼女たちのまわりで動くのである。

「フォックス夫人と娘たちは昨日よりこの現れの犯人を知っている。『心霊テレグラム』の方法のおかげで、五年前に亡くなったチャールズ・ヘインズは五年前に隣人の一人に殺害され、この屋敷の地下倉に遺体が隠されていることが明かされたのである。……」

フォックス夫人が地下倉を捜索したところ、一摑みの毛髪と骸骨の破片が見つかり、そのなかに頭蓋骨の断片を確認した。この話の信憑性を裏付けた者はいなかったのに、センセーションを巻き起こしたのである。フォックス姉妹は三週間後には当地の有名人になっていた。

しかし、フォックス家はブルジョワジーから激しく非難され、メソジスト派の教会から破門されてしまったので、姉妹の姉リーア・フォックスの住むロチェスターに

ウジェーヌ・ミルクール、シャンフルーリ作の一幕物戯曲『交霊円卓』。

移住したのだった。

このリーア・フォックスこそ、子供たちと幽霊の人気を商品化しようと考えた最初の人物である。フォックス姉妹がロチェスターの生者と死者を公に仲介するとして、監視委員会をともない、最初の公開した降霊会を催すと、評判は多くの州に広まった。フォックス姉妹は巡業に出かけた。

収益額が多かったことから、自分が霊媒だと気がついた人が出てきた。その数は数ヶ月間になんと六万を数えた。交霊術は社会の全階層の心をとらえた。この勢いがいかに大きかったかは、米国の立法機関に送付された一通の請願書に示されている。

「米国の市民である下名者は、頃日、わが国で、神秘的な起源およびその傾向を有する知的で物理的な現象が出現したことについて、貴殿ら国会議員の機関に御説明していただくことを謹んで御願い申し上げます。」

アメリカの市民四万人がこの請願に署名したのだった。

そうしたなか、一八五二年には、第一回国際交霊術会議がオハイオ州東部の都市クリーヴランドで開催された。ヨーロッパからは代表団が派遣されなかったが、「霊」は移動している。この年の終りには、英国から霊媒約五十名、ドイツから二百名以上が来訪したと伝えられた。

1853年末、パリは交霊術熱に取り憑かれた。交霊円卓が当時の唯一の関心事だった。ドーミエは《シャリヴァリ》紙に交霊術を扱った版画を5、6枚掲載している。学士院のフーコー氏は催眠術師と交霊術師を学問として検討することを要求した。アレクサンドル・デュマ・フィスはこの状況に乗じて、こんな言葉を吐いた。「私は机だったことを覚えている。紫檀《パリッサンドル》・デュマと呼ばれたものだ」。

フランスでは一八五三年四月になってようやく交霊円卓への関心が芽生えたが、社交界の遊びとしてだった。というのも、フランスでは、交霊術は、化学者のウジェーヌ・シュヴルール氏と学士院の同僚のようなまじめな観察家しか惹きつけなかったし、研究されなかったからである。

反対に、懐疑的な学者のなかには、霊が打った音というのは膝や足の筋肉を鳴らした音にすぎない、と言って憚らない者もいた。それでも、交霊術信仰を変えることは誰にもできなかった。一八八八年、《ニューヨーク・ヘラルド》紙には、フォックス姉妹のこうした告白が掲載されたのだが。

「交霊術は最初から最後までペテンです。世紀の大ペテン。姉のリーアは私たちより二十二歳年上でした。……私たちに無理やり観衆を騙させたのはこの姉なのです。」

✣ 多発する機関車の事故、もしくは進歩の悲劇

鉄道は当初大ブームを捲き起こしたが、しだいに非難の対象となった。列車は快適でないからだ。埃はかぶるし、蒸気は吸い込む、おまけに車輪が廻るたびに命の危険がある……。脱線事故の増加は鉄道の反対者が正しいのを示しているかのごとくである。

鉄道の三面記事的出来事が広められることで、鉄道の進歩が止まってしまうのか。公衆を安心させられる措置が考案された。乗客はひどく心配していたので、機関車の前部に望遠鏡を携えた職員を配置して、遠くの線路を監視させ、障害物や、分岐器の誤りを報告させる、という案が検討された。……

けれども、どんな安全対策が考案されようと、金融資本家や企業家は納得しなかった。それが、実業家たちの意のままになるナポレオン三世の時代になると、サントル地方の鉄道の開発に関心を示したのである。

そうして、幹線がフランス中に行き渡りはじめたが、一八六四年二月、新聞各紙は「乗客のかけがえのない命」をろくに気にかけない鉄道会社に反対するキャンペーンを再度行った。

北部鉄道で起こった急行電車と貨物列車の衝突事故に触れて、《挿絵《イリュストラシオン》》紙の記者は以下のように情況を端的にまとめている。「多発する事故。……ここ三ヶ月来、話題といえば列車衝突による死亡事故のみだ。……」

この頻発する鉄道事故が、乗車しない人々を楽しませた。「エルドラド」では、毎晩、人気歌手のギュスターヴ・シャイエがシャンソン・コミック「また脱線」を歌い、会場を沸かせていた。

どうにかできない鉄道に
乗ってやりなどするものか
新聞開けばそのたびに
まず目に入るのは
脱線、脱線、また脱線！
鉄道なんてからかっちまえ
行く先々どこででも
話題といえば事故、事故、事故！

一八六四年が大惨事の年だったなら、鉄道だけに悲劇が起こっているわけではなかった。七月十日にリヨンでは、ソーヌ川を航行する遊覧船ムーシュ四号が、遊覧を楽しむ乗客を揺すり落としてしまったのである。

行商人が売る「ソーヌ川で起きた事故」を描いたリトグラフは、二度も刷り増しされなければならなかった。鉄道各社がプロパガンダとして利用したからだ、と主張する者もいたが。……

大衆本で有名な版元「ヴーヴ・オベール夫人」は想像上の事故の話を売り出した。版元はこれらの偽の三面記事を「実話ニュース《ヌーヴェル・イストリック》」と呼んだ。上図は「蒸気機関車の爆発」。

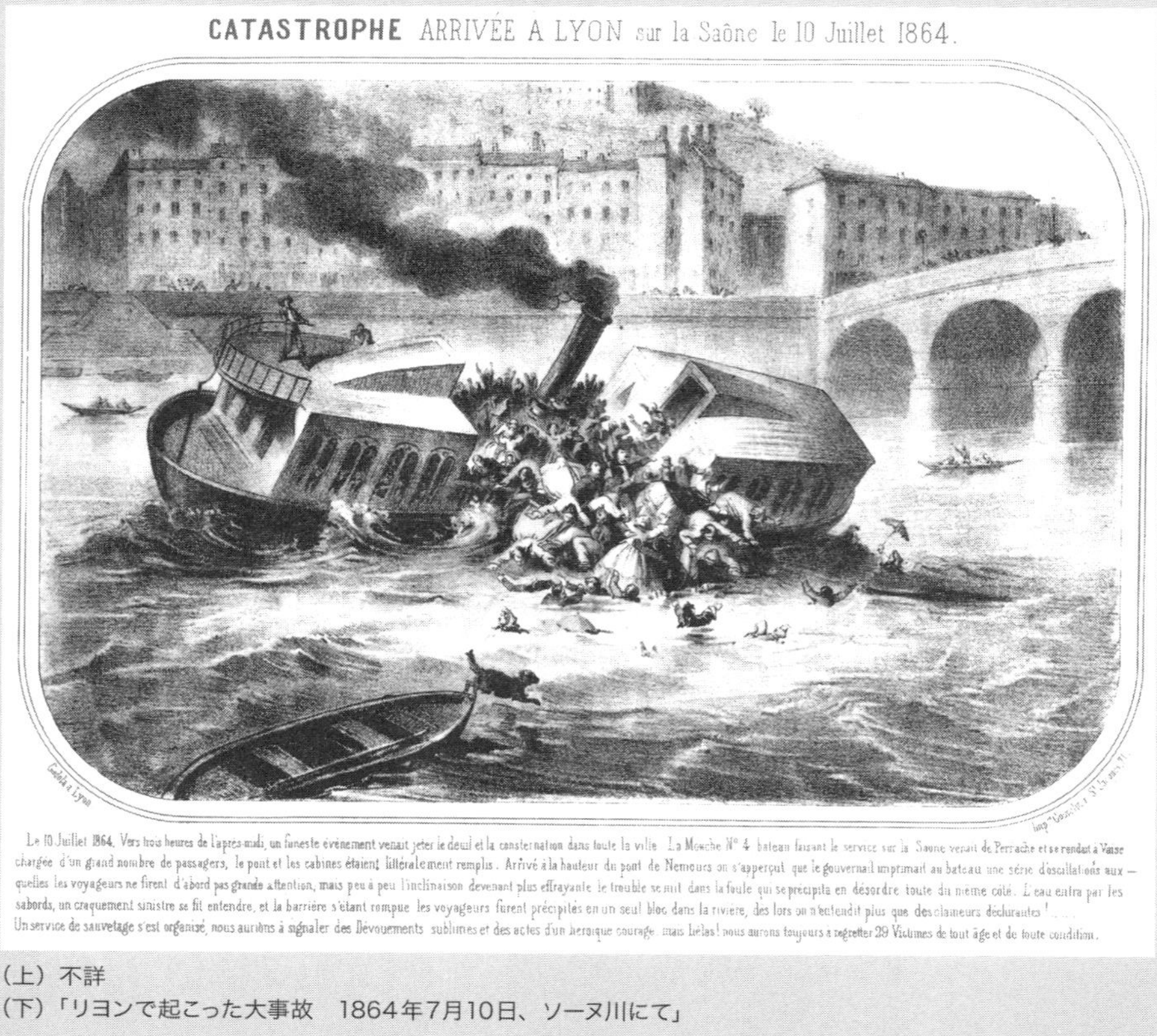
CATASTROPHE ARRIVÉE A LYON sur la Saône le 10 Juillet 1864.
Le 10 Juillet 1864. Vers trois heures de l'après-midi, un funeste événement venait jeter le deuil et la consternation dans toute la ville. La Mouche N° 4 bateau faisant le service sur la Saone venait de Perrache et se rendait à Vaise chargée d'un grand nombre de passagers, le pont et les cabines étaient littéralement remplis. Arrivé à la hauteur du pont de Nemours on s'aperçut que le gouvernail imprimait au bateau une série d'oscillations aux-quelles les voyageurs ne firent d'abord pas grande attention, mais peu à peu l'inclinaison devenant plus effrayante le trouble se mit dans la foule qui se précipita en désordre toute du même coté. L'eau entra par les sabords, un craquement sinistre se fit entendre, et la barrière s'étant rompue les voyageurs furent précipités en un seul bloc dans la rivière, dès lors on n'entendit plus que des clameurs déchirantes! ....
Un service de sauvetage s'est organisé, nous aurions à signaler des Dévouements sublimes et des actes d'un héroique courage. mais hélas! nous aurons toujours à regretter 29 Victimes de tout âge et de toute condition.

（上）不詳
（下）「リヨンで起こった大事故　1864年7月10日、ソーヌ川にて」

❖ 警察庁写真局のダゲール

ニエプスが発明し、ダゲールが商品化したダゲレオタイプは、人間の生活を変えた。この本物と寸分違わぬ姿が写された家族のポートレートが登場すると、恋人たちと警察をともにとらえた。一八四二年頃、警察庁では、凶悪な殺人犯や窃盗犯のダゲレオタイプを含む資料のファイルを作成することが俎上に載せられた。この計画はネガが発見されたことによって延期され、写真に技術的な問題がなくなるまで実現しなかった。

それでも、軽犯罪者のダゲレオタイプ化した肖像が印刷されたものは、新聞雑誌の挿絵画家や版画家に著しく役に立った。彼らはネガが発明されるまでは「写真に基づいて」仕事をしていたのである。

ベルティヨンが人体測定法の研究にとりくむ以前に、警視総監レオン・ルノーは刑務所に写真局を編成した。写真撮影を頑として受付けない態度を示す囚人もいた、殊にマザス監獄では。……

LA PHOTOGRAPHIE DANS LES PRISONS
(Service spécial récemment organisé par M. Léon Renault, préfet de police).
PRISON DE MAZAS. — UN DÉTENU REFUSANT DE SE LAISSER PHOTOGRAPHIER. — Dessin de H. Meyer. — (Voir la Chronique page 34.)

マザス監獄での撮影模様。

❖浮薄なる第二帝政

一八五二年から十八年間つづいた第二帝政は、淫靡な雰囲気のなかで展開した。悪いお手本は上から来た。皇后を除いて、宮廷人はみなナポレオン三世の遊蕩を面白がっていた。陛下の愛人たちの戯言《ざれごと》は公然の秘密だった。

ジャーナリズムも世に蔓延した色好みに感化されて、コラムを色恋沙汰に方向づけた。三面記事そのものも軽薄ないし情熱的な特色に応じて選択された。ゆえに、デュモラールによる強姦事件(1)や情人によるポーウ夫人の殺害事件(2)のほうが、パリの裁判所の第四法廷裁判長が暗殺された事件よりも大きな扱いを受けていたのである。

反動として、一八六七年、道徳の危機が表明された。パリのノートル＝ダム大聖堂で、セレスタン・ジョゼフ・フェリックス師は司教座の高みから、「蔓延する性道徳の乱れ」にたいして戒告を発した。

数ヶ月後、この説教が曲解されることの危険を示す三面記事的出来事が勃発した。

オペラ座が新しく建てられるのにあわせて、その正面に彫刻家のジャン＝バチスト・カルポーがダンスの群像を完成させたが、ブルジョワも人民もその美的センスを理解しなかったのである。

蔽い板が撤去されると、たちまち敵意ある群衆が朝な夕なにこの像をめぐってデモをくりかえすようになった。新聞は皇帝を非難するチャンスとばかり、人民の意見を繰り返し伝えたし、家父長同盟は請願書を増やした。そんななか、とうとう予期された事件が起こった。一八六九年八月二十六日から二十七日にかけての夜に、匿名の道徳家が、この裸体の石像にインク壺を空けたのである。

ジャーナリズムが賞賛し、パリジャンの誰もが賛同したので、このデモは政治分野に発展した。政府の介入が必要な事態となった、「身をくねらせて扇情的な裸婦たちを破壊させる、誰もが知っている、繰り返されたスキャンダル」を止めるには。

ヴァイヤン元帥は即刻撤去を命じた。オペラ座の建築家ガルニエはカルポーの彫刻を救おうと、ダンス場の楽屋に設置することを提案した。ところが、今度は、バレリーナたちが請願書に署名したのである。貞淑な労働者である私たちのチュチュが猥褻な像によって汚《けが》されたくありません、と……。このバレリーナたちの大半が政治家や有力実業家たちに囲われていたので、ガルニエは屈するよりほかなかった。

一八六九年、省令により、この「ダンス」がもっと慎ましい彫刻に置き換えられることに決まり、彫刻家のギュメリーが制作を命じられた。……

ところが、ちょうど翌年に普仏戦争が勃発。かくしてカルポー作の群舞像は守られたのである。

第二帝政のみだらな雰囲気によって、事故さえみだらな場面になる！（当時は足が見えることはエロティックなことだった）►口絵Ⅳ

（1）一八五〇年頃から六〇年頃にかけて、マルタン・デュモラールが少女たちに奉公先を世話するといって、道中に暴行、殺人を繰り返していた事件。六一年に運よく逃げ出したマリー・ピションの証言でデュモラールが逮捕された。

（2）ポーウ夫人が情夫のエドモン・デジレ・クーティ・ド・ラ・ポンムレー医師に保険金をかけられ、殺害された事件。ポンムレー医師についてヴィリエ・ド・リラダンが「断頭台の秘密」を書き、《フィガロ》紙の第一面に発表している。

（左）象徴的な行為。1869年8月26日、ある道学者がダンスの群像にインク壺を空けた。カルポーは新築されたオペラ座の前で仕事を終えたばかりであった。

❖ 一八八二年、あるいは血塗られし一年

一八八二年には、血腥い三面記事が殊のほか多かったのは議論の余地がない。とはいえ、今日《こんにち》それが分かるのは、その当時、そうした事件を解説したり、挿絵入りにするのが流行したからである。

この年にはまず、少女の水死があった。この少女は義父によってセーヌ川に投げ込まれたのだ。

その直後、パサージュ・メニルモンタンの矢車菊荘《シテ・デ・ブリュエ》で悲劇が起こった。この事件はおよそ新聞の三面に四行も扱われる類のものではなかったが、表紙を飾ったのである。ジャン・パションは飲んだくれで粗暴な男、財務省で肉体労働をしていた。娘の一人をピストルで撃って傷を負わせた。この娘はパションと貞淑な帽子《カスケット》製造人マリー・リオタールとの間にもうけられた子である。

二月七日、コンティ河岸の質札売買所で、客が女主人の娘を金鎚で打って殺そうとした。

二月二十七日、十八歳から二十二歳の四人のちんぴらが七十五歳の金利生活者の女性を殺害し、貯金を強奪するという月並みな事件が起こったが、過大に関心が持たれたのである。この事件でユニークだったのは、扼殺犯の一人がナポレオンと称していたことのみ！（ラバ通りの殺人）

二月二十八日、太りじしの公娼セリーヌの悲劇的な死は、中央市場《レ・アール》の地区を動揺させた。メルシエ通りのセリーヌの部屋で客の企画した宴会の終りに、セリーヌ・ルヌーは酔い潰れて、テーブルの足もとに倒れた。女中はリキュールを何杯か飲んでから、客のためにパレ＝ロワイヤルに辻馬車を探しに行った。戻ってみると、男は姿を消していた。セリーヌはあいかわらずテーブルの足もとに横たわっていたが、ナイフで十二か所刺されて亡くなっていた。（メルシエ通りの殺人）

若い娼婦のルヌーの死から一週間後、ランビュトー通りでフライドポテトを商う老寡婦ミュニエが死んだ。日曜の深夜、消防隊が出火したフライドポテト商に入ると、野菜くずのうえに倒れている遺体を発見した。この遺体には槌で何度も殴られた跡があり、その年齢にもかかわらず、辱められていたのである。（ランビュトー通りの

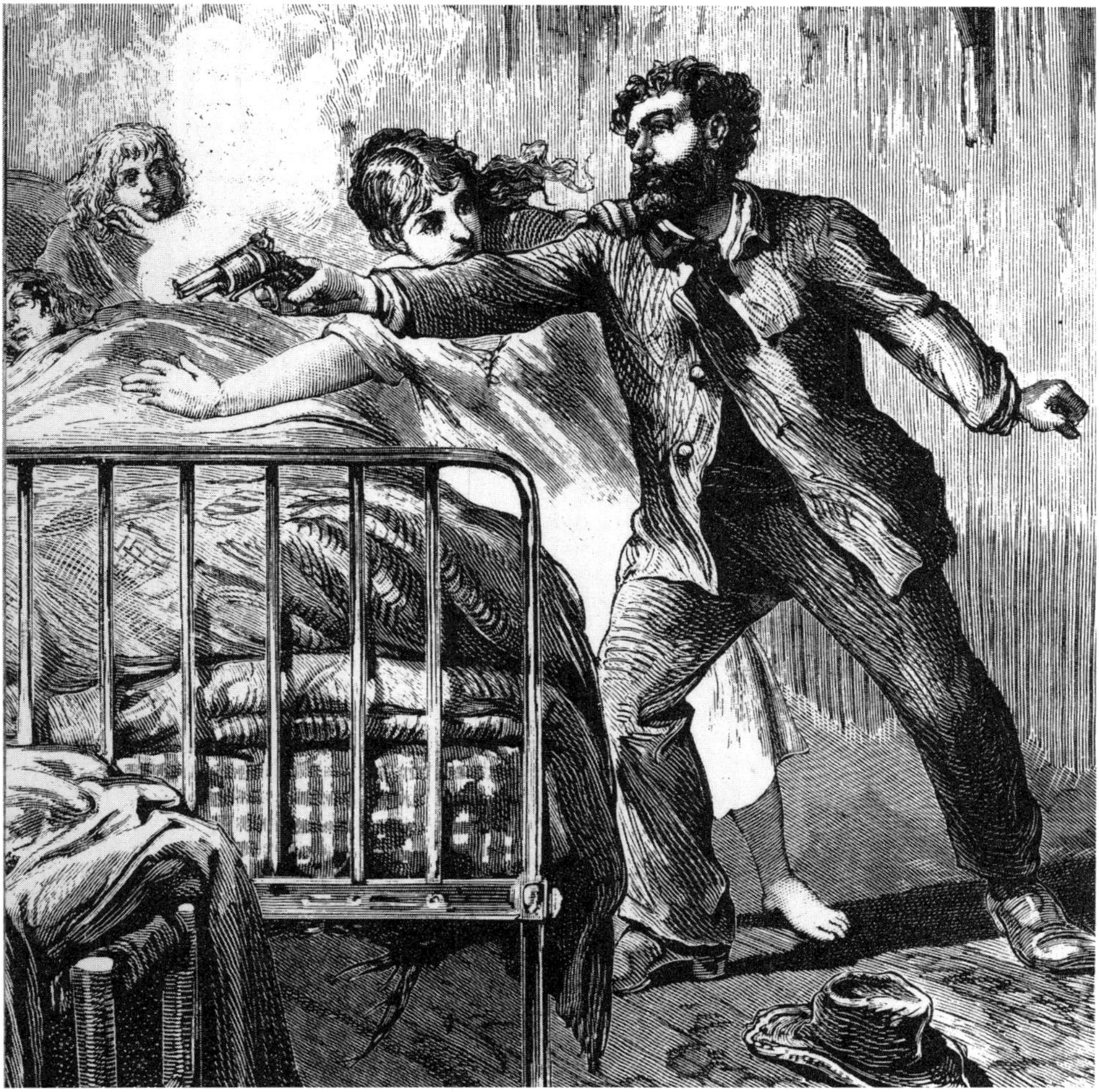

《挿絵新聞》紙の挿絵画家アンリ・メイエールは、グザヴィエ・ド・モンテパンの新聞小説と三面記事との両方に挿絵を描いていた。

殺人)

五月と六月にはシャトゥの殺人(一三四頁参照)が、そして九月にはパサージュ・トリニテの殺人が起こった。パサージュ・トリニテに住む傘骨職人のメイエ氏が剃刀で、姦通した美貌の妻ルイーズの喉元を切ったのである。

フランス人はこれらの悲劇的事件を新聞で読むだけでは満足せず、劇場に足を運んで、悲劇作品にも拍手し喝采した。シャトー・ドーの劇場では、夜の公演として、大人気作家アレクシス・ブーヴィエの戯曲「赤いドミノを着た婦人」が上演されていた。この作品では、主人公が舞台の上で登場人物を八人も殺めるのである。ナシオンの劇場では、自殺者の死体を前にして狂気の危機に陥ったり、精神病院の院長が在院者に殺害されたりするのを、観客たちは目の当たりにしたのだった。……

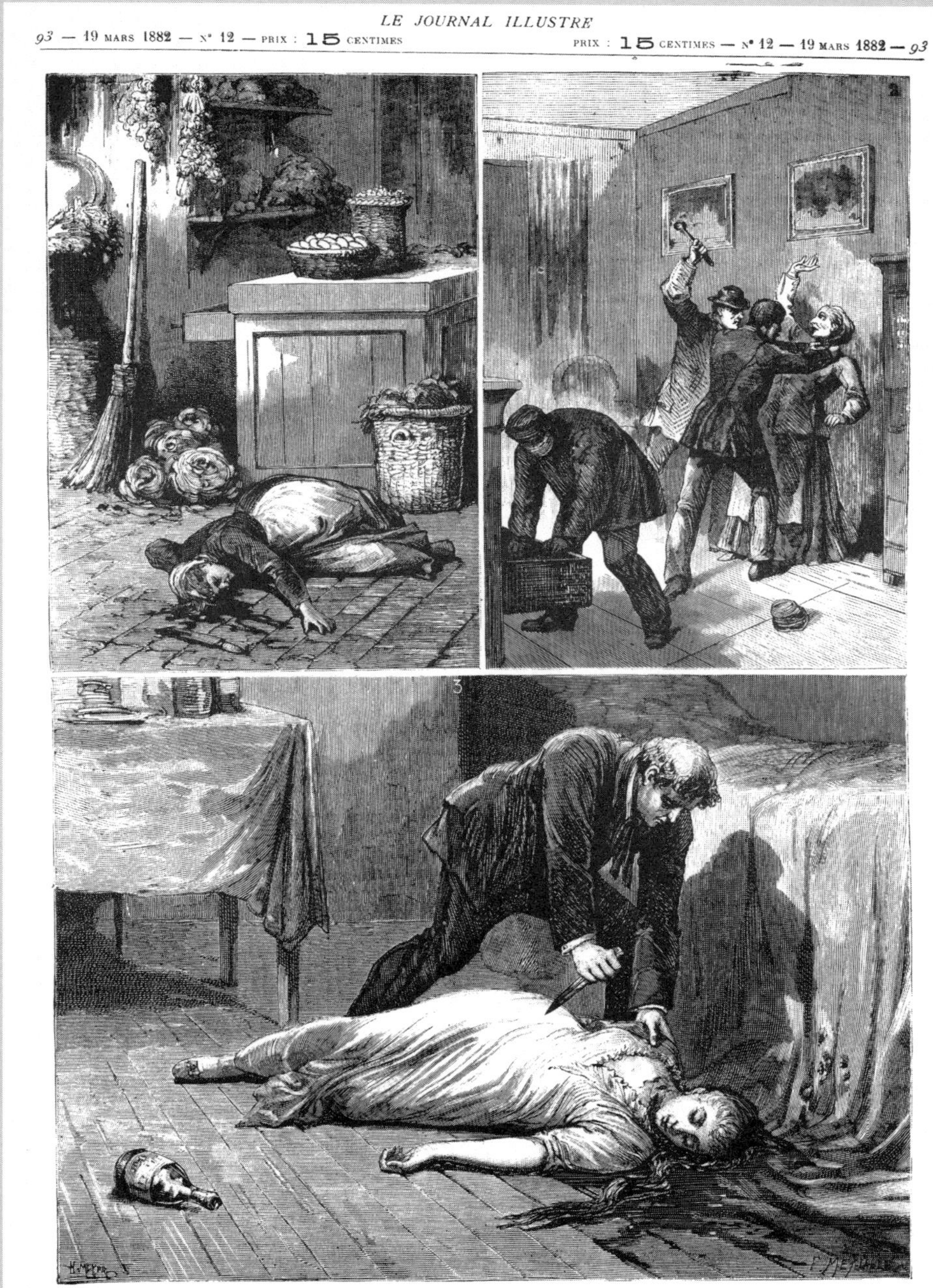
LE JOURNAL ILLUSTRE

93 — 19 MARS 1882 — N° 12 — PRIX : 15 CENTIMES PRIX : 15 CENTIMES — N° 12 — 19 MARS 1882 — 93

Les Assassinats de Paris

1. Le crime de la rue Rambuteau. — 2. Le crime de la rue Labat. — 3. Le crime de la rue Mercier

Dessin de Henri MEYER. — Voir l'article, page 91.

パリの殺人　1、ランビュトー通りの殺人事件　2、ラバ通りの殺人事件　3、メルシエ通りの殺人事件。（アンリ・メイエ画、《挿絵新聞》紙、1882年3月19日）

おまるの事件

新聞各紙を埋め尽くす頻発する殺人に飽きてきたところで、フランス国民は、一八八二年三月、おりよく暇つぶしの機会を得た。大新聞《フィガロ》紙の支配人たるペリヴィエ氏の災難である。

　ルシュウール氏は同紙に掲載されたわが身に関する短評に立腹し、前もって満タンにしておいたおまるを用意して、外套のなかに隠し、イタリア人大通りのとあるカフェの前に向かった。ペリヴィエ氏は当カフェの常連なのである。ペリヴィエ氏がいるのがわかると、駆け寄って、氏の帽子をはたき落とし、おまるを氏の頭にかぶせて、汚物まみれにしてやったのだ。

　この大仕事をなしとげると、ルシュウール氏はあちこちの編集室を訪ね歩いて、彼の復讐譚を物語った。それは大受けに受けて、印刷に付され、『おまるの事件』と題されて売りに出されたのである。数日にして著者は一躍有名人。肖像が掲載され、「ペリヴィエ氏の悲話」がいろんな節まわしで歌われたのだった。それを受けて、ペリヴィエ氏はただちに告訴に及んだ。

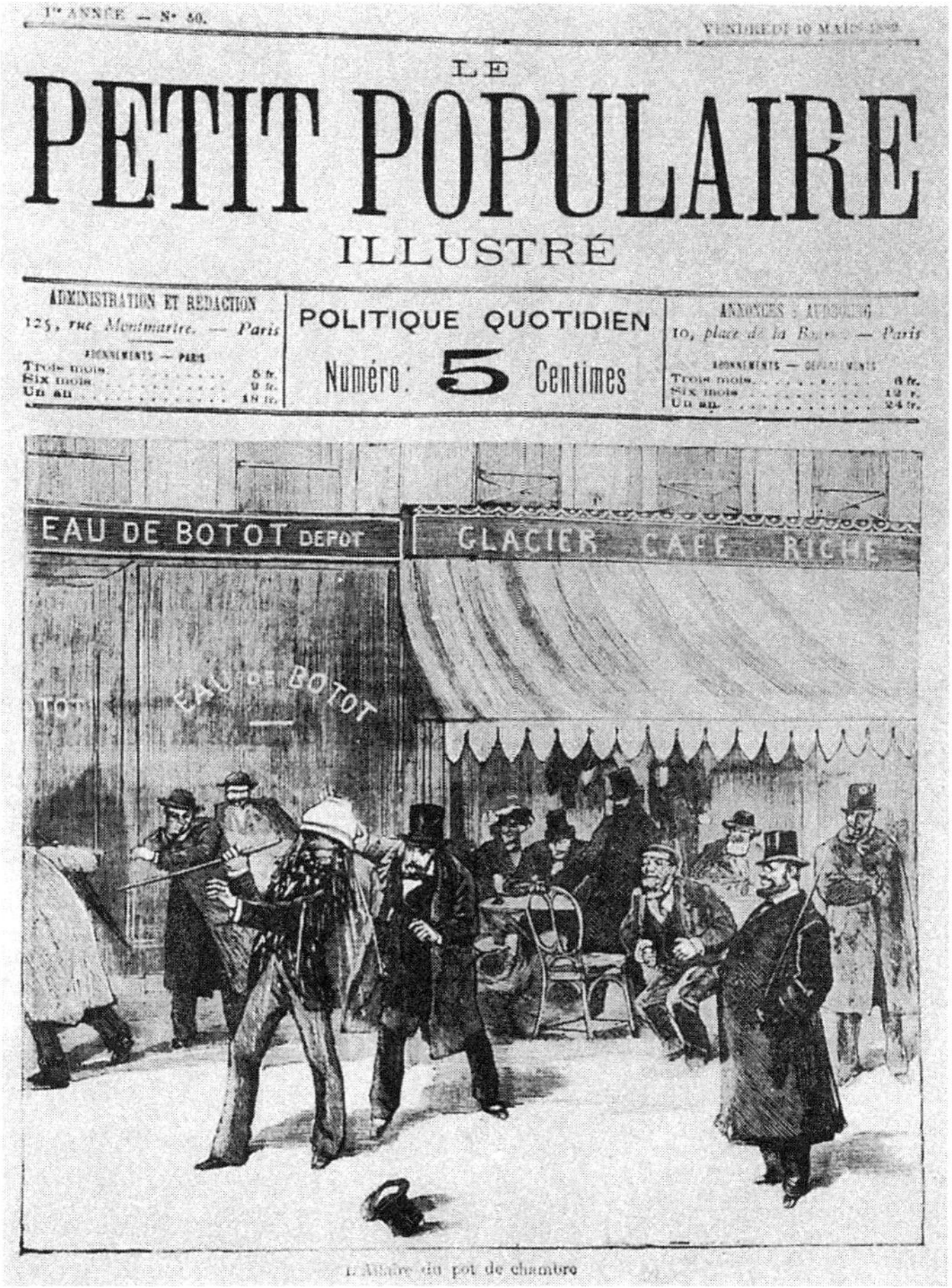

L'Affaire du pot de chambre

新聞各紙はおまるの事件に三段も、四段も割いた。三月二十五日土曜日には、裁判のレポートが何頁にもわたって掲載され、政治ニュースは後回しにされたほど。《起床《レヴェイユ》》紙のコラムニストは、法廷に押し寄せるいかにもパリっ子らしい聴衆たちに興味を抱いた。

「紳士と淑女がごったがえして、法廷は大入り満員。弁護士は聴衆に混じっての弁論。……サーカス小屋かと見紛うばかりである。……」

おまるをほのめかすだけで上客を喜ばせられる、よろしき時代であってみれば、嘆き節の作者が「おまるの事件」の小唄をひねることなど造作もないことであった。

✣ シャトウの殺人

このシャトゥの残虐事件は『マリアンヌの気まぐれ』[1]に興じる人々に教訓を与えた。……

——ジュール・クラルティ《パリ生活》《ラ・ヴィ・ア・パリ》誌、一八八二年

一八八二年五月二十九日、コルビエール島を取り囲む高草のなかに、縛られた裸の男の死体を三人の砂の採掘人夫が発見した。この男はつぶれた鉛の管で縛られていたが、それはガスの導管に使用されるものに類似していた。この管は首を四度もぐるぐる巻きにして、左膝の関節の下まで下がって、再び上がって首に巻かれ、またも右脚に下って、両足を胸の上に来るようにしてあった。その上この男は、「M・G」と記された、後頭部で結んだハンカチを噛まされ、唇は二つの安全ピンで留められていた。

六月十日、新聞雑誌は、遺体の損傷が激しいものの身元が特定されたと報じた。被害者はパリの薬剤師オベール氏で、嫉妬した夫に殺されたということだった。

翌日、《小新聞》《プチ・ジュルナル》紙が犯人の名前を公表した。フネルー氏とその弟で、体面をひどく傷つけられたゆえの殺人だという。というのも、フネルー夫人はオベール氏と不倫関係にあったからである。

フネルー夫人はあらいざらい告白した。夫は弟と復讐を協議したうえ、「協力をしなければおまえを殺す」と明言した。それでフネルー夫人はシャトゥの邸で情人と会う約束をしたのだった。

色好みの薬剤師は逢引の場所にやって来ると、情婦は夫と義弟と一緒にいた。二人は薬剤師にむかって飛びかかり、一人が金鎚で頭を叩いている間に、もう一人が脇腹を仕込み杖の刃でめった刺しにした。

彼らはとどめを刺すと、鉛の管で縛って、赤く塗られた手押し車で運んで、シャトゥ橋から川に死体を投げ込んだのである。

この事件の主役は明らかに「実に優しき大きな目をした、色っぽい褐色の髪の美人……」であるところのフネルー夫人であった。

ime de Chatou

ant la maison du crime. — 5. Le meurtre. — 6. Le ligottage. — 7. La descente dans la Seine. — 8. Decouverte du cadavre
aveux à M. Macé. — 11. La Cour d'Assises.

oir l'article, page 267

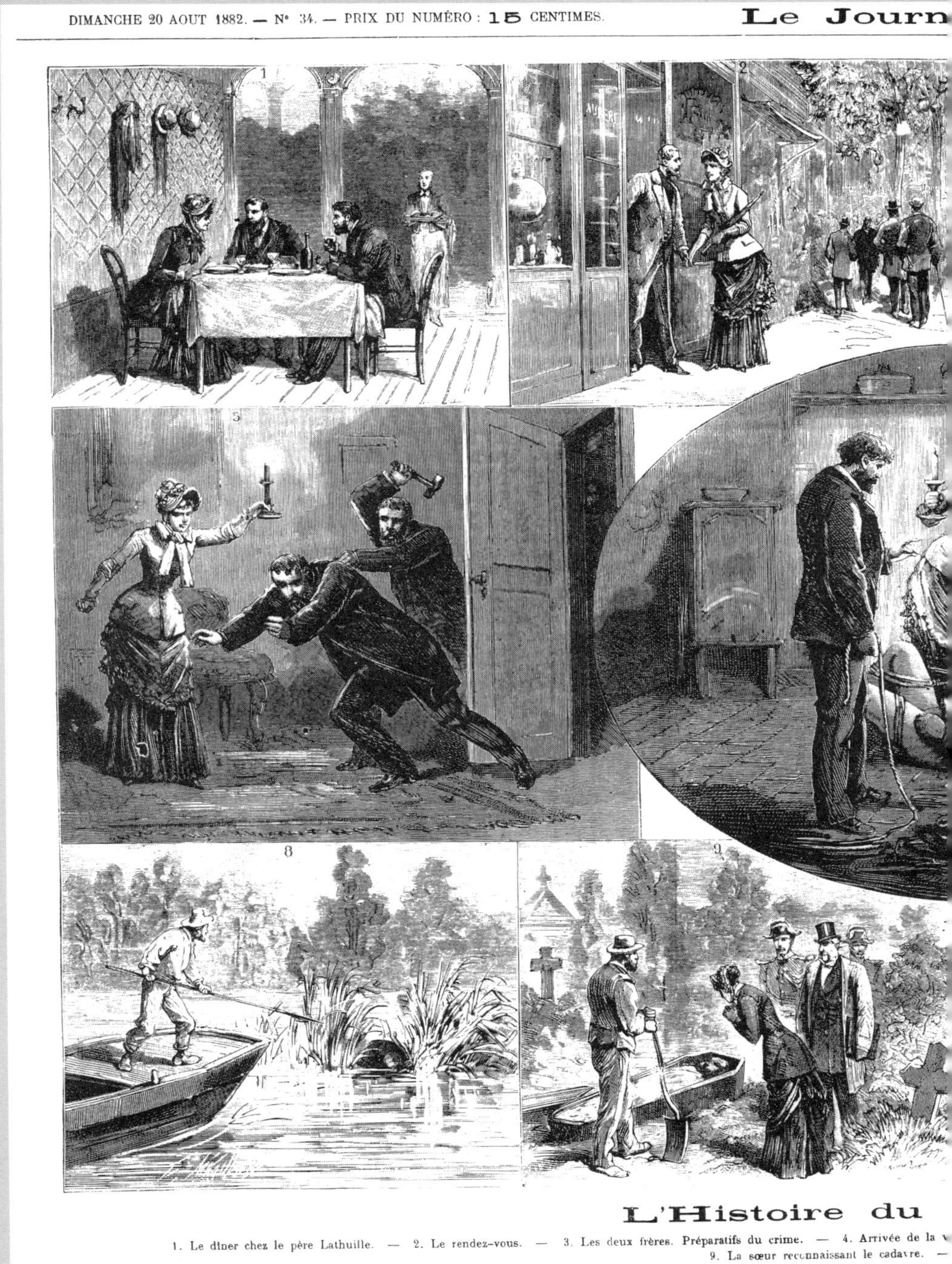

DIMANCHE 20 AOUT 1882. — N° 34. — PRIX DU NUMÉRO : 15 CENTIMES.

Le Journ

L'Histoire du

1. Le dîner chez le père Lathuille. — 2. Le rendez-vous. — 3. Les deux frères. Préparatifs du crime. — 4. Arrivée de la v

9. La sœur reconnaissant le cadavre. —

Dessins de Henri M

シャトゥの殺人事件　1、ラチュイーユ親父の店での夕食　2、逢引　3、二人の兄弟が殺害の準備　4、殺害現場の建物の前にやってきた被害者　5、殺害　6、縛り　7、セーヌ河へ下ろす　8、遺体の発見　9、被害者の妹が遺体を確認　10、マセ氏への告白　11、重罪院にて（《挿絵新聞》紙、1882年8月20日日曜日）

捜査で明らかになったのは、夫人も殺害準備に加担し、サン＝ジェルマンの金物屋で金鎚の品質と値段を吟味していた、ということだった。「どっちかといえば、金鎚を使ったほうがいいわね」と彼女はにっこりして言ったという。……

というのも、金鎚を使用することになって、オベールはフネルーが企む拷問を受けずに済んだのである。もともとフネルー氏は二つの策謀のうちどちらにしようか迷っていた。ひとつは、オペラグラスにばねを仕込み、尖った鉄の仕掛けを飛び出させて、オベールの目を潰すというもの。もう一つは、もっとシンプルに、猪用の罠を仕掛けて、オベールを動けなくしたところで、様々な拷問を加えようというものだった。……

とはいえ、フネルー氏は面倒が生じるのを心配して、それらの計画を諦めることにした。ある夜、夕食後の集まりで、色男のオベール氏を五月十一日に撲殺することが取り決められた。ところが、この日、フネルーの弟が初めての聖体拝領式に行かねばならなくなったので、全員一致で一週間延ばすことになった。……

「シャトゥの殺人」は国民の最大の関心事となった。日刊紙の発行部数は増加した。一八八二年六月九日、数日前にオープンしたばかりのグレヴァン蠟人形美術館の館長がこの大評判の事件にとびつき、事件を微に入り細を穿って演出した。

蠟でつくられたオベール氏の遺体は、頭部が金鎚で叩かれて穴が開き、鉛管で縛られ二つ折りにされ、シャトゥ橋の袂に浮いていた。その周りには、巧みに作った水辺の植物の中で、運び込まれた何匹かの蛙が悲しげに鳴いていた。……

パリジャンは日曜日になると、「この薬剤師の遺体」を見物しに、家族中でグレヴァン美術館に行ったものだ。

（1）ロマン派の詩人アルフレッド・ド・ミュッセの戯曲（一八三八年）。この作品でも、若くて美しい人妻に恋した男が嫉妬した夫の刺客にかかって殺害されている。

❖ グッフェの旅行鞄

今をときめく噂の的は
ガブリエルのいいケツ《ボンペタール》
ジャンヌ・ダルクをしのぐほど(1)
ガブリエル！　ガブリエル！
ジャンヌ・ダルクやサラ・ベルナールより
ガブリエルのいいケツ《ボンペタール》

男に口説かれている隙に
ガブリエルのいいケツ《ボンペタール》
男の頸にひもを廻して
ガブリエル！　ガブリエル！
たちまちのうちに絞め殺したよ
ガブリエルのいいケツ《ボンペタール》

グッフェの名をとどめている悲劇が各国で人気なのは至極当然である。なぜなら、登場人物が大衆小説《ロマン・ポピュレール》から抜け出してきたような者ばかり。破産した実業家が悪女と組んで、まじめだが女好きな男やもめに対し、完全犯罪を企むというのだから。

一八八九年の八月十三日、リヨン近郊のミルリーの森で、農村保安官がシーツに包まれた全裸の遺体を発見した。二十八日には、エスカルゴ採集人が栗色のトランクの残骸を回収している。そのトランクの内部には青い星柄の布が張られていたが、血痕があった。

検死を担当したリヨンの法医学者ベルナール博士は死人の身体的特徴を次のように発表した。年齢は三十五歳から四十五歳、体重七十五キロ、身長一メートル七十五センチ。栗色のひげ、黒髪。警察の情報カードによれば、七月の失踪者はただ一人であるから、ミルリーの森の遺体がこの失踪者であろう。パリの執行吏トゥーサン＝オーギュスタン・グッフェである。ところが、この男は髪もひげも栗色で、年齢は四十九歳、体重八十キロ、身長一メートル八十センチだったのだ。

捜査局長のゴロンはこの細部に注目して、この執達吏の失踪について捜査を進めた。捜査から分かったのは、この執行吏が男やもめで、漁色家であること、破産状態の実業家ミシェル・エローと連れだって何度も外出していること、身持ちのよくない未婚女性ガブリエル・ボンパールと交際していたことである。しかも、驚くべき一致で、グッフェ、エロー、ガブリエルが同じ日に、居所も教えず、パリを去っていたのだ。

　捜査の進行ははかばかしくなかったが、リヨン－ペラッシュ行きのトランクが七月二十七日にパリで放棄されていたのが明らかになると、事態は変わった。ところで、グッフェが最後に目撃されたのは二十六日だったのだ！

　捜査局長のゴロンは再度、ミルリーの腐敗した遺体の検死を要求した。最初の検死から四ヶ月後、ラカサーニュ教授は犯罪科学の粋を極めた検死を行った。こうして教授が得た正確な身体的特徴と例の執行吏の特徴が今度は合致したのである。年齢五十歳、身長一メートル七十八センチ五ミリ、体重八十キロ、毛髪とひげは明るい栗色。教授によれば、被害者の毛髪が黒ずんでいたのは頭皮の腐敗によること、被害者が右足に整形靴を履いていたこと、かぶっていた帽子はサイズが五十四であることが判明したという。

　グッフェ氏の出入りの商人がこの細部を確証したので、トランクが修復されて、パリの死体公示所《モルグ》に展示された。大勢の物見高い人たちが殺到して、間近で鑑賞した。

　新聞各紙は「グッフェのトランク」の絵を掲載し、グッフェ、エロー、ガブリエルの三人の失踪者の肖像を添えた。この肖像掲載が、重大な新事実をもたらすことになった。

　ロンドンのとある家主からパリの判事の許に、一通の手紙が届けられた。それによると、七月十一日、間借り人ミシェル・エローが「内側に青い星柄の布が張られた濃い栗色の大きなトランク」を購入した云々。……

「グッフェのトランク」の正体は判明した。つまり、あと足りないのは犯人だけ、四十五歳のミシェルと二十歳のガブリエルだ。

　逃亡者の追跡はロンドンからケベック、ニューヨークを経て、シカゴにまで及び、各国の新聞購読者の心をとらえた。カフェ・コンセールでは、「この殺人の主役《エロー》は消えた」とか「ガブリエルのいいケツ《ボンペタール》(2)」といった滑稽な歌に拍手喝采だった。大通りでは、行商人が新しいおもちゃ「グッフェのトランク」を売り出していた。秘密の穴のある小さな箱である。子供に愉しみを、大人に安心をいかがかね。……

　風刺歌謡作家《シャンソニエ》たちが国際警察の無能ぶりを非難するな

か、一八九〇年一月二十二日、富裕なアメリカ人の手で本国へ送還されたガブリエル・ボンパールは自首をして、警視総監にグッフェの殺害及び死体の梱包、その処理の経緯を物語った。ガブリエルの自白は、『ガブリエル・ボンパールの秘密の告白』（一八九〇年）として出版されている。そのいっぽうで、ミシエルのほうは逃亡を続けていたが、それでも、とうとうル・アーヴルで御用となった。

一八九〇年六月三十日、ミシエルはパリで収監されて、長きにわたり黙秘していたが、見当違いだったことを悟った。ガブリエルのほうは重罪院で聴衆の同情をつなぎとめていたからである。ミシェル・エローの次のような供述にもかかわらず。

「……八時半ごろのこと、グッ

フェが戸を叩くと、ガブリエルが戸を開けました。

『おや、ちょっと気の利いた部屋をもっているんだな』

『ええ……お楽しみはいつもここ。恋人《あのひと》は何も知らないの……』

そのとき、ガブリエルは男を寝椅子に誘い込みました。執行吏はガブリエルを抱いて、服のボタンを外しにかかります。グッフェは指でガブリエルが部屋着に巻いていた組みひもをつまみました。

『これ、かわいらしいな』

『そうでしょう』とガブリエルは答えて、組みひもをグッフェの頸に巻いて、こう言いました。『ほら、こうしたらすてきなネクタイね！』

この言葉を合図に、私はアルコーヴから出て、彼の喉元にとびかかりました。私が首を絞めかけたときには、グッフェはすでに意識を失っていたのです。……ガブリエルが組み

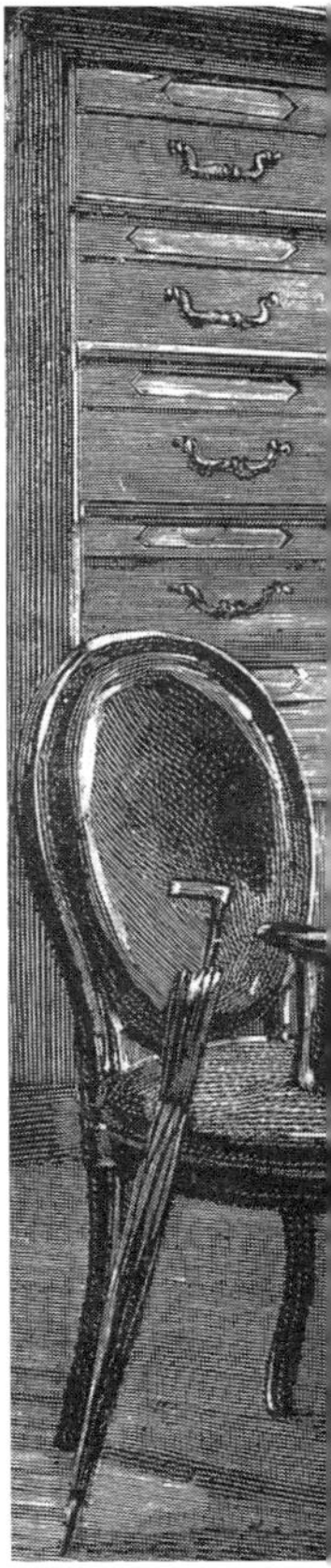

ひもで首を絞めたに違いありません。……そのあとで、私がグッフェの亡骸を滑車につるしたのは、袋のなかに入れやすくするためです。……私はグッフェを抱えましたが、これがなんとも重すぎました。グッフェはまた床のうえに落ちたのです。『まだ死んでないんじゃない？』とガブリエル。『さっき目を開いたわ』それで、私たちはもう一度つるしました。……」

この裁判ではすべてが人々の心をとらえた……ガブリエルの弁護方法でさえもが。ガブリエルは主張した、催眠からおこる自分の体質を利用されていたのだと。裁判の三日目には催眠術について審理が執り行われ、パリ大学医学部の学部長が証言をした。

「……私は彼女を眠らせました。……責任能力にはまったく問題はありません。軽度のヒステリーです。……」

この軽度のヒステリー女の弁護人アンリ・ロベールは、相互に不明瞭な最初の鑑定と再鑑定を実にうまく利用した。十二月十九日、ミシェル・エローは死刑を宣告されたが、共犯のガブリエルは二十年の強制労働にすぎなかった。

エローは一八九一年二月三日に、刑を執行された。ガブリエルは一九〇五年、恩赦となり、『回想記』を出版、ブールヴァール劇の劇場の案内嬢となっている。

ガブリエルはベルギー国境の町イルソンで死んだ。ベッドのうえでである。

（1）　当時、ジャンヌ・ダルクのリヴァイヴァルブームが起きていた。なお、サラ・ベルナールは当時の大女優。

（2）　エローの名前と「主役《エロー》」を、ボンパールの名前と「ボン（よい）・ペタール（尻）」をかけている。

嘆き節「ガブリエルのいいケツ」。作詞A・プペー、作曲エミール・スパンセール。カフェ・コンセール「エルドラド」にてシュブラックが歌う。►口絵V

❖ほら、ここにコキュたちがいるぞ……

十九世紀の後半には、寝取《コキュ》られ男というものが知的で社交的な生活には付き物になっていた。

姦通は瀰漫していたのである。なにしろ範を示しているのがフランス共和国大統領その人なのだから。大統領フェリックス・フォールの愛人は既婚女性のステネイユ夫人であり、大統領は官邸たるエリゼ宮の広間で、愛をささやいている最中に絶命したのだ。

この大統領の葬儀のさいに、こんな冗談が発せられたと、作家のポール・モランが報告している。黄色の式服《ガウン》を身にまとったソルボンヌ大学のお歴々が参列していると、ある若者がこう野次った。「ほら、ここに寝取《コキュ》られ男たちがいるぞ！」。大学区長のジェラール氏は同僚に「これは代表団にすぎません」と言ったという。

このとき、ステネイユ氏は半喪服を着て、霊柩車に随行していた。

当時、一八八四年に制定された法(1)によって、姦通は現行犯の場合、二五フランが課税されることになっていた。嫉妬による殺人ですら最高で禁固五年にすぎなくなったのである。かくて、痴情がらみの三面記事的出来事が増加した。

一八八九年一月、海軍大尉アンリ・プルプは妻が不貞を働いているのを知った。妻は十九歳で、夫婦生活は三年続いていた。アンヌ＝マリー・シャセーニュが修道院を出て、プルプと結婚したのは一八八六年。翌年、マルクという名の子をもうけた。彼らの家庭生活は不和もなく続いたはずだ。ところが、デュ・プティ＝トゥアール提督が、誰にも聞かれたわけでもないのに、プルプ夫人のあやまちを夫にご注進におよんだのだ。

プルプが不貞な妻にピストルをぶっ放すと、妻は尻に傷を負った。

彼女は夫婦の住居を離れ、新法の恩恵を受けて、障害なく離婚した。

アンヌ＝マリー・シャセーニュは修道院に引きこもるにはまだ若かったし、たいそう美しかったので、女優業や高級売春に乗り出した。

彼女はその世界で頭角を現し、大いに威光を放っていたので、その貴族名はいまなお生きる喜び《ジョワ・ド・ヴィーヴル》の象徴であるほどだ。離婚したプルプ夫人が名乗った名こそ、あの名高いリアーヌ・ド・プージィである。

この時代には、報道にかこつけて、スキャンダルが新聞、雑誌の主要スペースを占めるようになっていた。

一八九一年四月二十八日、ブーリー・ド・レダン氏が妻のシャルロットと、その情夫レジス・デルブフ氏の二人に発砲して、傷を負わせた。ことはボルドー発パリ行の列車内で起こった。三者で離婚協議を行い、円満に解決したが、その後、夫人とデルブフがキスをしているのを見たレダン氏が激昂したのである。

コラムニストはそのとき、リュート夫人がその秘書のシャルロットとベッドを共にしたこともあったとすっぱ抜いた。《毎朝《マタン》》紙と《時代《タン》》紙は、リュート夫人がシャルロットに宛てた手紙を何通か、掲載した。実にあっぱれな手紙で「じゃじゃうま」や「迷えるアトリさん」といった呼びかけで始まり、「おてんばさん」や「かわいそうなかわいい淬」で締めくくられている。

嫉妬した夫ブーリー・ド・レダン氏はマドリードからパリへの帰途、列車内で妻とその情夫レジス・デルブフ氏を負傷させた。

（1）一八八四年にはアルフレッド・ナケによるナケ法が制定され、王政復古以来禁止されてきた離婚が可能となった。結婚の解消は不可能というカトリック勢力と結婚は契約であるとする共和主義勢力の対立が背景にある。

✣ 変わり種ニュース

道徳同盟は新聞各紙に「血腥い表紙画」が氾濫していることに目をつけた。模倣される恐れがあるというのだ。挿絵入り新聞の主筆は面倒が起こるのを避けるべく、どうしても欠かせない大犯罪の版画と、変わり種の面白おかしい三面記事的出来事の版画を、代わる代わる掲載した。数ヶ月間、風変わりなニュースが集められて、それにスポットが当てられたのである。警戒は間違っていた！　公衆道徳の支持者たちは殺人の版画に口出しなどしなかった。というのも、十九世紀末にはすでに、殺人を教唆する殺し屋より、子供に愛を教えうる女性の裸体を見せるほうが、甚だしく危険であると考えられていたからである。

（右上）「ドイツの虎退治」《小型判・巴里人》紙、1891年10月18日。記事は補遺参照。
（右下）「自殺した馬」《小新聞》紙、1898年5月1日。記事は補遺参照。　（左）不詳

「女の決闘」《小型判・巴里人》紙、1891年5月3日。記事は補遺参照。

アナーキスト爆弾

『革命の手引き』は駆け出しのアナーキストを教化する目的で編集されている。

「同志よ

「爆薬や爆発物の製造をいたずらに恐れるのはまったくもって無駄なことだ。われわれの手ほどきにきちんと随えば、安心して扱うことができる。十二歳の子供とて諸君と同じように扱うだろう。……」

　この種の勧めによって大勢の行動家が「卑しい社会」にたいする反抗へと駆り立てられた。

　一八九一年、ベルギー国境付近の町フルミでの銃撃戦は新しいスタイルの三面記事的出来事のきっかけになった。爆弾テロである。

　フランスは不安の渦中にあった。パリでは司法官や政治家と同じ階に住んでいる者は大急ぎで引っ越した。

　そのころ、老人を殺して貯金を奪い、腕を磨いていたラヴァショルが無政府主義《アナーキスム》に教化されたのである。

　一八九二年三月十一日、サン＝ジェルマン大通りの建物で、住人である二人の司法官が爆弾の爆発で負傷した。三月二十七日、クリシー通り三十九番地でも爆弾が甚大な物的損害をもたらした。テロを敢行した後、ラヴァショルはマジャンタ大通りのレストラン「ヴェリ」に寄って、牛肉の塩漬けを食べた。彼は店主の義弟に自説を開陳した。ところが、密告されてしまう。次の水曜日、爆弾テロリストはこのレストランの前で逮捕されたのだ。

　ラヴァショル裁判の前日にあたる四月二十五日、一個の爆弾が「ヴェリ」の建物を破壊した。カウンターの下から店主の遺体が見つかった。

　一八九二年十一月八日、オペラ大通りにあるカルモー鉱山会社の所在地に保管されていた爆弾一個が、ボン＝ザンファ

ン通りの警察署に仕掛けられた。それによって警官六人が死亡。

十二月九日には、ラヴァショルの恨みを晴らそうと、オーギュスト・ヴァイヤンがブルボン宮に手製の散弾を投げ込んだ。数名が軽傷を負っただけだったが、ヴァイヤンはギロチンにかけられた。

翌年二月十二日、ヴァイヤンの死から七日後のこと、学生のエミール・アンリがカフェ「テルミヌス」のコンサートに来ていたブルジョワに爆弾を投げつけた。二十人ほどが負傷した。

四月四日、身元不明の者が元老院の正面にあるレストラン「フォワヨ」に爆弾を投げ込んだ。

六月には、リヨンで、ミラノのアナーキスト、カセリオがヴァイヤンとエミール・アンリの無念を晴らそうと、大統領サディ・カルノーを短刀で刺殺した。カセリオは大統領の馬車の踏み台《ステップ》に上って、事に及んだのだが、リヨン市当局が命じた「折りたたみ式踏み台《ステップ》」を、馬車製造業者が予定された期限までに納入していれば、事件は起こらなかっただろうに。

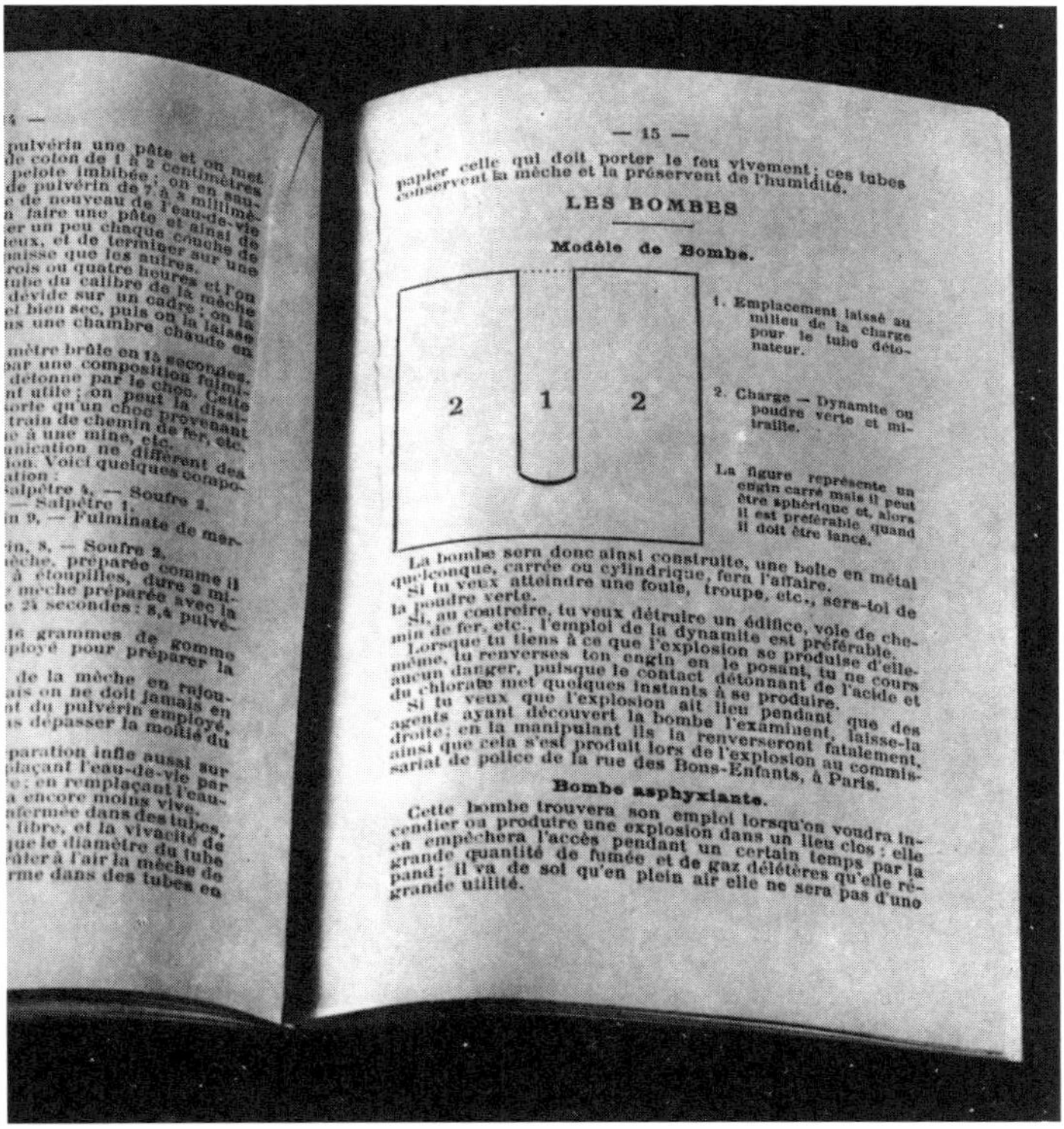
— 15 —

papier celle qui doit porter le feu vivement ; ces tubes conservent la mèche et la préservent de l'humidité.

LES BOMBES

Modèle de Bombe.

2　1　2

1. Emplacement laissé au milieu de la charge pour le tube détonateur.

2. Charge — Dynamite ou poudre verte et mitraille.

La figure représente un engin carré mais il peut être sphérique et, alors il est préférable quand il doit être lancé.

La bombe sera donc ainsi construite, une boîte en métal quelconque, carrée ou cylindrique, fera l'affaire.

Si tu veux atteindre une foule, troupe, etc., sers-toi de la poudre verte.

Si, au contraire, tu veux détruire un édifice, voie de chemin de fer, etc., l'emploi de la dynamite est préférable.

Lorsque tu tiens à ce que l'explosion se produise d'elle-même, tu renverses ton engin en le posant, tu ne cours aucun danger, puisque le contact détonnant de l'acide et du chlorate met quelques instants à se produire.

Si tu veux que l'explosion ait lieu pendant que des agents ayant découvert la bombe l'examinent, laisse-la droite ; en la manipulant ils la renverseront fatalement, ainsi que cela s'est produit lors de l'explosion au commissariat de police de la rue des Bons-Enfants, à Paris.

Bombe asphyxiante.

Cette bombe trouvera son emploi lorsqu'on voudra incendier ou produire une explosion dans un lieu clos ; elle en empêchera l'accès pendant un certain temps par la grande quantité de fumée et de gaz délétères qu'elle répand ; il va de soi qu'en plein air elle ne sera pas d'une grande utilité.

革命の手引きは新米のアナーキストに実用的な助言を与えている。

レストラン「ヴェリ」の前でのラヴァショルの逮捕。(《小新聞》紙(挿絵入り増補版)、1892年4月16日)

❖フランスでは事はみな小唄で終わる

発明まもないシネマトグラフがニュースを報道する役目を担っておらず、ラジオやテレビはアルベール・ロビダの空想未来小説の挿絵のなかに現れるにすぎなかった時代、読書を好まない人々が最新のニュースを知りに行くのがカフェ・コンセールだった。

地域の安っぽいカフェ・コンセールからシャンゼリゼの豪華な施設まで、レパートリーが豊富だったので、最近の三面記事的出来事から着想を得た小唄《シャンソネット》の一つ二つに客は拍手を送ることができた。

一八八六年、ブーランジェ主義をテーマにした二曲の合間で、「知事の死」が拍手喝采されていた。

　　ウール県知事バレーム殿の
　　最期をお悼みして……

バレーム氏はメゾン＝ラフィット橋の線路の上で、頭に銃弾を撃ち込まれて、倒れているのが発見されたのである。

同じ年、プラドがマリー・アゲタンを殺害したが、この事件に関する歌が数多く流布している。才ある犯罪者プラドには信奉者が幾人かいた。

その一人であるプランジニは小唄の記録を塗り替えた。一度に三人を殺害するという主題を作者に提供したからである。このエジプト人の山師は、一八八七年三月十七日に、パリの裏社交界《ドゥミ・モンド》ではレジーヌ・ド・モンティーユの貴族名で知られたマリー・ルニョーとその小間使い、そしてその娘で十二歳のマリーの喉を掻き切ったのである。

プランジニとその犠牲者はあらゆる調子、あらゆる言い回しで歌われた。ジュール・ジュイとアリスティード・ブリュアンの「埋葬」の節まわしで、この「ろくでなしのプランジニ」が合唱されたのだ。

　　うわさによればろくでもない
　　プランジニは　心配だった
　　ムショに入って何日も

罪の意識にさいなまれてたよ
奴はいつでも当てにしていたな
きっと無罪が言い渡されると
だけど　ああ　地獄落ちだよ
さっき有罪くらったからね

(リフレイン)
頸を通すはめになるんだよ　ギロチンの
穴《トゥルー》にラ・ライトゥ　トゥルー　ラ・ライトゥ
頸が籠に落っこちるぞ
ゾーン　ゾーン　ゾーン
死刑執行人は言うはずさ

嘆き節「ろくでなしのプランジニ」。J・ジューイ、A・ブリュアン作。「埋葬」の曲にのせてリフィーが歌った。

ゆ、ゆ、ゆかいに　ラリラドンデ
さあ　この下卑た面《つら》を切り落とせとな
ラリフラー　フラー　フラー

のちに、この血腥い話をもとに一種の讃美歌が作られることになった。事実、まだ当時は無名であった若きカルメル会修道女、リジューのテレーズことテレーズ・マルタンは、プランジニが秘跡を拒否したことを知り、この殺人犯の名を混じえて祈ったのである。すると奇跡が起こった。処刑の日の朝、プランジニはこれまで拒絶してきた十字架に、だしぬけに三度《みたび》口づけしたのである。

「オペラ＝コミック座の火事の犠牲者」。作詞リュシアン・コロンジュ、作曲レオポル・ガングルフ。カフェ・コンセール「エデン」にてアルバンが歌う。「オペラ＝コミック座の火事（1887年5月25日）の犠牲者を悼んで」とある。

どんより曇った朝まだき
イエスが汝《なれ》の願い聞き
許したもうた　プランジニを
冷たき心の罪人《とがびと》を……

「エデン＝コンセール」では、一八八七年六月、アルバンがガングロフ作詞、コロンジュ作曲の「オペラ＝コミック座の火事の犠牲者」を初演した。

あれをごらん　光り始めたあの火を
漆黒の夜に赤く輝く巨大な火を？
劇場だ！……　喜び、笑いが
絶望の叫びに変わる

オペラ＝コミック座は五月二十五日、「ミニョン」上演の冒頭で出火。消防隊や篤志の救助人の奮闘むなしく、およそ百名の死者を出したのだった。

このバリトン歌手たちはおよそ十五年にわたり、殺人、火事、地震、鉄道事故を胸に手を当てて歌ったあと、一九〇三年にはエキゾチックなワルツ「マルティニックの犠牲者」を歌い、パリのコンセールの客の涙を誘った。

海の只中　アンティル諸島の空の下
ある晴れた朝　ものみなが太陽に微笑みかける
軽装備の小型船を随えた大型船の近くで
ものみな喜びの目覚めのなかで活気づいていた
そのときとつぜん　うなる竜巻が
ペレの山から猛威をふるってやってきて
もえる猛火で焼きつくし
通り道に残るのは恐怖の叫びだけ

「不幸なる慈愛、あるいはジャン＝グージョン通りのバザーの恐ろしい火事」。作詞レオ・ルリエーヴル、作曲エミール・スペンセール。「恐ろしいパニック――猛火の中で――恐るべき場面――火事の慈善バザー――救助者たちの献身」。

歌となった実話

（「フランス生まれの鳥」の曲で歌われる）

友愛の名において
貧民を救済せんと
慈善バザーに
貴婦人たちがつめかけた
だが突如「火事だ」との叫び声
そのとき貴婦人たちは
巨大な炎を目にして
会場から逃げる道をさがす

（リフレイン）
望徳を与えんと
貧しく恵まれない者に
愛徳を惜しみなく与えたのに（繰り返す）
フランスの貴婦人方は亡くなった

✣スピードオーバーの馬なし車

自動車が公道を走行するさい、時速五十キロあっても許可すべきでない。……規制されるべきだ!……
プロヴォ・ド・ローネー、下院議会にて、一九〇三年

命が脅かされていたのだ。警視総監のシャルル・ブラン氏は、辻馬車の馭者や歩行者から毎日数百件もの苦情を受けていた。

一八九八年五月、影響力をもったジャーナリスト、ユーグ・ル・ルーの次のような批判によって、この問題が決定的になった。

一八九三年頃、「馬なしの車」が登場して、世間を脅かした。それに遭遇した馬が後ろ脚で立ったり、あらゆる方向に逃げたり、車に突進したりして、路上でパニックを引き起こしたのだ。自動車製造業者のジョゼフ・ミル氏は、自動車のエンジンを駆動輪でも操舵輪でもある車輪の上にのせた、金属製の馬体のなかに隠すことを提案した。ミル氏のカタログには、「こうすれば、馬が同族と認めて、恐れないという利点がございます」と記されている。

いっぽう、浅はかな実業家たちはエンジンの動力と速度を上げることで満足した。パリでは蒸気や石油で動くランドーの通行が規制されていなかったので、通行人の

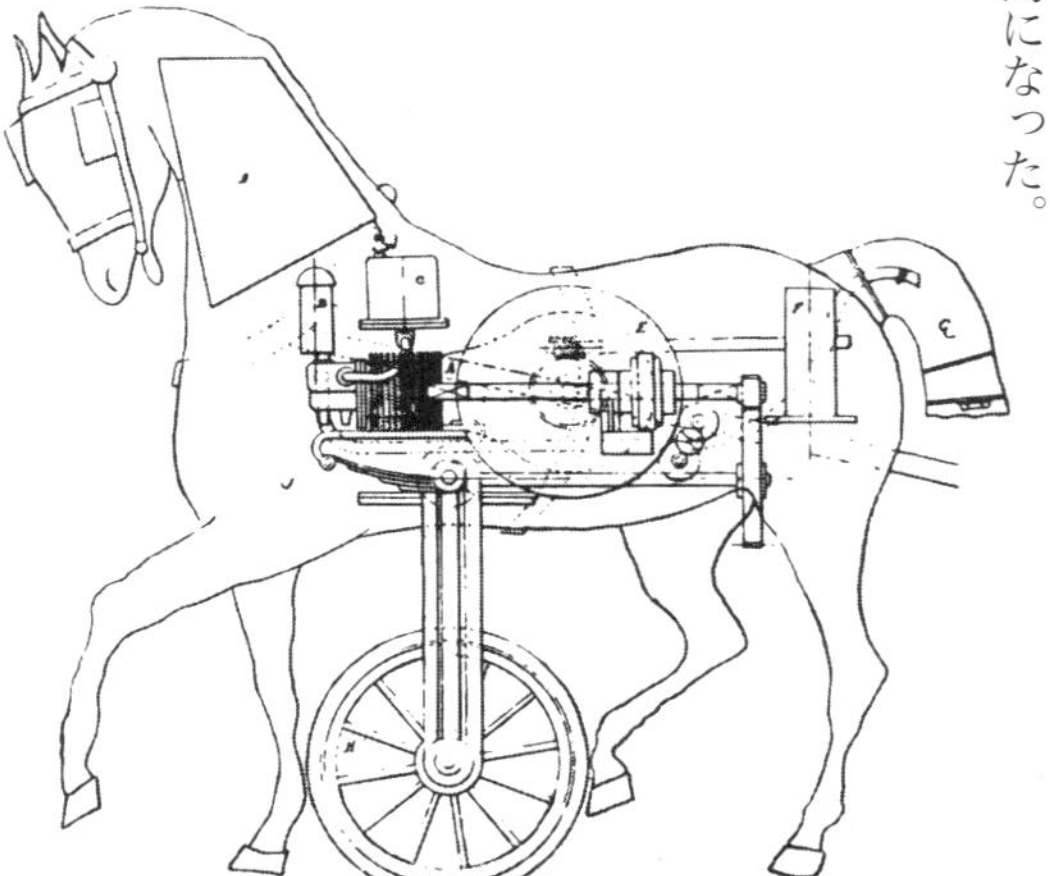

事故を避けるために考案されたジョゼフ・ミルの蒸気馬(1898年)。

「昨晩のこと、……私は妻子ともども、危うく轢き殺されそうになった。機関車の速さで疾駆する自動車に乗った御仁にである。……謹んで諸君に警告しておく。本日より私は外出にさいし、隠しに拳銃を入れ、私や家族の者が轢かれそうになったら、自動車や石油で動く三輪車に乗って逃げる狂犬たちの先頭に、撃鉄を引く。」

ブラン警視総監はフランス初の運転免許証の交付を行った。

スピードの出しすぎが日々の事故の原因だというキャンペーンがはられるなか、草創期の自動車レースでは、観客にも運転手にも犠牲者が出た。

パリ－マドリード間のレースは、哀悼を理由に、中断された。第一区間で、七人の死者、二十三人の負傷者を出したからである。

「恐ろしい自動車事故」(《小新聞》紙(挿絵入り増補版)、1898年5月15日)。
記事は補遺参照。

「三人の子供、自動車にはねられる」《小型判・巴里人》紙、1902年5月18日。記事は補遺参照。

❖ ルーベ氏の帽子

フェリックス・フォール大統領は存命中、国民に支持されていた。ところが、この「太陽の大統領《ル・プレジダン・ソレイユ》」が腹上死を遂げたことが分かると、大統領の遺体に敬意を払おうと思う者などいなくなった。風刺小唄《シャンソニエット》の刊行者は不敬な歌を売り出し、巷間では「別れはちょっとばかり死ぬことだ」とか「そこらの男と変わりゃしない」などといった歌が合唱されたのである。[1]

フォールの後任にもさして敬意が払われなかった。新しく選出されたルーベ大統領がヴェルサイユから戻ってくると、オレンジや卵を投げつけられ、ナショナリストや反ユダヤ主義者から罵られる始末。愛国者同盟のポール・デルレードは、この大統領はこの国を統治するのに相応しくないと思っていた。それで、デルレードは愛国的クーデターを計画したのである。これがフランスの運命を変えるはずであった。

フェリックス・フォールの葬儀のおり、彼はロジェ将軍のほうへ進み出ると、将軍の馬の勒《くつわ》をつかんで、こう言った。「将軍、エリゼ宮へ向かえ、フランスに憐れみを」と。だが、この目論見は無残にも失敗した。将軍は部下をリューイーの兵舎に連れていったのである。それが任務の道だったのだ。

クーデター失敗の報にパリも地方も動揺した。それでも、ルーベ氏の不人気は相変わらずだった。

破毀院がドレフュスの有罪判決を破毀する決定をすると、オートゥイユ競馬場にて、大障害競走の最中に異例のデモが起こった。一八九九年六月のある日曜日には、上流階級の若者たちが観覧席に行き、ルーベ氏を罵った。デモの参加者の大半は、反ドレフュス派の上品なクラブ「白撫子」のメンバーだった。

クリスティアニ男爵は観覧席に行って、警備隊のあいだを掻い潜り、ルーベ氏の山高帽にステッキで激しい一撃を加えた。男爵には禁固四年の判決が下されたが、被害者によって免除された。

ところで、デモのさい、逮捕者のなかにアルベール・ド・ディオン伯爵がいた。

このディオン伯爵は、この騒動の先年にピエール・ジ

ファールが発刊したスポーツ日刊紙《自転車《ヴェロ》》紙の主要な出資者の一人であった。

伯爵は出所すると、自分の立場がドレフュス派のジファールからは快く思われていないことを知った。それで、この恨みを晴らさんと、友人たちと計らって、専門紙《自動車《ロト》－自転車《ヴェロ》》を発刊したのである。

この新聞がマルセイユ－パリ間のレースを後援し、一九〇三年七月一日、世界最大の自転車レースが開始された。それはひと月は要するルートのレースであり、つまり、これこそ最初のツール・ド・フランスなのである。マックス・ファヴァレリなどの多くの専門家によると、ツール・ド・フランスはオートゥイユの三面記事的出来事から誕生したのだという。

(1) ちなみに、現代では歌手のトマ・フェルセンが「フェリックス」(アルバム『僕はパラダイスにいる』所収)という歌の中で、「フェリックス・フォールみたいに死にたい」とうたっている。

✣切り裂き魔ヴァシェ

私は謎に満ちたあてどない生のあいだ、
真の悪人たちの最大の敵であったし、
いまでもそうである。……

——ジョゼフ・ヴァシェ

一八八七年十二月二十五日から九一年二月十三日にかけて、ロンドンのホワイトチャペル界隈に、腹を裂かれ、手足を切断され、バラバラに切り刻まれた十人の女性の遺体が見つかった。英国の警察はこの十件の殺人をたった一人の常習犯の仕業とし、その犯人を「切り裂きジャック」と命名した。「すこぶる巧みな解剖」と喧伝された犯人は犠牲者の腸をその腿や肩の上に放置し、記念にひとつふたつの器官を持ち去っていた。犯人は決して見つからなかった。

この事件はフランスでも報じられたが、これに強い刺戟を受けた精神異常者がいた。この若者は同種のスタイルの殺人で有名になることになった。この若者こそジョゼフ・ヴァシェである。

一八九七年の末、大衆紙各紙は、『衝撃的で、心をとらえ、悲劇的な話　切り裂き魔ヴァシェの謎めいた生涯』の初回無料配達を告知した。事実を正確に再構成した記事だという。

人々はその初期犯罪の報告から三年経って、この尋常でない殺人を知ったのだ。

一八九五年八月三十一日、十六歳の羊飼いの傷だらけになった遺体が、アン県ブノンス方面の田畑の真っ只中で見つかった。

ヴァシェは犠牲者の喉を

「切り裂きジャックの事件について、単なる残虐行為と考えるだけでは腹部の傷も性器の切除も説明がつかない」(A・ラカサーニュ教授)。図版は《小型判・巴里人》紙、1891年2月22日より。

切り、腹を裂き、切断していた。医師団は、犯罪の動機は「断ちがたい情熱を満たすこと」だと発表した。

犯行を疑われたのは、三十歳くらいの浮浪者で、頬にまばらなひげがあり、顎には黒い尖ったひげを生やしていた。複数の目撃者がこの男は右目の上に傷痕があったと断言した。

ベレーの司法官は、一八九四年以来、フランスで起こった相当数に上る残酷な大罪と、今回の犯罪が似ていることに興味をそそられ、あごひげの浮浪者を捜査するよう命じた。

この男は一八九七年八月に見つかった。ジョゼフ・ヴァシェといい、トゥールノン近郊で女性を襲った廉で逮捕されたのだ。

ヴァシェはブノンスの羊飼いの喉を掻き切ったことを白状しただけでなく、十一人の殺人の犯人であることも自慢げに認めた。殺害された十一人とは、四人の若者、六人の若い女性および幼女、それから五十八歳の寡婦だった。

ヴァシェが罪状を洗いざらい白状し、おぞましいことまで事細かに強調したのは、責任能力がないと思われようとしてのこと。けれども、鑑定家によれば、ヴァシェは過去に奇行があったものの、いまでは完全に正常だとのことだった。ヴァシェは一八六九年、農民の家庭に生まれ、リヨン南西郊の街サン゠ジュニ゠ラヴァルのマリスト会に聖職者志願者として入ったが、風紀上の問題を起こしてそこを離れていた。

その後、ブザンソンの歩兵六十連隊に入隊するも、ヴァシェは精神障害のために観察状態に置かれた。伍長に任命されていたが、病院送りとなったのである。

この静養休暇を利用して、ヴァシェはかねてより結婚を望んでいた女性の許を訪れた。が、女性に拒絶されると、頭にむけて拳銃を三発発砲し、自殺を図った。

ブザンソン南西の街ドールの精神病院で療養した後、ヴァシェ伍長は素行良の証書をもらって除隊し、危険な精神の病者としてサン゠ロベールの精神病院に移された。ところが、一八九四年四月一日、主治医はヴァシェが完治したのを確認したとして、退院させたのである。

五月二十日、ヴァシェはイゼール県のボールペールで若い女性の喉を掻き切った。これが一連の並はずれた三面記事的出来事の幕開けとなった。

一八九八年十月二十六日から二十九日にかけて、アン県の重罪院では、ヴァシェはあくまで狂人であるふりをしていた。「偉大なる殉教者のお出ましだぞ!」とか「神の使者降臨!」などと叫びながら被告席についたのである。

彼は幾度も、自分は「神を否定する者」だとか、「真犯人の敵」だと主張した。また、病になったのは狂犬に嚙まれたことが原因だとも声高に叫んだ。……

なにもかも嘘っぱちだったので、ヴァシェは死刑になった。

✣「愛は無敵！……」（名曲）

一九〇〇年の前後には、街でも舞台でも、恋愛が凱歌をあげていた。これは三面記事欄でも同じこと。ライヴァルを殺害したり、女性のために自らの頭部に銃弾を撃ち込むのが良い趣味だったのだから。

高級娼婦として名高いカロリーナ・オテロはアメリカで「自殺を誘うセイレーン《ザ・スーサイダル・サイレーン》」との異名をもつほどだが、そんな彼女が回想録の中で、ミハイル・ピリエーフスキー伯爵の自殺について、ざっくばらんにこう語っている。

「……ピリエーフスキーと再会するのにときめきなんてなかった。あのひとへの感情はことごとく、私の中では完全に死んでいたのだから。それなのに、あのひとはいまでも愛していると言って聞かなかった。……最後には諦めたと思っていた。ところが、まったくそうではなかった。あのひとは賭博場に行くと、気がふれたように賭け、全財産をすると、クレベル通りの私の邸の階段で自らに銃弾を撃ち込んだのだった。……」

探検家のパヤンもまたカロリーナ・オテロの美しい目のために自殺したが、その死を飾らんとして選んだのは、初めて出会った思い出の場所、ブーローニュの森にある中国風のあずま屋だった。

上流階級の殿方は異なる階層の未婚女性にすんなり惚れたが、貴族階級の御婦人方もべつだん憚ることなく、テノール歌手、馬の調教師、音楽家の腕に抱かれた。

赤い上着を着て反身になったロマ楽士のリゴは、アメリカ出の金髪美女であるベルギーのシメー大公妃の心をつかんだ。

この恋愛から上流社会の三面記事的出来事が起こった。すなわち、大公妃はこの楽士を愛するゆえに駆け落ちしたのである。彼女はクララ・ワードの名で、ヨーロッパ各国の首都や水都をめぐって、彼に随い、恥じることなく「栄光ある過ち」を公にした。このカップルはパリで熱狂的に迎えられた。なぜなら、愛の勝利を代表していたからである。記者たちはリゴのネクタイやクララの胸元のあいたドレスをべた褒めした。この有名な恋人たちが劇場の前桟敷に、レストランに、通りに姿を見せると、人々から歓声があがった。そのたびにリゴは挨拶した。

クララ・ワードとリゴ。

CLARA WARD
Cigarettes "LA SEMEUSE"
L. ALBAN Fabricant BÔNE (Algérie)

MY Paris
Clara Ward & Rigo
Reproduction interdite

そんななか、最初のスキャンダルがカフェ・コンセールで沸き起こった。「スカラ」座の観衆、天井桟敷の見物人がこの楽士を罵り、口笛でやじったのだ。恋する大公妃はリゴの頸に抱きついて、観衆に反論した。観衆の怒号がとびかい、このカップルは演奏家用の出口から逃げ出さざるをえなかった。

　そして、二度目のスキャンダルが起こるとともに、マスコミによって理想化されたこの姦通は終焉を迎えた、ブルジョワの情事のごくごくありきたりの結末で。リゴ夫人の申し立てに基づき、警視がホテルの部屋にやって来て、現行犯の調書を作成したのである。

　執行吏の令状から逃げながら、リゴはクララを連れて、ミュージック・ホールからミュージック・ホールへ、世界を経巡ったのだ。

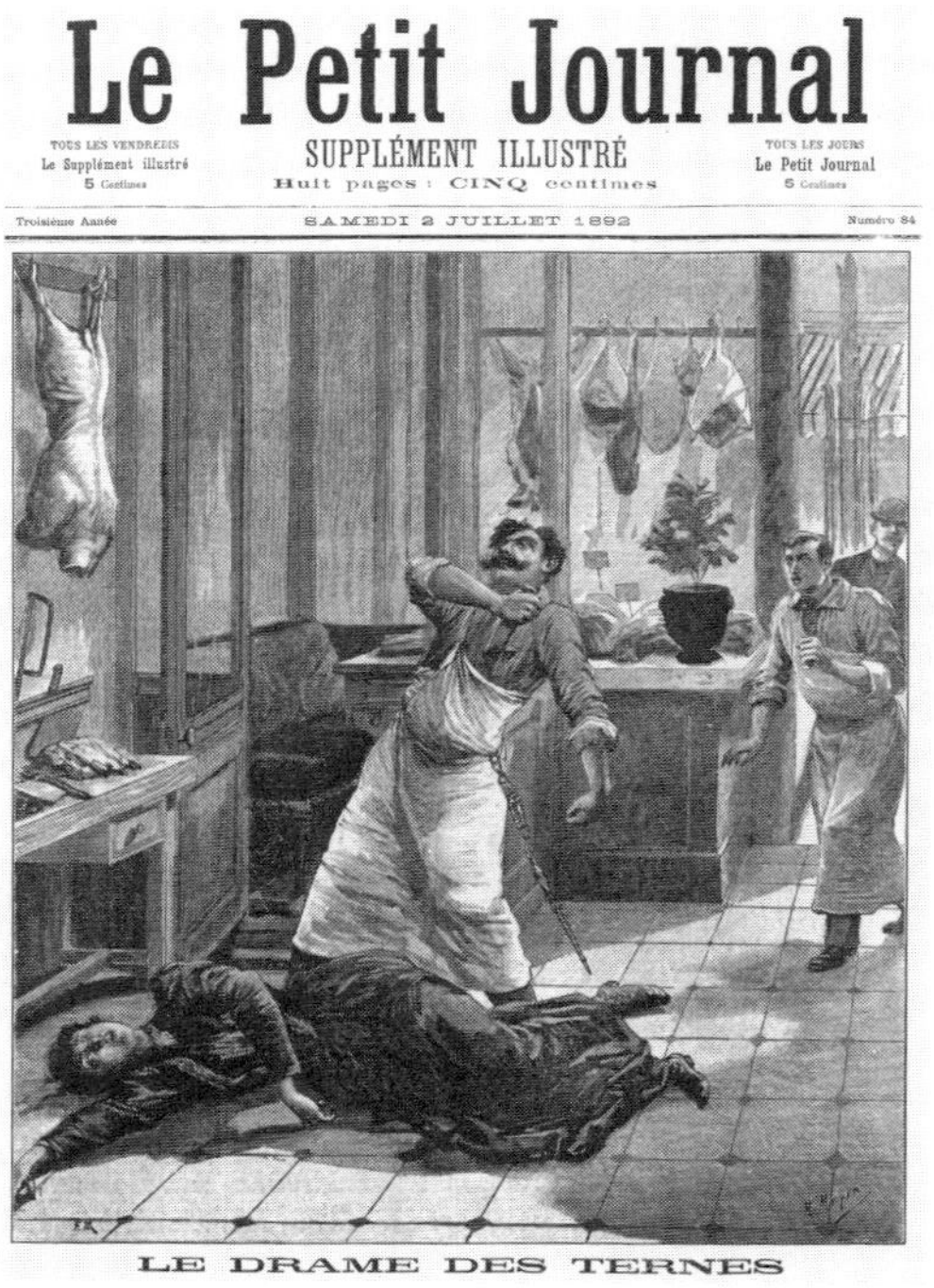
Le Petit Journal

TOUS LES VENDREDIS Le Supplément illustré 5 Centimes

SUPPLÉMENT ILLUSTRÉ
Huit pages : CINQ centimes

TOUS LES JOURS Le Petit Journal 5 Centimes

Troisième Année — SAMEDI 2 JUILLET 1892 — Numéro 84

LE DRAME DES TERNES

「テルヌ大通りの悲劇」。《小新聞》紙、1892年7月2日。記事は補遺を参照。►口絵Ⅵ

ボノ団事件

一九一一年には、アナーキストの爆弾は時代遅れになっていた。「シャロンヌの黒旗友の会」や「バスティーユの自然回帰主義者」のようなアナーキスト集団にしても、グリンピースの缶にニトログリセリンを一杯にして夜を過ごすことはもうごめんだったはずだ。……もっと実践的な、新傾向《ヌーヴェル・ヴァーグ》のアナーキストたちは「個人の回復」を夢見ていた。

ロマンヴィルにも直接行動を奉ずるグループがあり、「知恵袋のレイモン」の異名をとるレイモン・カレマンの演説を聞きながら、仕事の準備を進めていた。

そこに新顔がやってきた。ジュール・ボノである。二十六歳にしては老けて見えた。この地味な紡績工場の労働者は、無政府主義の創始者プルードンの学説に関心はなかった。ただ自動車にだけ熱を上げていた。そんな説から、ボノが頭目にされた。ボノは「ボノ団」の運転手にすぎなかったのに！

一九一一年十二月、知恵袋のレイモンは「ソシエテ・ジェネラル」銀行のオルドネ通り支店の前で、集金係を襲うことを計画していた。二十六日、ボノはブーローニュで盗んだ車でレイモンとガルニエを現地に運んだ。

この作戦は計画に沿って実行された。この若者たちは集金係が路面電車を降りたところを、至近距離からピストルで二発発砲し、身動きをできなくして、現金を強奪したのである。そして、盗品を脇に抱えて、車に飛び乗った。ボノが車でスタンバイしていたのだ。この自動車を利用した最初のピストル強盗では、紙幣と金貨で二万フラン、硬貨で五二六六フラン、証券で三一万八七七二フランの上りがあった。

この事件は世間を騒がした。「ソシエテ・ジェネラル」銀行はこの「自動車強盗団」を捕縛した者に一万二五〇〇フランの報奨金を出すと約束した。

その二日後、彼らはパリの銃砲店に押し入った。

翌一九一二年一月三日には、パリ南郊の街ティエで、九十一歳の金利生活者とその家政婦を撲殺し、また別の銃砲店から強奪した。こうして、ついに準備が整うと、二月二十七日、派手な襲撃を開始したのである。

二十六日から二十七日の夜に、ボノはサン＝マンデでリムジン「ドロネー＝ベルヴィル」を盗んだのだった。二十七日、それを試運転して、ボノは全速力でアムステルダム通りを降って行った。ル・アーヴル広場で歩行者の一団を避けたが、交通渋滞に阻まれて、サン＝ラザール駅の前で止まらなければならなかった。この車にはガルニエも同乗していた。

このとき警官から運転免許証の提示を求められた。が、ボノは応じることなく、車を走らせた。すると、警官はステップに飛び乗ったが、ガルニエにピストルで撃たれたのだった。

世にも珍しいめぐり合わせがあるものだ！　強盗ガルニエの犠牲者である警官ガルニエがレストラン「ガルニエ」の前で倒れたのである。

警察はこのグレーの車の行方をトロンシェ通りで見失った。

「ボノ団」の移動手段と警察の移動手段の違いを際立たせるために、《挿絵》紙は1912年3月30日に犯罪捜査当局の新たな説明を発表している。

TROISIÈME ANNÉE — N° ...

EXCELSIOR

Journal Illustré Quotidien

Directeur : Pierre LAFITTE

ABONNEMENTS (du 1er ou du 16 de chaque mois)
France : Un An : 35 fr. - 6 Mois : 18 fr. - 3 Mois : 10 fr.
Étranger : Un An : 70 fr. - 6 Mois : 36 fr. - 3 Mois : 20 fr.

« Le plus court croquis m'en dit plus long qu'un long rapport. » (NAPOLÉON).

Informations - Littérature - Sciences - Arts - Sports - Théâtres - Élégances

88, Champs-Élysées, PARIS
TÉLÉPHONES :
5 Lignes : 557-44, 557-45, 528-44, 528-66, 528-68
Adresse Télégraphique : EXCEL-PARIS

Les chauffeurs tragiques à Montgeron et à Chantilly. -- Trois morts, trois blessés

Les bandits en automobile continuent la série de leurs monstrueux forfaits. Ils ont commis hier deux crimes épouvantables à Montgeron et à Chantilly. Le bilan de cette tragique journée est le suivant : trois morts et trois blessés. Voici, sommairement résumé, **le récit des deux attentats dont on trouvera plus loin le détail :** 1° Le crime de Montgeron : A huit heures et demie du matin, une automobile venant de Paris, et occupée par deux mécaniciens, suivait la route de Montgeron. Soudain, quatre individus firent signe au conducteur de s'arrêter, et, s'approchant, firent feu sur le malheureux, un nommé Matinné, qui fut tué sur le coup. Le chauffeur Cerisol, en s'enfuyant, fut blessé. Rejoints par deux autres individus, les quatre bandits filèrent en automobile sur Chantilly. — 2° Le crime de Chantilly : Là, pénétrant à la succursale de la Société Générale, ils tuèrent deux caissiers à coups de revolver, blessèrent deux autres employés et s'enfuirent avec 50,000 francs. Puis ils prirent la direction de Paris. Traqués à Asnières par des agents cyclistes, ils abandonnèrent la voiture, escaladèrent une palissade et se lancèrent dans un train en marche. Deux trains se croisaient à ce moment, de sorte que l'on ne sait la direction prise par les bandits. Sommes-nous en présence d'un nouvel exploit de la bande Carouy, Bonnot, Garnier et Cie ?

(Dessin de Paul Thiriat.)

VOIR LA SUITE DE NOS ILLUSTRATIONS EN PAGE 1

翌日、「ソシエテ・ジェネラル」銀行の報奨金は五万フランに増額された！

最初の襲撃で負傷した集金係のカビーが、アナーキストの指物師ウージェーヌ・デュードネが襲撃グループのメンバーだったような気がすると言ったために、デュードネが逮捕された。これは誤認逮捕だった。というのも、一九一一年十二月二十一日に、デュードネはナンシーにいたからである。

三月二十日、捜査局長はガルニエの署名入りの抗議の手紙を受け取った。

「私は宣言する、デュードネはこの犯罪について無罪である。この犯罪を私が犯したことは、よくよく御存知だろう。……」

この紙面の下に、ガルニエは指紋を押して、鑑識課長のベルティヨン氏への覚え書も添えてあった。

三月二十五日、セナールの森で、ボノの一味はディオン＝ブトン四〇ＭＰの新車を配達中の運転手を殺した。ボノはハンドルを握って、「ソシエテ・ジェネラル」銀

ガルニエ、1912年5月15日死亡。

FIN D'UNE TERREUR — LA TRAGEDIE DE CHOISY-LE-ROI
Les Agents descendent Bonnot en piteux état
ELD

恐怖の終末

ボノの死から48時間後に販売された絵葉書。

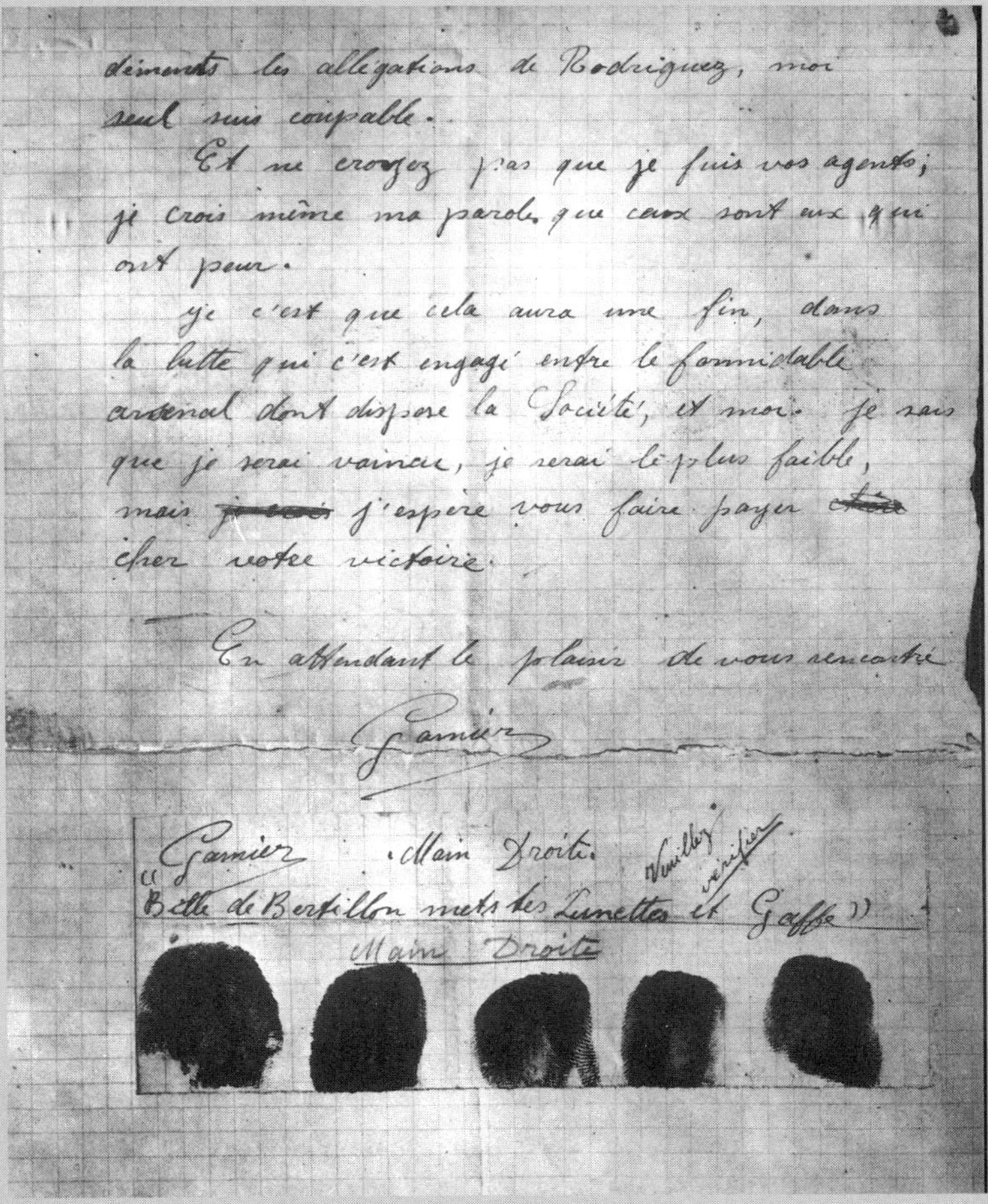

démentis les allégations de Rodriguez, moi seul suis coupable.

Et ne croyez pas que je fuis vos agents; je crois même ma parole que ceux sont eux qui ont peur.

Je c'est que cela aura une fin, dans la lutte qui c'est engagé entre le formidable arsenal dont dispose la Société, et moi. Je sais que je serai vaincu, je serai le plus faible, mais ~~[illegible]~~ j'espère vous faire payer ~~[illegible]~~ cher votre victoire.

En attendant le plaisir de vous rencontre

Garnier

« Garnier » Main Droite

Veuillez vérifier

Bette de Bertillon mets tes Lunettes et Gaffe »

Main Droite

ガルニエの手紙。「私は宣言する、デュードネはこの犯罪について無罪である。この犯罪を私が犯したことは、よくよく御存知だろう」で始まっている。

行シャンティイ支店の前で停車した。

知恵袋のレイモン、モニエ、カルイー、スディは武装して銀行に侵入した。死者二名と怪我人一名が出た。彼らは車に乗って、盗品四万七五五五フランを持ち帰った。

このアメリカ流のピストル強盗に要した時間はわずか二百四十五秒！　夕方には、パリの新聞売りが「号外、号外、ボノ団の号外だよー」と声を張り上げた。

ボノ団の四人のメンバーが逮捕されると、捜査局長ジュアン氏は残されていた書類からボノの手がかりをつかんだ。

しかし、ジュアン氏が、ボノを逮捕しようと配下の者を連れてイヴリーに現れると、この社会の敵は捜査局長の命を奪い、捜査官一人に傷を負わせた。そして、毛染め剤の小瓶と小説本『クランクビーユ』を投げ捨てて逃走、ショワジー＝ル・ロワのアナーキストの医師の家に逃げ込んだ。この小さな家は樹木のない土地の真ん中にぽつんと一軒建っていて、通称「赤の巣」と呼ばれていた。

ボノは一九一二年四月二十八日、その地で二千人の野次馬が見守る中、尋常でない攻囲戦を続けていた。

共和国衛兵隊の一中隊、歩兵、憲兵、消防隊、警官隊、射撃協会の会員、猟師たちが動員されていた。兵力を誇示しても、ボノを投降させられなかったので、爆発物を使用した。警官隊を突撃させると、ボノは遺体となって発見された。

五月十四日には、ノジャン＝シュル＝マルヌの一軒家に潜伏しているガルニエとヴァレを捕えるため、歩兵分遣隊、ズワーヴ兵、予備の警官分隊、憲兵隊などが召集された。八百人の軍隊と三百人の巡査である。七時間の間、サラミや砂糖菓子を食べながら軍事行動を見守った群衆は三万人と推定されている。

パリにその報が伝わると、辻馬車の馭者たちがショーの出口で上品な客たちを勧誘していた。「一〇〇スーだよ、一〇〇スー、ノジャンで銃撃戦だよ！」

夜の八時から深夜一時にかけて、七百発の以上の発砲を数えた。

二時半に、決着をつけようと、メリナイト爆弾で強盗団を吹っ飛ばした。

一九一三年四月、くじで選ばれた群衆がスディ、モニエ、知恵袋レイモンが死刑宣告されるのを聞こうと殺到した。最前列には、サッシャ・ギトリーとミスタンゲットという大著名人たちがいたのが目撃されている。

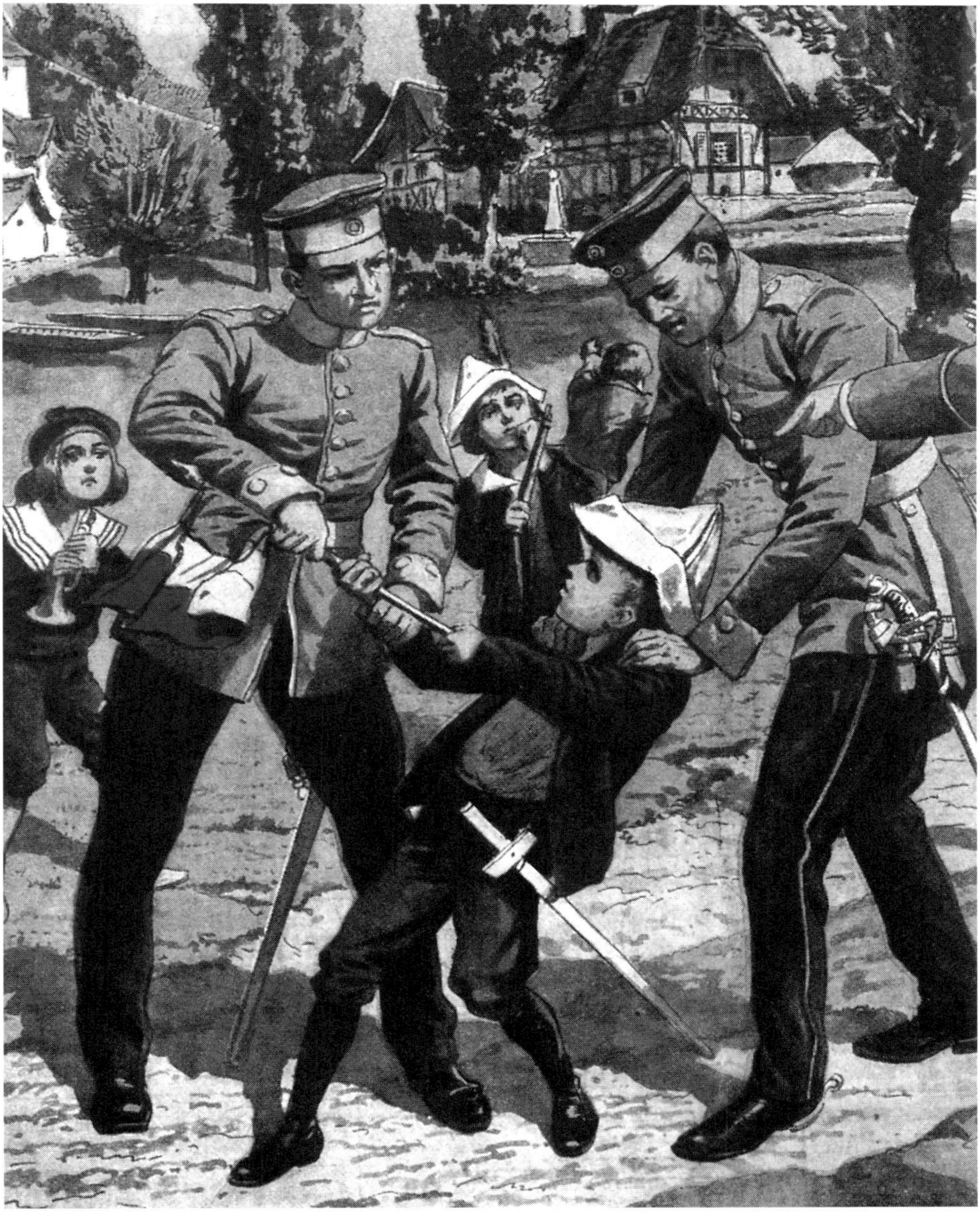

「三色旗への恐怖」。《小新聞》紙の挿絵入り増補版も愛国的なスタイルを取り入れた。記事は補遺を参照。

一九一四年の愛国的三面記事

第一次大戦が宣戦布告されて間もない頃、戦争によって作家やジャーナリストは新しい気風を持つようになった。

一九一四年九月以降、新聞各紙は愛国的な調子を帯びていた。どの行も国民の道徳心を涵養せねばならなかったのである。たとえば、《毎朝《マタン》》紙はジェルマン氏の「ドイツ野郎の娘」という新聞小説を連載したし、医薬品「ウロドナル」の広告には、フランス歩兵が臀部からドイツの黴菌を追い払っているのが描かれていた。こうして風刺画《カリカチュア》が愛国的なように、三面記事もまた愛国的だったのである。

一九一四年十月、大新聞各紙が、戦争に赴かんとして、老人が髪を染めたという英雄譚を掲載した。

「……徴兵審査委員会の会場はひどく暑く、未来の兵士は汗をかき、そのせいで毛髪は脱色してしまった。軍医はこの志願者が髪を染めたことにたやすく気がついた。それを問われると、シャルル・B氏は小細工をほどこしたことを自供した。この老人は七十歳で、ドイツ野郎との戦いに行くことを希望していた。……」

ちなみに、この三面記事は普仏戦争の起こった一八七〇年にすでに用いられていたし、一九三九年九月二十三日にもほとんど手を加えずに《共和派リヨン《ル・リヨン・レピュブリカン》》紙に転載されたことを指摘しておこう。

非戦闘地域では一九一五年まで、殺人、泥棒、自殺はもう存在しないも同然だった。

報道のうち、唯一の民間の事件は、七月十三日に起こった敗北主義者《デフェティスト》の逮捕だけにすぎない。

「A・G夫人は五十七歳、夫は召集兵である。夫人は八百屋および門番の家で、フランス国民にふさわしからぬ言葉を口にしたので、コンバ地区の警視に逮捕された。……」

名女優サラ・ベルナールが傷痍兵を慰問することはシネマトグラフの撮影技師を派遣するくらい重大なことだったらしい。

偉大な歌手兼作曲家《シャンソニエ》のテオドール・ボトレルや大女優サラ・ベルナールは戦線から数キロ離れたところへの巡業にあたり、好きなページに広告が無料で掲載されるという恩恵に与かっている。

当時の紙面には大犯罪を掲載するスペースなど皆無だったのだ。

それゆえ、「クレルモン＝フェランの謎《ミステリー》」は顧みられなかった。二十四歳のクリストフル嬢は一歳年下の弟に強姦された挙句、箒をつかって天井から石膏の板を落とされ、恐ろしい死を遂げたというのに。……

その一方で、モンタリューの司祭シャルヴェ神父は、大見出しを飾ることになった。神父は説教壇で勇気をふるってこう言ったからである。「マルヌ川のフランスの勝利など勝利とは言えぬ。まぐれだ。……」と。この聖職者は懲役三ヶ月と罰金二〇〇フランの刑を宣告されたが、厳しいマスコミキャンペーンに曝されながらも、控訴院で無罪判決を受けている。

ランドリュの謎

私は新聞小説の主人公として紹介されたので、
その役を演じ続けねばならなかった

アンリ＝デジレ・ランドリュ

一九一九年四月、新聞各紙はフランスの経済状況や平和条約に関する深刻な意見を発表した。

そんなわけで、当初、《小新聞《プチ・ジュルナル》》紙に掲載されたある逮捕の報が人目を引くことはなかったのである。逮捕された人物は「じつに上品に着こなし、ほとんど禿げ頭だが黒々としたひげの持ち主」であった。……

この人物が最初に受けた有罪判決は一九〇二年に遡り、二度目は一九一〇年、三度目は一九一四年である。この男の名はアンリ＝デジレ・ランドリュ、結婚詐欺の常習犯だった。

そうしたなか、ランドリュの手帖が発見されたさいには繰り返し報道されたが、その手帖には、うかつにも、「婚約者」の名前や経費が几帳面に書き留められていたのである。たとえば、「ガンベ往復四・九五（フラン）。片道三・九〇（フラン）」といったように。

検察官は、ランドリュが被害者たちをオーブンレンジで焼いた後でガンベから一人で帰って来ていた、と述べた。被告人は、自分は詐欺を働いたが殺人は犯していないと、笑いながら答えるにとどまった。しかしながら、二百八十三人の「顧客」のうち、十一人が痕跡も残さず失踪しているのである。

一九一九年四月二十九日、司法機関は、ガンベのランドリュの邸宅から、三匹の犬の死骸、コルセットの張り骨一個、靴下留め《ガーター》一個、羊、鶏、鼠の骨三キロ五百グラム、灰になった人骨九百九十六グラムを押収した。

それだけではまだまだ証拠不十分だった。大衆はわくわくしながら捜査の新たな展開を見守っていた。ランドリュは面白がって議論していた。彼の才気あふれる返答《きりかえし》は紙面を飾った。

ランドリュは、鑑定家の資料を分析していた独房に、煙草やキャンディーの差し入れを受けたり、結婚の申し込みを受けたりした！　人気はうなぎ上りだった。一九一九年十一月十六日の選挙では、四千人のフランス人が投票用紙にランドリュと記入したのだ！

　彼のファンたちが彼のガンベの邸宅から、ドアノブ、鉄柵の一部、煉瓦をもぎ取るようになっていた。

　一九二一年十一月七日、ヴェルサイユの法廷では、弁護士のヴァンサン・ド・モロ＝ジアフェリが上流階級の聴衆を前にランドリュを弁護した。女優で作家のコレットと小説家アンリ・ベローは短評を書いているし、歌手のミスタンゲットは被告人の絶妙な科白に感心している。人気挿絵画家のセムは肖像画を描いた。

　パリでは売り子が『ランドリュの遺言』を売っていた。それはたとえばこんな感じ。

「おれは焼かれている。……死ぬんだな。……私は足が痛む人々に私の秘密を残す。彼らは私のように、足のたこを消すことができるだろう。……」

　また、同じ著者の『ランドリュの死亡通知』はこの言い回しで閉じられている。「深キ淵カラ……彼のために焼いてください！……」

　被告人は才気を示した。彼の気の利いた言葉はフランス中をめぐった。けれども、何も彼を救えなかった、確乎たる証拠すらないのに。彼は一九二二年一月二十二日の夜明けまで、無罪人の役を演じた。彼は話すべき新たな情報はもっているか尋ねられると、「この質問を、不躾だとみなす！……」と答えた。

　その数分後、その頸は落とされた。が、この頸は彼のではなかった。少なくとも、有名な道化師のグロックが『回想録』で断言しているところでは、そうではない。グロックはこの処刑から何年も経ってから、アルゼンチ

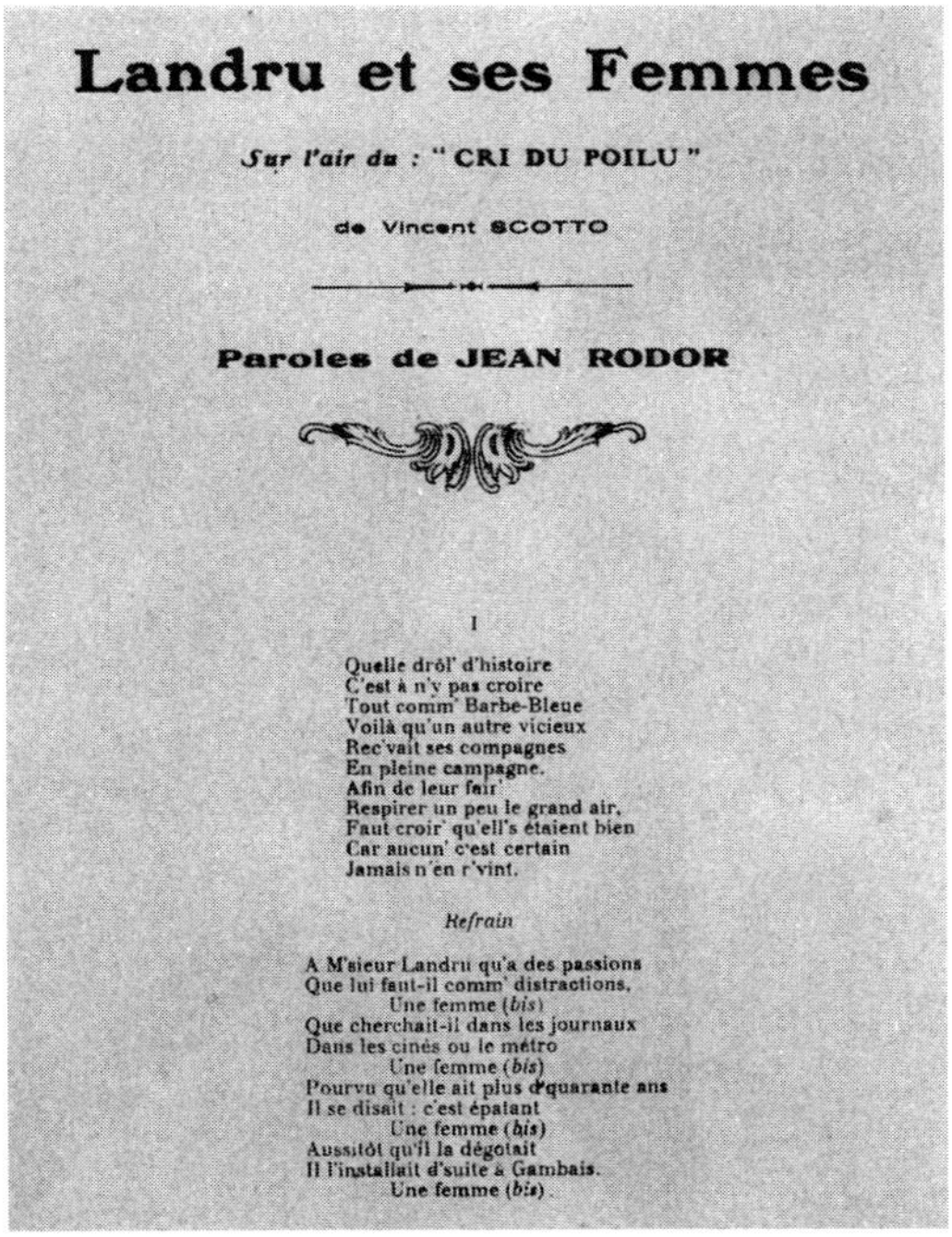

Landru et ses Femmes

Sur l'air du : "CRI DU POILU"

de Vincent SCOTTO

Paroles de JEAN RODOR

I

Quelle drôl' d'histoire
C'est à n'y pas croire
Tout comm' Barbe-Bleue
Voilà qu'un autre vicieux
Rec'vait ses compagnes
En pleine campagne.
Afin de leur fair'
Respirer un peu le grand air,
Faut croir' qu'ell's étaient bien
Car aucun' c'est certain
Jamais n'en r'vint.

Refrain

A M'sieur Landru qu'a des passions
Que lui faut-il comm' distractions,
Une femme (*bis*)
Que cherchait-il dans les journaux
Dans les cinés ou le métro
Une femme (*bis*)
Pourvu qu'elle ait plus d'quarante ans
Il se disait : c'est épatant
Une femme (*bis*)
Aussitôt qu'il la dégotait
Il l'installait d'suite à Gambais.
Une femme (*bis*)

嘆き節「ランドリュと女たち」。作詞はジャン・ロドール。曲はヴァンサン・スコットの「兵隊さんの叫び」の旋律《しらべ》で。

ンで、このギロチンにかけられたはずの男に出会ったというのだ。

この著名な道化師はアルゼンチン警察庁長官L・カスティネビヤス・ルスコ氏から次のような国家機密を打ち明けられたという。

「……私はあなたに断言することができます。だが口外しないという誓約をくださらなくてはなりませんがね。

ご覧になった男はランドリュに相違ありません！……」

この警察官は続けてこうも言った。事件そのものはフランス政府が企てた。世論を国難から逸らせるために、と。ランドリュの代わりにギロチンにかけられた受刑者はピエール・ロワイエールという人物だという。

（右）チャーリー・チャップリンはヴェルドゥ氏の名でランドリュ役を演じた。

狂乱の時代の重大殺人

ランドリュ事件の陰謀と同じように成功したひとつの陰謀の後、次の面白い三面記事に出会うまでは数年の間辛抱強く待たねばならなかった。大衆は不安の糧を映画から得ていたので、ますます注文が多くなっていたのである。

一九二〇年に、フランス共和国大統領ポール・デシャネルがパジャマ姿で線路を散歩することがあったが、これは精神科医やシャンソニエが喜んで飛びついただけだった。

ベッサラボ事件も主要ニュースにはならなかった。ベッサラボ夫人はひとかどの人物で、エラ・ミルテルという筆名の女流小説家でもあった。偏狭なこの夫人が、再婚した夫ヴェスマン氏を殺害したのである。夫がタイピストと浮気したというのがその原因だった。娘の手を借りて、浮気者の死体をトランクに詰め、ナンシーに発送した。

母娘は一九二〇年に逮捕されたが、二二年の裁判まで、互いに殺人の有罪を認めたり、前言を翻したり、再び認めたりして止めなかった。が、重罪院で娘が母を告発した。陪審はベッサラボ夫人に二十年の強制労働の刑を下している。

一九二三年には、王党派のマリウス・プラトーがアナーキスムの活動家ジェルメーヌ・ベルトンに殺害され、しれつな論争を呼び起こした。しかし、この悲劇は政治事件の外には厳として広がらなかった。

作家レオン・ドーデーの息子のフィリップが不可解な死を遂げたことに関しても、右翼系マスコミのキャンペーンの対象だったので、一部の人々に影響が及んだにすぎなかった。

さて、狂乱の時代（黄金の二十年代）の大事件はマルセイユで起こった。当地の警察が、医師ピエール・ブグラ宅の戸棚から腐敗した集金人の遺体を発見したのである。遺体の側に集金袋があったが、中身は空っぽだった。陶器工場の労働者に支払われる予定の八五〇〇フランは失われていたのである。

ところで、ブグラ医師はお金に困っていた。娼婦との交際で借金をこさえていたからで、不渡りの小切手を振り出した容疑で逮捕されていた。刑務所から出されると、ブグラは集金人の遺体を隠したことは認めた。が、殺人は頑として否定した。

ブグラは死刑を免れた。この悲劇について、次のように説明したからである。三月十四日土曜日、朝八時に、戦友で集金人のポール・リュメードが週に一度の薬の注射のためにやってきた。

その後、午後一時半になって、リュメードは落胆して戻ってきたのである。集金鞄で運搬中の八五〇〇フランが失われてしまった。盗まれようが、失くそうが、そんなことはどうだっていい！　八五〇〇フランを返さなくてはならないのだから。ブグラは親切にも金貸しの許へ走った。そして、戻ってきたときには、リュメードは死んでいた。医者には責任をとれない治療上の死だった。けれども、ブグラはひどく評判が悪かったので、起訴されることを恐れた。だから、警察には通報せず、遺体は隠した。ブグラはこう主張したのである。

この地方都市のスキャンダルがフランス中で反響を呼び、世論を分断した。有罪を支持する者が優勢だった。ブグラ医師が一九二七年三月、ギニアでの終身労役刑を言い渡されたからである。

とはいえ、ブグラが仏領ギニアに滞在したのは五ヶ月あまりのことだった。危険を冒して丸木舟で脱走し、ベネズエラに漂着したからである。その地で、ある将軍の命を救い、二千人の原住民を治療し、国家的

ランドリュ事件とベッサラボ事件が同時期に捜査されたことから、風刺歌謡作家《シャンソニエ》たちは、判事が二つの事件をごっちゃにし「ランベッサラボドリュ事件」だと歌った。

マルセイユのブグラ医師宅で戸棚に隠された
集金人の遺体を警察が発見。

な名士となった。

この元徒刑囚はイタリア人女性と結婚し、五人の子供をもうけ、首都カラカスで手本となる診療所を設立して、名声につつまれて死んだ。一九六二年一月のことである。

ベネズエラの学校では、子供たちが奇跡の医師、偉大なるピエール・ブグラの詩を暗唱している。……

❖シカゴ−パリ

禁酒法の時代（一九二〇―三三）のアメリカ。アメリカ史のヒーロー、ギャングの頭目、社会の敵ナンバー一であり、スカーフェイス（傷のある顔）の異名をもつナポリ人アル・カポネが一九二四年、シカゴの街の一角で支配者然として君臨した。

アル・カポネは五千人の部下を周到に組織して、殺し屋、用心棒、弁護士、秘書などとして働かせていた。大勢の協力者がいたので、トミーガンかピストルを使って見せしめに揉め事を解決することなど造作もないことだったのである。

シカゴ市長通称ビッグ・ビルことトムソン氏と暗黙の合意があったし、警察の理解も得ていたので、アル・カポネは五百五十人も殺《あや》めても罰せられず、また数々の大事件も遂行することができたのだ。

アル・カポネは連邦警察の介入を受けたが、脱税の容疑で懲役十二年を下されただけで済んでいる。七年後に釈放されると、健康上の理由からフロリダに隠遁し、莫大な財産を遣って平穏に暮らした。

そして、家族に看取られて、ベッドの上で死んだ。一九四七年一月二十六日のことだった。二人の聖職者が四日前から常時付き添い、教会の秘跡を受けた。

このギャングの生涯をもとに二本のアメリカ映画が制作されている。「スカーフェイス」と「アル・カポネ」である。アル・カポネの流儀《スタイル》はディリンジャーの流儀と同様、一九三五年以降、フランスでも大方のならず者に影響を及ぼした。フランスで社会の敵ナンバー一として世間を騒がせたエミール・ビュイソンなどは、アメリカン・スタイルをまねて、ピストル強盗に乗り出した草分けだった。以後、エミール・ビュイソンもメンバーだった「シトロエン・トラクシオン・アヴァン団」、「灰色のブルーズ団」、「つけ鼻団」などのギャングがことごとく、シカゴのならず者の流儀でふるまったし、いまもなお、そうふるまっている。

映画「アル･カポネ」のポスター。「彼以前には『ギャングスター』という言葉はないのだ」とある。

強盗の場面を描いた
風刺漫画。

✣ ふた親に毒をば盛りしは罰当たりなるヴィオレット・ノジエール（流行歌）

一九三三年はコラムニストには好意的な年だった。来る月も来る月もヴァラエティに富んだタイプの三面記事的出来事が起こったからである。

まず一月、詩人としても知られるアンナ・ド・ノアイユ伯爵夫人が、執行吏勧告をつかって、モンマルトルのキャバレーの壁面から自分の裸体画を消去させた。大勢のパリの名士たちが全裸で描かれていたが、その中に胸の間にレジオン・ドヌール三等十字勲章のある婦人がいたことから、それが美わしい伯爵夫人だと判ったのである。

翌週、二棟の建物の所有者が逮捕された。税務署から追われており、税金を納めるために物乞いをしたからである。

また、この男と同じ時分に軽罪裁判にかけられた青年がいる。この青年は雇用主から二万フランを横領して、二日にわたって「マキシムズ」で飲み食いしたのである。この宴会に加わっていた二人のホステスは無罪であったが、支配人のアメデ氏には懲役一ヶ月の執行猶予の刑が下された。

ところで、このアメデ氏の後妻は一九三〇年頃、カンブレー近郊の教会にステンドグラスを寄贈している。このステンドグラスに描かれた人物にカイゼルひげがあることから、それが「マキシムズ」のオーナーだと判明したのである。

三月には、新聞雑誌はダングルモン嬢ことジェルメーヌ・ユオの話題でもちきりだった。彼女は著名な政治家から莫大な贈り物を受けていたので、金持ちであった。そんな彼女が、情人で南仏ブーシュ＝デュ＝ローヌ県知事ジャン・コズレ氏の浮気を、拳銃で罰したのだった。

大衆がダングルモン嬢のパトロンの名簿に関心をもった矢先、大衆の関心をそらすような大胆な盗難事件が起こった。白昼、二人のイタリア人マフィアが平和通り《リュ・ド・ラ・ペ》の宝飾店を襲って、金庫の中身を持ち去ったのである。

五月には、パリ控訴院司法官の受難が関心を集めた。この司法官はかつての教え子たちと夕食を済ませると、ナイトクラブに行ったが、そこで、スパンコールで飾ら

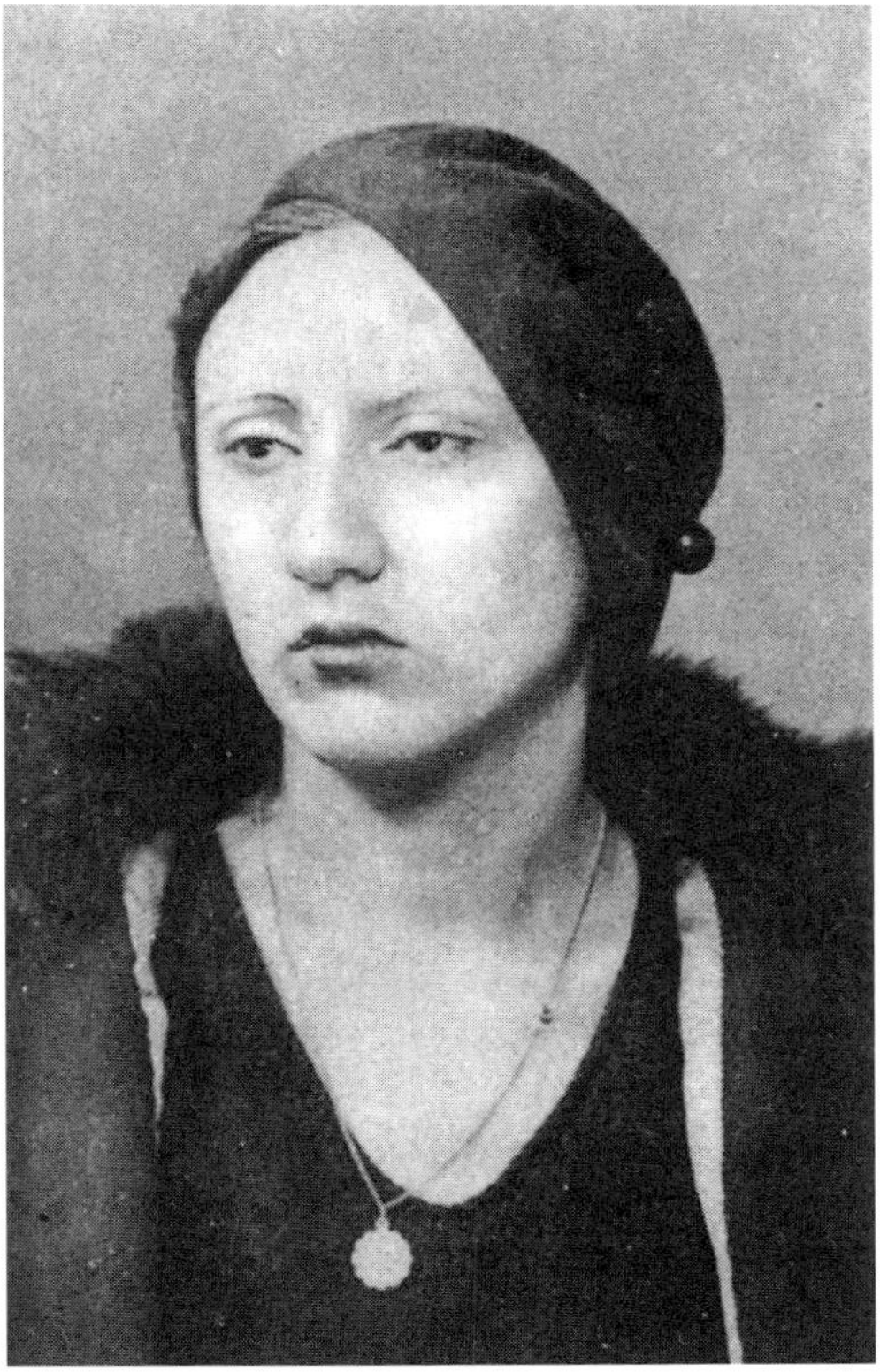

親殺しのヴィオレット・ノジエール、殺人前と殺人後の写真。

れたバタフライを身に着けた自分の娘に鉢合わせたのである。この令嬢は歴史の教授資格試験《アグレガシオン》の受験準備中なのに、小遣い銭欲しさにストリップショーに出演していたのだ。……

　八月には予期せぬ大事件が待ち受けていた。まず、香水商の子息フランソワ・コティ氏の寝室で、二十四歳のイギリス人美女ドロシー・ライトが自殺するという事件があった。そして、ついに、ジャーナリストから世紀の犯罪と呼ばれたヴィオレット・ノジエール事件が起こったのである。

　二十歳のヴィオレットは、国鉄の機械工である父の毒殺と、母の毒殺未遂の容疑で起訴されたのだった。

　ヴィオレットは、父が近親相姦の情欲に突き動かされていたとみずからを弁解した。

　新聞各紙はこの家族の悲劇を、どうでもよいことまで四段ぶち抜きで事細かに解説した。

心無い写真家はヴィオレットの母、祖父、従兄弟、隣人、二人の弁護士、予審判事、書記官にポーズをとらせた。また、ノジエール氏の遺体が運ばれた車輌や、ヴィオレットがヴァカンス中にかわいがっていた犬の写真までが掲載されたのである。

ヴィオレット・ノジエールは好奇心という好奇心の唯一の対象となった。無遠慮なキャンペーンがはられて、ヴィオレットの靴のサイズからストッキングの色、マニキュアの色合い、学友の名前まで報じられたのだ。

判決を待ちながら、街角では、「激しく愛し合っていたとき」の調べにのせて、「おぞましい惨劇」なるロマンスが歌われた。

ふた親に毒をば盛りしは
罰当たりなるヴィオレット・ノジエール
両親《おや》の受難も気に留めず
両親《おや》の金を巻き上げんと
憐れみの心も持たず
年老いし生みの両親《おや》に
この卑劣漢の浮かれ女《め》は
むごたらしき罪をば犯せり

ヴィオレットは一八三四年十月に死刑判決を下されたが、のちに恩赦となっている。刑務所内での模範的な態度、敬虔な瞑想が認められて罪が免除されたのである。その後、ヴィオレットは結婚し、よき母親となった。

「毒女ヴィオレット・ノジエール　親殺し」の
嘆き節の表紙。

L'EMPOISONNEUSE

VIOLETTE NOZIÈRES

Ce n'est pas spéculer sur la misère humaine que de commenter et de porter à la connaissance du public tous les faits qui entourent les circonstances d'un drame. A l'encontre des gens qui se figurent que la publicité faite par la presse à des tragédies écœurantes est nuisible à l'expression pure de la justice, nous avons la conviction que, bien au contraire, l'application de la loi serait dépourvue du moindre sentiment d'équité si, auparavant, les investigations concernant un crime n'avaient pas été rendues publiques. Les plus sceptiques n'auraient du reste aucune peine à endosser ce point de vue, s'ils avaient parcouru les archives judiciaires du temps où le régime d'une nation ne tolérait pas l'intrusion des journalistes dans les affaires publiques. Que d'injustices voulues, que d'erreurs inconsciemment commises !

Extrait de *Drames*, Septembre 1933

assassin de ses parents

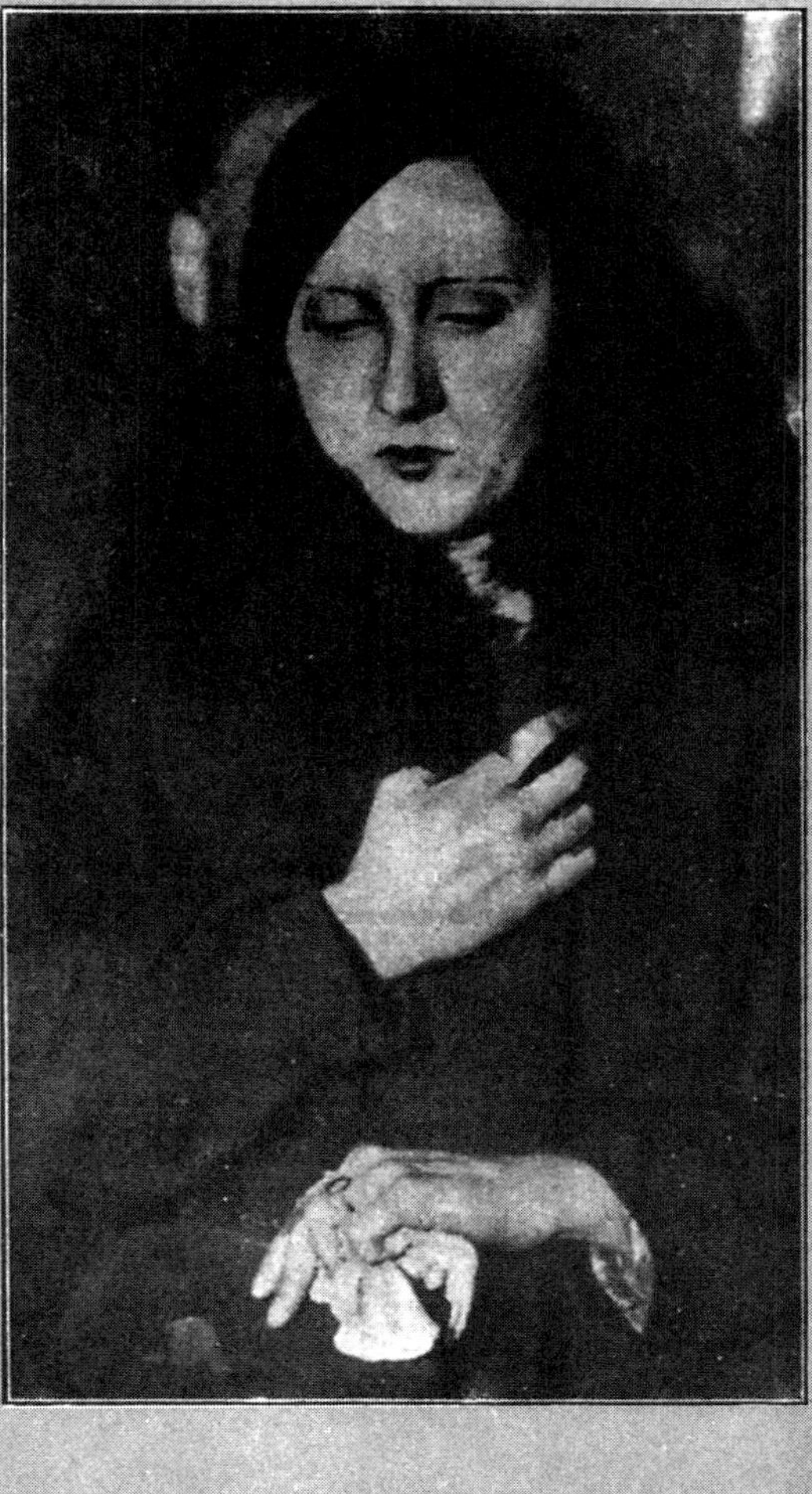

Editions
MARCEL-ROBERT
ROUSSEAUX
75, rue Vieille-du-Temple
Paris (3e)

Editions
MARCEL-ROBERT
ROUSSEAUX
75, rue Vieille-du-Temple
Paris (3e)

アレクサンドル氏の大犯罪

議院は内閣を信任した。
……世論を刺激するスキャンダルに手心を加えることなく暴くのを支持するために。
（スタヴィスキー事件発覚による政府の信任投票）

フランス共和国が危機に陥ったのは一度ならず。一九三三年には前例のないスキャンダルが暴露されて、政体は危機に瀕していた。二十四年前からパリ警視庁の各部局にその名が知れ渡っていた詐欺師が、三〇〇万フランを横領し、大勢の代議士が身を危険にさらしたのである。

このフランスを窮地に追いやった男はロシアからの帰化人だった。一九〇九年に、祖父のアブラアム・スタヴィスキーとともに、陳腐な三面記事的事件で第一歩を踏み出していた。

この二人は、夏季のあいだ、マリニー劇場を借り切ると新聞の案内広告で告知した。幕やプログラム販売の広告業者たちから前金を受け取ると、二人は劇場を借りることなく行方をくらました。スタヴィスキー老人は死んだが、スタヴィスキー青年は弁護士のクレマンソーに弁護された。一九一二年には、証書偽造、背任、隠匿、文書偽造および偽造文書行使、小切手の記載事項の抹消の事件を起こし、何度も判事の前にまかり出た。が、その都度、証拠物件の隠滅を行っていた仲間たちに弁護をしてもらい、犯行を繰り返していた。

一九二六年、この同じサーシャ・スタヴィスキーが警察に逮捕された。十八ヶ月の予防拘禁を経て、条件付きで身柄を釈放された。

それ以降、何もかも変わろうとしていた。しがない詐欺師が偉大なご領主、ご立派なセルジュ・アレクサンドル氏となるのだ。彼は場に華をそえる女性、シャネルのモデルのアルレット・シモンと結婚する。しばらくして、アレクサンドル夫妻は、蘭の花に囲まれて、将軍、代議士、内閣参事官、大臣を迎えるようになる。

キャビア、フォワグラ、シャンパン、賄賂……。アレクサンドル氏には政治家を買収する財力があった。宝飾品や工芸品を扱うアレックス商会を設立したし、他にも会社を五、六社ばかり経営していたからである。

一九三〇年、ロンドンのクラリッジ・ホテルに部屋を借り、ぜいたくなアレクサンドル夫妻は、ドーヴィルでと同様、ビアリッツやカンヌでも注目の的だった。

アレクサンドル氏には惜しみなく支出できる財力があった。アレックス商会が生産する模造エメラルドが、オルレアンの公営質屋の倉庫に、繰り返される貸与の担保として定期的に委託されていたからである。貸与額は三十四ヶ月で四三〇〇万フランに上っていた。事業は順調だった。アレクサンドル氏は新聞、劇場、賭博場、競走

スタヴィスキーの写真を掲載するにあたっては、さる夕食中に撮られたこの写りの悪い写真を修整して使用する必要があった。というのも、彼の死後、彼がいつも写真を撮られるのを避けていたことが分かったからである。

馬とあらゆるものを買収した。バイヨンヌ市立信用金庫を新たに設立することで、天才的な作戦を実行した。この機関は腹心の部下に経営させ、自分はもっぱら個人的に仮の債券の発券に従事した。債券が偽物と発覚したとき、その総額はなんと二億四〇〇〇万フランに達していたのだ。

バイヨンヌの事件は政府上層部に大打撃を与えた。新聞各紙は事件に巻き込まれた大臣や代議士の名前を掲載した。これらの諸氏は議院で互いに争ったが、その間に、警察が総力を挙げて羽振りのよいアレクサンドル氏の行方を追っていた。

政府は揺れていたが、一月九日、《真昼の巴里《パリ・ミディ》》紙が政府に安堵をもたらす情報を掲載した。

「スタヴィスキーは今朝、シャモニーの病院で死亡した、話すことができずに。……」

警察はスタヴィスキーが自殺したと発表したが、この公式説明を真に受ける者などいなかった。

次のことを指摘するのは愉快なことである。スタヴィスキーは二度、代議士に告発されていた。すなわち、一九二六年にギアナの代議士ガルモによって、一九三三年にはパリ三区の代議士ボノールによって。

1926年7月28日のサーシャ・スタヴィスキーの逮捕は注意を引かなかった！（《小新聞》紙(挿絵入り増補版)、1926年8月8日。
►口絵Ⅶ

✤第二次大戦前の二人の殺人鬼アンリオとヴァイトマン

一九三五年、探偵映画が改良されて、三面記事がもつ商業的価値が下った。顧客の心をとらえるには、現実に映画のフィクションを織り込まねば話にならなかったのだ。

アンリオの事件が大衆の心を鷲づかみにしたのは、舞台背景が大西洋沿岸の廃墟の城塞で、障害者の女性と残忍な男が主役というのがその理由である。ロリアンの検事の子息ミシェル・アンリオは癲癇のために除隊となり、勉学にも向いておらず、狩猟にしか興味がなかった。父親にロウの古い城塞を買ってもらって、ミシェルは銀狐を飼育していた。

ミシェルがその地で原始的な生活を送っていたとき、《フランスの猟師《シャスール・フランセ》》誌のこんな三行広告に目を留めた。「持参金付きの良家の若い女性」。この三行広告には、ジョルジェット・ドグラーヴが右半身不随であるとも、話すのにも支障があるとも記されてはいなかった。それでも、持参金が二一万四〇〇〇フランにも上っていたので、ミシェルはこの障害者と結婚したのである。両家は子供たちが結婚できたのを喜んだ。新婚夫婦は城塞で蜜月を過ごした。

とはいえ、ジョルジェットは新婚間もないころから、姉に宛てて、このような憂慮すべきメッセージを送っていた。「ミシェルは私が寝ていると、ベッドに火を点けようとした。……カービン銃で私を殺すつもりです。そう言われているのだから。」

ジョルジェットの両親はこうした痴話げんかなどに介入することをよしとしなかったので、ジョルジェットはミシェルにカービン銃で撃ち殺された。一九三四年五月八日のことだった。

妻はよそ者に殺されたのだと言って、ミシェルは葬儀の間、悲しみにふけるふりをした。しかし、彼が妻に掛けた八〇万フランの生命保険には「自殺、もしくは殺人の場合にも」という特別条項が含まれていたのである。……ミシェル・アンリオはついに犯行を自供した。

一九三五年七月一日、ミシェルは二十年の徒刑に処せられた。

（上）ヴァイトマンが白状した場所に被害者たちが埋められていた。ラ・セル＝サン＝クルーの彼の別荘の近くにて。

（右）1939年6月16日、ヴァイトマンの処刑はスキャンダルとなった。

それから二年が過ぎ、新聞各紙がパリ万国博覧会の写真やヒトラーの演説で埋め尽くされていた時分に、謎の殺人者が現れて、新聞の表紙を飾った。巧みに構築された長篇小説のように、この人物が殺人を犯し、姿を消していたのだ。

この事件は、アメリカ人女ダンサー、ジーン・デ・コーヴェンがパリで失踪したことに端を発する。しかし、このときは誘拐の状況から、ダンサーによる宣伝工作だと思われてしまったのである。

九月六日、ハイヤーの運転手ジョゼフ・クーフィがオルレアン街道沿いの草叢に倒れていた。顔に新聞がかぶせられ、襟首に銃弾が撃ち込まれていた。乗客が高級車と一四〇〇フランを持ち去っていたのである。

十月十六日には、広告代理業者ロジェ・ルブロンがヌイイーの墓地の前に駐車した豪華なオープンカーのなかに全裸で横たわっていた。こちらもまた、襟首に銃弾が撃ち込まれていたのである。この二件の同様の手口の殺人は世間の動揺を呼び覚ました。それがなおも大きくなるそのとき、十月二十九日、サン＝クルーの不動産仲介業者のルソブル氏が別荘「喜悦荘《モン・プレジール》」を見学させた顧客に襟首を撃たれて殺害された、と新聞各紙は報じたのである。

警察はこの客の足取りをつかんだ。十二月八日、血みどろの闘争の末、あるドイツ人を逮捕した。オイゲン・ヴァイトマンという男で、すでに三度、押し込み強盗で有罪判決を受けていた。

ヴァイトマンは運転手、広告代理人、不動産仲介人の殺人を自供した。しかも、彼が示唆した庭にはジーン・デ・コーヴェン嬢の絞殺死体が、地下室の一隅にはヴァイトマンのかつての仲間でドイツ人のフリッツ・フロマーの遺体が埋められていた。若い女性ジャニーヌ・ケラーの殺害も自白した。ヴァイトマンはジャニーヌの遺体をフォンテーヌブローの森の「山賊の洞窟」に、タイヤレバーを用いて、場当たり的に隠していたのだった。一九三九年三月、ヴァイトマンは三人の共犯とともに裁かれ、死刑の判決を受けた。一九三九年六月十六日、彼の死刑執行はスキャンダルを引き起こした。

ギロチンのまわりに、夜会服に身を包んだ野次馬や人気スターたちが嬉々として押し掛けたからである。

このことから、以後、死刑は公道で行わず、刑務所内で執行するものとする命令が発布された。

❖医師プショー

プショーはこんな愚かしい三面記事に登場している。

「一九三六年四月四日、十二時三十五分のこと、一八九七年一月十七日生まれで、オーセール出身の医師マルセル・アンドレ・アンリ・フェリックス・プショーという人物がサン゠ミッシェル大通りの書店ジベール・ジョゼフにて、二五フランの書籍を万引きしたところを現行犯で取り押さえられた。本人の弁によれば、便秘の人向けの最先端のポンプを発明したが、この書籍は自分の仕事に有益だったとのことだ。」

この万引き犯の医師は、警察署で自分には責任能力がないことを主張した。鑑定を行ったデュイエ医師も同様の意見であった。

八月一日、プショーはイヴリーの精神病院に収容され、九月まで入院した。

とはいえ、マルセル・プショーは精神障害のせいで、医学上の立派な研究をしたり、政治的キャリアに着手したりすることを断念しなくてもよかった。

この責任能力のない男が、ヴィルヌーヴ゠シュル゠ヨンヌの医師であり、町の参事会員であり、町長であって、大した人気に恵まれていたのだ。そして、県会議員に選出されると、前途は明るく、末は代議士かというごとくであった。ところが、その頃、電線に針を刺して電流を盗んだ容疑で、執行猶予付き懲役十五日の判決を受けたのである。また、パリに住んでいて、本を盗んだのもその頃のことだった。

一九四二年二月、マルセル・プショー医師はインチキの処方をした廉で、執行猶予付き懲役一年と罰金の判決を受けた。一九四三年五月には、非占領地域への不法侵入の事件に巻き込まれて、ドイツ軍に逮捕された。一九四四年一月十三日、保釈金一〇万フランを支払い自由の身になり、医師業を再開した。

プショーの最後の事件は最も有名で、一九四四年三月に始まった。

この医師が患者を診察していたルシュウール街二十一番地の邸から黒煙が出ているのを見た隣人が心配して、消防署に通報した。この兵長による報告書はいまでも関係資料中で主要な書類である。

「……臭いに導かれて、私は地下室に降りて行った。セントラルヒーティングの側に行って、そこで私が見たのは、人間の遺骸とボイラーで、ボイラーは火が点もり、はげしいうなりをあげていて、その中で人間の肉が焼かれていたのである。そのとき、積み上げられた人間の遺骸から飛び出た、やせ細った腕の先の人間の手に注意が引かれた。」

　七ヶ月後、プショーは逮捕されるが、彼は対独抵抗地下組織である「殺虫剤《フライ・トックス》」に所属する活動家であり、自分が殺したのは祖国の敵だけであると主張した。

　プショー裁判はフランス中を熱狂させた。十六の弁論、証人は九十人に及んだ。

　第五法廷は重罪院の場をルシュウール街に移した。プショーは診療所を案内し、どんな質問にも丁重に答え、起訴を狙う罠の裏をかいた。弁護側が勝利したかのようであった。ヨンヌ県から来た証人たちは被告を褒めちぎった。

「ヴィルヌーヴの庶民や労働者階級にとって、プショーはとにかく百パーセントのフランス人……いや、二百パーセントでさえあります。……わが街はプショーのおかげで下水道が整備されたのです。」

　感じのよい医者というこの神話は、失踪者の家族の証言を前にして崩れ去った。四月四日、「ルシュユウール街の怪物」が有罪判決を受けるのを聞こうと、かつてないほど群衆が詰めかけた。

　プショーは、審問の中断中には、サインをしたりもした。審理は長引いた。午後三時に陳述を始めた弁護士のフロリオ氏が、弁論を終えたのは午後九時三十五分だった。陪審員は百三十五の質問に答え続けた。プショーが死刑判決を受けたとき、真夜中の十分前であった。

　彼は一九四六年五月二十五日、ギロチンにかけられた。

裁判のとき、証拠物件があまりにも多数に上ったため、法廷には被害者たちの旅行鞄だけが提出された。

陪審員がルシュウール街のプショー宅を訪問した時に、微笑むプショー医師。

革ジャン族の若者たち

われわれがいるのは鶏小屋の雰囲気の中だ、老いた雌鶏が若い雄鶏を殺そうとしている。……
ベルナール・プティの弁護人、一九五一年五月

一九五一年五月の初旬、悲劇的なJ３（十三歳から二十一歳までのこと）の裁判を傍聴しようと、大勢の知識人がムラン裁判所に押し掛けた。記者席には、女優で作家のシモーヌ夫人が姿を見せたし、ジェラール・ボエールとアンドレ・ビリーがいた特別席は、さながらアカデミー・ゴンクールのようだった。戯曲『J３、あるいは新しい学校』を書いた劇作家のロジェ＝フェルディナンも当然、傍聴していた。

一九四八年十一月九日、十八歳のクロード・パンコニは、ラ・マルヌーの森で、クラスメイトである十九歳のアラン・ギヤデールの背中に発砲し、殺害した。クロードは私服刑事の父をもつベルナール・プティから父の九ミリ砲モーゼル銃を借り受けたのだった。クロードとベルナールとは異なった理由でアランに嫉妬していたからである。アランはムランのジョルジュ・サンド高校で脚光を浴びていた。しかし、それは嘘で塗り固めたものだった。彼は武器密売の一味の仲間だと言い、拳銃を見せびらかして、これで対抗者を「ぶっ殺し」たことや想像上の恋人エレーヌのことをあれこれ語ったりしていた。ときには、ドル紙幣の札束をいじくったりすることもあった。もっとも、これはチラシを貼り付けたものにすぎなかった。

それでも、クロード・パンコニは日記にこう書き留めている。

「ぼくの頭から離れないのはアランとあいつの金だ。あいつが大金を持っているとニコルが教えてくれたんだ。……」

このニコルという少女は、十六歳にして女の役割を演じていた。彼女はジョー・グラジアニをフィアンセとして紹介していたし、アラン・ギヤデールにはキスを許し、クロード・パンコニの臆病な言い寄りをそそのかしていた。

フランソワーズ・サガンはサン＝クルーの殺人犯ジャック・セルムーズの裁判を傍聴した。

そんななか、ギヤデールは、ニコルをカナダに連れて行く、もし付いてくるのを嫌がったら、強姦して斬り殺すと予告した。そのとき、少女を架空の殺人から救おうとして、パンコニは本物の殺人を犯した。事件は両親の道義的責任にまで及び、専門的な調査の枠を超えた。哲学者や作家が、社会に適応できない青年層の問題に取り組んだ。

青年層の新しい悪徳は、ジャン＝ポール・サルトルの実存主義に原因があるとみなす人々もいれば、闇市や爆撃に帰する向きもあった。

大人の司法官が大人の陪審員に罪のある青少年たちのメンタリティーを理解させようとしている間に、ムランの裁判所前に集まったJ3たちも皆、議論していた。《夕暮仏蘭西《フランス＝ソワール》》紙の記者カルメン・テシエは関心の高いテーマのひとつを見抜いてコラムを書いた。

「十三歳から十七歳の少女たちのグループを分ける議論に、『ニコルはまだヴァージンなのか……』というのがあった。意見は半半に分かれた。」

一九五四年三月、アラン・ギヤデールが吐いた嘘が現実のものとなった。二人の高校生が武器密売の容疑で起訴されたのである。

名門校ジャンソン＝ド＝サイイー高校でも、生徒がブーローニュの森で頭をモーゼル銃で撃って自殺した。「あこがれていた冷酷な発砲が、自分にはかなわないと感じたから。……」

捜査によって、高校生の間では、車泥棒がありきたりな遊びになっており、古切手のコレクションのように、ピストルが取引きされていることが明らかになった。

その後、御曹司のギャング、ジョルジュ・ラパンの事件（三五〇頁参照）が起こった後、「革ジャン族《ブルゾン・ノワール》」が流行した。

一九五七年一月、サン＝クルー公園で二人が殺害された事件では、十九歳の二人の少年、ジャン＝クロード・ヴィヴィエとジャック・セルムーズがマスコミから注目を浴びた。この殺人犯たちに関する写真や解説が、全ページにわたって掲載されたのである。ヴィヴィエはひどく身だしなみに気を遣っていたので、サンドウィッチを食べるにも革の手袋をしていたほどだった。彼は警察で自供した数時間後に、ラジオ（ラジオ・ルクセンブルク）のインタビューを受けた最初の殺人犯である。

ヴィヴィエは落ち着いた声で、聴取者に犯行の手口をあれこれ語った。

「オレたちはフェリシテの小道に駐車している二〇三にすぐ目をつけた。……前部座席にカップルが乗っていた。……カップルは降りようとしなかったから、そこまで行かなければならなかった。……オレは撃鉄を引いた。……ジャックが手伝ってくれて、カップルを小道にひっくり返した。カップルはまだジタバタしていた。オレは頭に銃弾を撃ち込んでやった。その間に、相棒が車を運転していたんだ。男のポケットを調べると、財布が二つあった。それを自分の家に行ったよ。……

「オレたちはオレの家に行った。腹がへっていたからね。ジャム一瓶と菓子パン一個を食べたよ。……」

大人たちの楽しみだったＪ３の裁判。

アンドレ・ビリーとシモーヌ夫人はにこやかな群衆に取り巻かれ、ムランの裁判所の廊下で開廷を待っている。

ムランのＪ３たち。ニコル、クロード・パンコニ、ベルナール・プティ。

うそで固めたドミニシ家

一九四五年以降、大当たりをとる三面記事は難事件であるらしい。たとえば、グランド・テールの殺人事件。これは九年にわたって、警察および各国のマスコミが動員された事件である。

一九五二年八月五日、リュール近郊の農場グランド・テールから百五十メートルの国道九十六号線沿いに、キャンプしていたイギリス人三人の遺体が発見された。ジャック・ドラモンド卿と夫人、そして六歳の娘エリザベスである。

ドラモンド卿夫人は胸に二発の弾丸を撃ち込まれていた。ジャックの遺体のほうは、道路を挟んだ向こうにあった折りたたみ式簡易ベッドの下だった。彼は背中に三発の弾丸を撃ち込まれ、手に傷を負っていた。娘のエリザベスは銃床で二度殴られて、頭蓋が打ち砕かれ、両親の車から八十メートル離れた溝の中に倒れていた。凶器はアメリカ式の自動カービン銃で、デュランス川から引き揚げられた。

ところで、このグランド・テールの長老ガストン・ドミニシは七十六歳、村の参事会員だった。彼はかつてある強盗の捕縛に協力し、勲章を授与されており、ために尊敬を集めていたのである。

このガストン・ドミニシは、何も聞こえなかったと明言した。反対に、彼の息子ギュスターヴは銃声を聞いており、朝五時に、まだ生きていた幼いエリザベスが通りかかるのを目撃していたとのことだった。

ゆえに、ギュスターヴ・ドミニシは、救助懈怠罪で懲役二ヶ月の判決を受けた。

一年と三ヶ月が過ぎても未解決のままで、人々もマスコミもがまんできなくなっていた。翌一九五三年十一月十二日、大々的な尋問が行われたが、そのさいギュスターヴは虚偽を認めた。翌日、ついに自白した彼は自分の父を告発した。「八月五日の朝、親父がやったと本人から聞いたよ……」と。

ギュスターヴの弟のクローヴィスもこの自白を認めた。十三日、ガストン・ドミニシは警察で、嫉妬によるいざこざから偶発的にドラモンドを殺してしまった、と語っ

エリザベス・ドラモンドが遺体で発見された場所を示す十字架の前で、写真を撮ってもらっている旅行者たち。

た。十五日、彼は予審判事に三人の殺人のあらましを次のように説明したのである。

狩猟に出かけたさい、透け透けのネグリジェを着たドラモンド卿夫人に出会って驚いた。失礼を顧みずなれなれしくしたけれど、夫人は嫌な顔ひとつせず応対してくれていた。……ところが、だしぬけに夫が現れた。襲われたガストンはカービン銃を拾い上げたが、それを横取りしようとしたイギリス人を思わず傷つけてしまった。

揉め事を恐れて、ガストンは男と女に二発撃った。そして、デュランス川のほうに駆けて行った娘に追いつくと、銃床で後頭部を殴った。

しかし、この供述は全面的に虚偽だと立証された。

一九五三年十二月七日、ガストンは最初の供述を撤回した。すると十八日に、ギュスターヴの妻イヴェットが義父を断固として告発した。ところが、三十日になると、今度はギュスターヴが供述を翻して、父の潔白を主張。

一九五四年二月には、ギュスターヴがまたも供述を翻し、再度、父を告発した。

同年十一月二十八日、ガストン・ドミニシはディーニュの重罪院で死刑判決を受けた。破毀の申し立てに署名するとただちに、息子ギュスターヴ、孫ロジェ・ペランが殺害に加わっていたと暴露したが、これもまたあらぬ申立てであった。

一九五五年二月十七日、ガストン・ドミニシは一九五三年十一月の供述を明確に撤回、調書を「改竄」した司法官を告発した。

七月二十日、新たに共助委任要求と再捜査が行われた。八月四日、ギュスターヴは再度、父を告発。十四日、再捜査の中止。だが、十月十日、刑事官補がグランド・テールへ再び向かった。

結局、一九六一年七月十五日、ガストン・ドミニシは高齢を理由に釈放され、刑務所を出た。

翌日、長老は老妻ローズ、長女、息子ギュスターヴと一緒に写真に納まった。

捜査当初の頃のドミニシ家。

妖術流行

一九五〇年から六〇年にかけて、フランスのどんな奥地にも進歩の象徴たるテレビ、トラクター、冷蔵庫が広まったのに、悪魔が主役を演じるという三面記事的出来事が連続して起きている。

一九五七年二月、オルレアン近郊のオリヴェに住む製錬工モーリス・リフェが殺害された。この男が妻とその情人に呪いをかけていたのがその理由だという。心霊術師ジュール・バルノーとその協力者シモーヌは、悪から解放されるために夫を殺したと告白したのである。「あれは魔術師だった……」とバルノーは訴える。「私は悪魔を殺したのだ」と。

この恋人たちの供述による事件のあらましは以下の通りである。彼らは長いこと戦っていた。胸には五芒星形を着け、硫黄の小袋、スカプラリオを身に着けていたし、ベッドの脚の下にはゴム製の板を敷いて、「邪悪な波動」を食い止めていたのだという。だが、どんなに手を尽しても悪魔を追い払えないでいた。巡礼も、祈禱も、悪魔祓いも効き目はなかったのだ。それで、二人は全身にちくちくする痛みを覚えると、「呪いから解き放たれるために」モーリス・リフェを殺さねばならないと互いに信じたというのである。

サン＝メクサンの各地では悪魔が信じられていた。一九五七年十一月のこと、ビネティエールの農婦イダ・ギヨノーは自らに降りかかった不幸をことごとく悪魔の仕業のせいにした。「私たちは悪魔に憑かれている。」仔牛たちが死んでゆくのを見て、牝牛が喉に膿瘍ができて苦しむのを目の当たりにして、イダはわめき散らした。

近隣の者たちの例に倣い、イダもこの地方の呪術師ペニゲルのところへ相談に出かけた。この呪術師は悪魔祓いの特効薬に通じていたからである。その薬は赤い塩で、家畜に与えるものだった。呪術師は塩に、十七種類の神からの賜物をしみ込ませて、魔力を授ける奥義に通じていた。鉄製の盥に五キロの塩を入れ、わけのわからない文句を唱えながら、いくらかの術を施し、御払い料として一万フランを要求した。

イダはこの塩を背負って持ち帰ると、小袋に分けて、それをベッドの下や家畜小屋の中に投げておいた。それなのに、夜間、家具が鳴る音が聞こえた。夜明けには、仔牛が死んだ。悪魔は去っていない。

イダは家族を集めた。亭主で使用人のガブリエル、息子、母、そして十七歳の弟マルセルである。全員を真っ暗な部屋に閉じ込めると、イダはわめき始めた。「悪魔が見える……やって来る……こっちに這ってくる……わたしたちの上に乗っている……この塩を食べろ……。」

Demain, aux assises du Loiret

« NOUS AVONS TUÉ LE DIABLE »

plaideront le magnétiseur et la sorcière d'Olivet, meurtriers du mari gênant

LE crime était presque parfait. Un banal accident de la circulation, le 13 février dernier 1957, sur une route dé-

d'ailleurs incontestable. Un de ses exercices favoris était de momifier, par simple contact, des poissons ou des oiseaux morts.

Il ne tarda pas à découvrir

DRAME DE LA SORCELLERIE AUX ASSISES DE LA SARTHE

« Je vois le diable, il rampe vers nous. Il faut manger le sel rouge »

criait Ida la Sorcière

TOUTE LA FAMILLE OBEIT ET MARCEL (17 ANS) MEURT ETOUFFE

LE MANS, 22 janvier.

Ida, la sorcière.

事件を伝える新聞

（上）《私たちは悪魔を殺した》

（下）《私は悪魔を見た。悪魔は私たちの方に這って来た。私たちは赤い塩を食べなければならなかった》

恐怖に襲われて、それぞれが、祖母も孫も、赤い塩を一掴み飲み込んだ。ただマルセルだけができなかった。息を詰まらせていたのだ。イダはマルセルの頸をつかむと、塩の入った盥の縁に押さえつけて、思い切り首を絞めた……。手を放したとき、マルセルは死んでいた。イダは大声を上げた。

「まだ悪魔に憑かれている証拠よ！」

これがマルセルにかけられた唯一の餞《はなむけ》の言葉だった。

この家族のサバトが行われたのは一九五七年十二月十三日のこと、パリから三百キロも離れていない土地での出来事なのである。二年後、イダはサルトの重罪裁判所に出頭した。裁判の初日と二日目のあいだに、母が首をくくった……。母の訃報を知ると、イダはくずおれて、泣きじゃくった。

「ホラ、私たちは悪魔に憑かれているのです！」

裁判にペニゲル師が呼ばれた。師は失禁に悩まされていたので、裁判長は守衛に命じ、呪術師の湿ったスリッパの下に雑巾の束を敷かせたのであった。

三つの儀式犯罪

並はずれた卑劣さは何と愉しいことか。
マルセル・ジュアンドー

一九五五年以降、三面記事が日々配信される中、三件の犯罪が大衆に衝撃を与え、それについて深く考察する作家たちも出ていた。カトリック作家のマルセル・ジュアンドー氏も『三件の儀礼的犯罪』と題する本で、その考察を披瀝している。ドニーズ・ラベ、エヴヌー医師、ユリュフ司祭の殺人が同種のものとして一括りにされているのだ。

ジュアンドーが最初に取り上げているのはドニーズ・ラベの事件である。ドニーズは二十八歳のとき、三度の未遂の後、二歳になる娘を石鹸水で満たした洗濯釜で溺死させた。ドニーズは娘を犠牲にするように要求されたとして、恋人のジャック・アルガロンを激しく非難した。ジャックは砲兵隊の少尉で、イエズス会の元神学生、当時二十五歳だった。彼は答えた、ドニーズが彼の冗談を心得ていなかったのだと。そして、こう言った。「この女はイカレてるよ。……冗談を真に受けるんだからさ。……」

「冗談による殺人」を理由に、ジャック・アルガロンに二十年の強制労働の刑が宣告されると、知識人の諸団体はこの厳しい評決に抗議して、哲学的パラドックスは処罰に値しないと声を上げた。カトリック作家のフランソワ・モーリヤックは驚きを露わにしたし、マルセル・ジュア

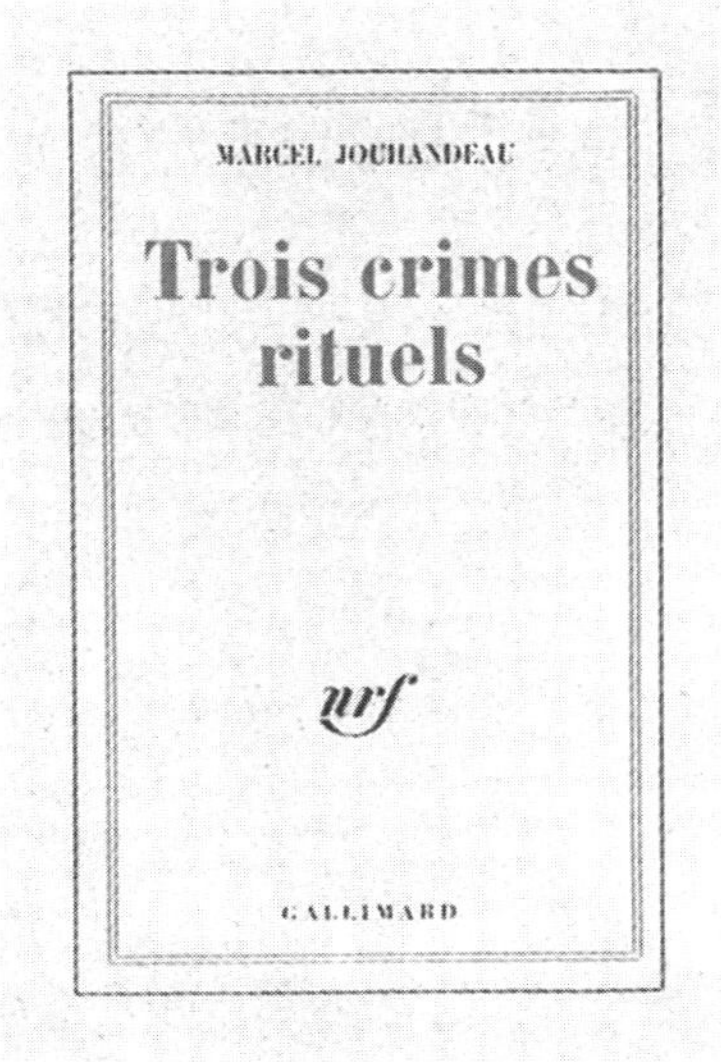

（上）マルセル・ジュアンドー著『三件の儀礼的犯罪』ガリマール書店刊。
（左上）ドニーズ・ラベとジャック・アルガロンは同じ世界に住んでいなかった。
（左下）シモーヌ・デシャンは全裸で、黒手袋をはめ、恋敵を刺殺した。

DOP

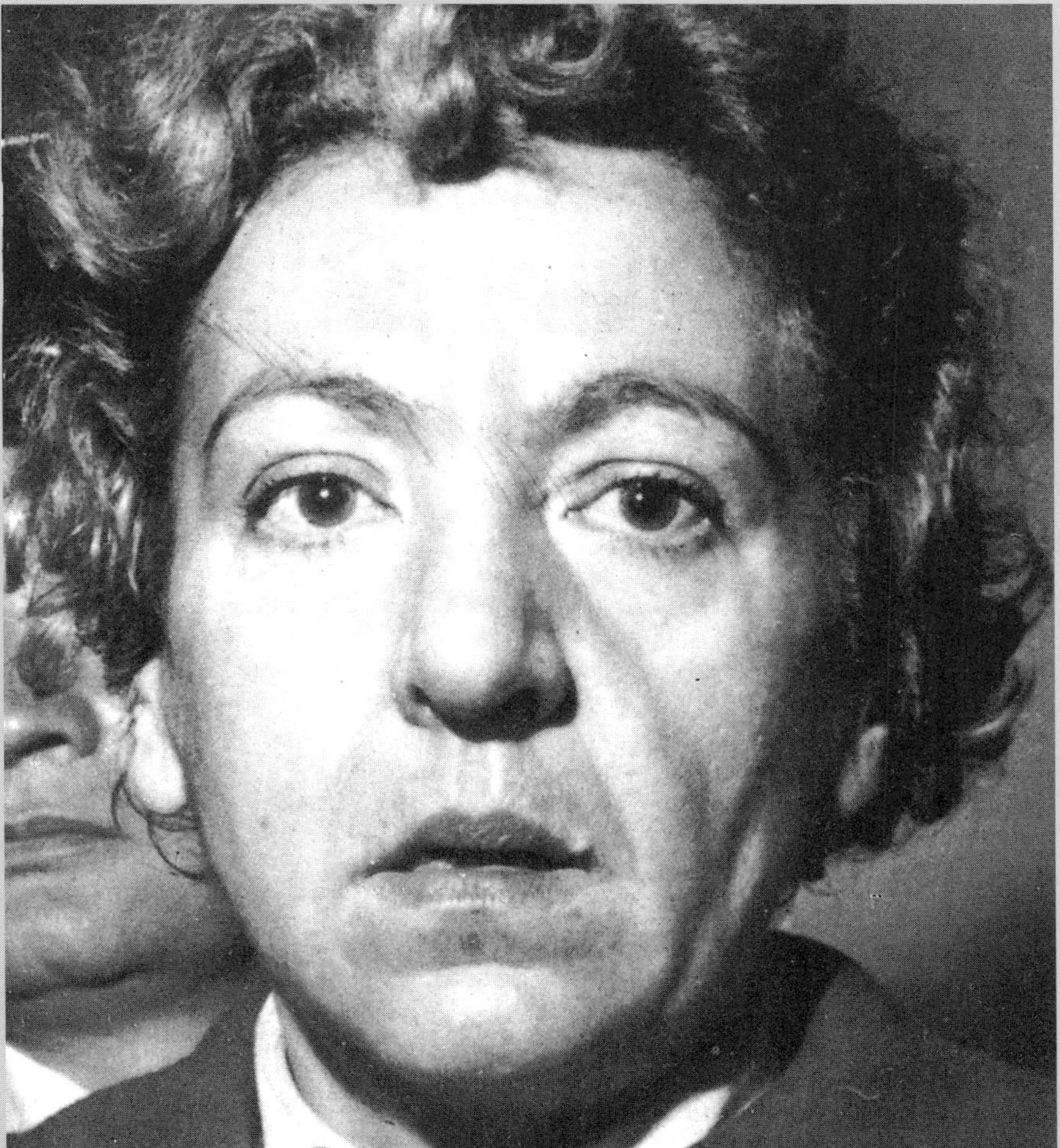

ンドーは取材を敢行した。ジュアンドーによると、問題は単なる誤解であろうということだ。ドニーズは「抽象のなかで暮らすことが出来ない」し、ジャックは「具象のなかでは不器用」なのだった。彼らは同じ世界の住人でなかったのだ。

ジュアンドーが第二に取り上げているのが、エヴヌー医師の事件である。エヴヌー医師の老獪な犯罪に対し、ジュアンドーは私的な感情を隠せなかった。彼はこう記している。

「……この医者は情婦に短剣を持たせ、寝ている女房の胸を突き刺させたのだ。私はそれが自分だと一瞬想像してみた。……」

医師エヴヌーの話は興味深い題材である。この医師は酒癖の悪い評判で患者は一人残らずいなくなってしまっていた。エヴヌーはショワジー＝ル＝ロワの町で、あきらめ果てたやさしい妻のマリー＝クレールと、嫉妬深くてしつこい情婦のシモーヌ・デシャンとの間で暮らしていた。

「私があなたの奥さんを殺したら、私たちは一緒になれるのにね」と言うシモーヌにたいし、エヴヌーは戯れにこう焚きつけた。「おまえがそれをやった日こそ、僕を愛しているということが本当に証明されるんだ。」その翌日、シモーヌはボーイスカウトの短剣を購入したのだった。あと残るのは犠牲の服装を選ぶことだけ。一九五七年五月三十一日、準備万端整った。エヴヌーの合図に合わせて、シモーヌは睡眠薬で眠るライヴァルの寝室に上がった。手に短剣を持ち、コートの下には何も身に着けていなかった。長い黒手袋をはめ、ハイヒールを履いていた。

仕事にとりかかる前に、シモーヌはコートを脱いだ。すると、エヴヌーが妻のネグリジェをまくり上げ、心臓の場所を指して、言った。「そこだ！……　刺せ！……。」一撃目は手許が狂ってしまって、犠牲者を起こしてしまった。それで、エヴヌーが妻の額にキスして、悪い夢を見ているのだと言って安心させた。いっぽう、シモーヌのほうは怒り狂って、恋敵をメッタ刺しにしたので、その身体のあちこちから血が迸り出た。このとき隣の部屋では、医師エヴヌーの娘が眠っていた。

予審では、エヴヌーはシモーヌを告発し、シモーヌはエヴヌーを告発した。一九五八年十月、判事の前にいたのは彼女だけである。彼女をけしかけた男はパリ南郊の町フレーヌの病院で亡くなっていたからだ。

ジュアンドー氏が三つ目に選んだのは、ギイ・デノワイエ師の殺人である。

デノワイエ師は小教区でよからぬ関係を結んでいたが、彼の信仰を害することもキャリアを妨げることにもなっていなかった。

　ところが、揉め事が起こる。きっかけはレジーヌ・フェイの妊娠である。レジーヌは村を離れることを拒んだ。時が過ぎ、デノワイエ師は怯えた。子供が生まれようとしていたが、そうなるとキャリアは絶たれるし、教会の尊厳が脅かされてしまう。

　一九五六年十二月三日、デノワイエ師は妊娠八ヶ月のレジーヌを自分の車「四ＣＶ」に同乗させていた。レジーヌに罪の赦しを与えたかったのである。けれども、レジーヌからは拒絶された。彼はしつように頼み込んだ。が、レジーヌは車から降りて、言った。「もううんざり。歩いて帰るわ……。」師は追いかけると、至近距離から、レジーヌの頭部に発砲した。レジーヌは両腕を広げて仰向けに倒れた。デノワイエ師は犠牲者の服を脱がせると、ナイフで腹を裂き、ついに死体から生きている女の子を取り上げた。

　デノワイエ師は臍の緒を切ることはしなかった。というのも、教会の教えでは、母から切り離されない存在は魂を持たぬ胎児に過ぎないからである。……だから嬰児殺しのほうはたいしたことはない。デノワイエ師はこの胎児に洗礼を授けてから、惨殺し、死の祈りを唱え、兄弟の家に夕食をとりに行った。彼は帰宅すると、早速捜索の指揮をとり、二体の遺体を発見した。取り調べの一夜の後、彼は憲兵に恐ろしい告白をした。

　一九五八年一月末にナンシーで行われた裁判で、検事長はしつようにユリュフの司祭に死刑を求刑した。それに対して、弁護人のガッス氏はすばらしい考えを思いついた。口頭弁論の締めくくりに祈りの文句を唱えるというものだ。

「主よ、裁判官にお話しください、彼らがあなたにしか属さない生に触れる権利がないことを。」

　陪審員たちはそれに怯えて強制労働を選択した。多くの新聞は購読者が提起した問いを掲載した。「だとしたら、いったい何をすれば、死刑が宣告されるのか。」

二十年このかた、飛行機事故、王族の婚礼、武装攻撃、脱線、暗殺が驚異的なペースで相次いで起こっている。全ジャンルにわたる三面記事８万件が、等しく厳密な配慮をもって語られ、写真に撮られ、映像化された。

事故が起こった日時や救助者の名前は忘れられたが、大犯罪人だけは忘れられていない。

今日、キャリル・ホイッティアー・チェスマンは、十年前にゴンクール賞を受賞した作家たちよりも知られている。ヨーロッパでもアメリカでも、このカリフォルニアの犯罪者の名を知らぬ者はいない。彼の処刑は六度延期されたし、彼は独房で世界的なベストセラー『死刑囚2455号』を書いた。この本は彼の犯罪歴が記された自伝である。

チェスマンの殺人、窃盗、誘拐、様々なテロ行為といった17件の訴因に対して、ロサンジェルスの陪審は1948年死刑を宣告したが、著書の中で彼は、百件以上の悪事を犯したと白状している。

チェスマンの伝記は予想以上の成功を収めた。フランス語、ドイツ語、イタリア語、日本語への翻訳権、映画化の権利、著作権料が数ヶ月で8000万旧フラン（80万新フラン）を超えたのである。チェスマンは記者会見、写真撮影、出版者との面会を許可された。やがて彼は殉教者のようにみなされた。

この偉人の恩赦を求めて、デモ、分列行進、討論集会がアメリカやヨーロッパの大都市で行われた。彼は書いた、「社会」との闘争は熾烈だと。「みな我先にと他人の上に立とうとする」

だが、「社会」が勝利した。チェスマンは1960年に電気刑に処せられたのである。

《チェスマンを助けろ》とプラカードをかかげる人々。

SAVE CHESSMAN
ABOLISH CAPITAL
NO PARKING CHURCH ENTRANCE
SAVE CHESSMAN
8 STATES
SAVE CHESSMAN

第3章

新聞と三面記事

ctionnelle

pelet
uait"
roncs
lises

e pince
piler

temps de fixer
le sort d'une
62 ans et qui a
puis 1914 d'une
lamnations assor-
éparti sur toutes
élinquence de 220
iction de séjour,
cupa de Gaston
-troncs.
estiné, s'il en fût.
s talents à l'aide
épiler et au pré-
sses diverses que
s errements dans
banlieue plaçait
un raté. C'est
ve, il est un ac-
n acteur qui n'a
er son rêve d'être
rêve de Chapelet
s entre le man-
et la boîte du
les « planches »,
se-t-il. Il a vécu

« SCIPION LE SATYRE » SE SUICIDE... AVEC DES PETITS POIS

(De notre correspond. particul.)

GRENOBLE, 25 décembre (par tél.). — M. Scipion Rèche, cultivateur à Barcillonette (Hautes-Alpes), âgé de 72 ans, avait été arrêté et mis dans une prison commune à Gap sous l'inculpation d'avoir abusé d'une fillette de 12 ans.

Vivement affecté, il préleva sur son repas plusieurs petits pois, les pétrit en boule et s'en obtura complètement les narines. En outre, il se bâillonna solidement. Ce n'est que plus tard, dans la journée de vendredi, plusieurs heures après, que ses co-détenus s'aperçurent qu'il avait cessé de vivre.

JULES CESAR EST MORT

SAUMUR, 7 décembre. — M. Jules César, père d'un industriel saumurois bien connu, est décédé à Saumur dans sa 84ᵉ année.

3ᵉ suicide dans la famille Bonheur

Le nom de Bonheur incite au désespoir. Eugène Bonheur, 76 ans, a été trouvé, hier, pendu dans son grenier de Mortery, près de Provins (Seine-et-Marne).

Il est le troisième de cette famille à s'être donné la mort : son père s'est pendu, lui aussi, et l'un de ses frères s'est tué d'un coup de revolver. Enfin, une de ses sœurs est morte, récemment, neurasthénique.

Cimetière
s le trou »

décembre (dépêche
— Frédéric Cime-
ing mandats d'arrêt
es vols, appréhendé
naires de la police
moges, a été placé
dépôt.

Mᵉˡˡᵉ Mort voulai
mourir par am

LYON, 28 février (dép. « F
soir »). — Par désespoir d'amour
Germaine Mort, 37 ans, s'est
dans le Rhône, à Oullins. Elle
été retirée par un promeneur.

Empoisonné par Janine
parce qu'il courtisait Mado

Dieu a pardonné

(De notre envoyé spécial Jean LELEU.)

FOURMIES, 23 août (par téléphone). — Le 17 ju
dernier, un drame passionnel se déroulait aux Etangs
Liessies (Nord). Janine Carton (30 ans), l'une des maîtres
d'André Dieu, l'empoisonnait. Elle était jalouse et elle vou
qu'il rompît sa liaison avec Mado, liaison qui durait dep
plusieurs années. Janine avait versé de la mort aux
dans une bouteille de bière. Elle était si amère — c'é
de la strychnine — que Dieu n'en but qu'une gorgée
s'écroula, les jambes paralysées. Maintenant, remis sur p
Dieu a parlé. Janine a été arrêtée, inculpée et écroué
Valenciennes. Elle affirme que la bière empoisonnée lui é
destinée.

DIEU

《小型判《プチ》・巴里人《パリジアン》》紙や《小新聞《プチ・ジュルナル》》紙などの大部数を誇る日刊紙は、三面記事の掲載にあたって数行に及ぶ長い見出しとサブタイトルを持つという昔ながらのやり方を、一九一四年まで継承していた。

　一九〇四年、モーリス・ビュノー＝ヴァリーヤ氏は、《毎朝《マタン》》紙の編集部を再編するにあたり、三面記事をこれまでとは異なった形で、つまり、二十語ほどに制限された見出しがそのままで記事になるように書けるジャーナリストや作家を探した。そして、この難事を任されたのは、象徴主義芸術の批評家フェリックス・フェネオンである。フェネオンは絶妙な形容詞のつかい手であり、簡潔な記事の達人だった。その批評について詩人のマラルメは「まことと宝石のごとき簡潔な批評」と述べている。

　フェネオンは一九〇五年から一九〇七年にかけて、《毎朝》紙にニュースをエスプリをきかせて三行で書いた。たとえば、こんな風に。

　マンジャンは棺の後ろをヴェルダンから進んでいた。が、その日、墓地に到達できなかった。途中で死に襲われたから。

　ダンケルク在の人シェード、妻に三発発砲。打ち損じてばかりなので、義母を狙った。弾丸は命中。

　嗅ぎ煙草を一服かぐと、A・シュヴレルはくしゃみをした。ペルヴァンシェレールから運んできた干し草を積んだ荷車から転落。死亡。

　ノアジー＝スー＝ゼコール近郊。七十歳のルイ・ドリーリオーが日射病で死亡。その頭部をすぐに飼い犬「忠公」が喰べた。

　隣人、蚤のサーカス師ジョコリーノが飼う蚤に苛まれていた。ソーヴァン氏は蚤のホテルたる木箱を横取りしようとした。弾丸二発を喰らった。

五十年後、フェリックス・フェネオンのスタイルが日刊紙の見出しに再び現れることになる。

　実際、一九四五年以降、新聞は大文字のニュースを大急ぎで読む忙しい読者を相手にするようになり、《フランス日曜日《ディマンシュ》》紙、《夕暮仏蘭西《フランス＝ソワール》》紙、《曙光《オロール》》紙、《自由巴里人《パリジアン・リベレ》》紙は、事件が二行、三行、ないしは四行で要約された見出しを掲載することを流行らせたのである。他紙もこの動きに追随した。たとえば、次のとおり。

日曜日に警察に厄介をかけない絞殺者デジレ・パルケ。飯を食い、妻の死体の横でぐっすり眠り、月曜日の朝になって自首。

《解放《リベラシオン》》紙、一九四八年三月十六日

物静かなピストル強盗ワルゼーが殊のほか心配したのがリウマチ。隠し場所には盗んだ郵袋の他に温湿布も。

《夕暮仏蘭西》紙、一九五四年十一月二十四日

「私は七年前から殺人を犯している」ウィスコンシン（米国）の人食い農夫が告白。死体一体、氷の中に保存された女性の頭部五つ、人間の頭蓋骨四つ、皮で製作した仮面が自宅から発見。

《夕暮仏蘭西》紙、一九五七年十一月二十日

ランデルノーのスキャンダル。愛想のよい公証人は実は女たらし。依頼人の金銭で、夜な夜なパリのキャバレーに通い、「パンポル女(1)」から出迎え。使い込みは一億一〇〇〇万フラン超。

《夕暮仏蘭西》紙、一九五九年二月二十二日

大量の情報を扱う現代の新聞では、三面記事の見出しは宣伝効果もあって第一面に掲載されている。見出しは特に整理を受けることになった。なぜなら、正確な情報よりも「ショッキングな見出し」のほうがたくさん売れると考えられたからである。

（1）ランデルノーもパンポルもブルターニュ地方の街。「パンポル女」はシャンソン「パンポル女」（作詞テオドール・ボルテル、作曲ウージェーヌ・フォトリエ、一八九五年）にちなんでパンポル出身の女性を表しているのだろう。

1
ささいなことが大事件に

浴槽から水漏れ船沈没

アーカンソー、5月7日（ロイター）

昨日、浴槽の配管の水漏れが原因で、鋼鉄製のレジャー・ボートが沈没した。

乗員のうち、3人が溺死、8人が救出された。

駅のホームでトランペットを吹いたら列車が発車

ナポリ、9月11日（《夕暮仏蘭西》紙外電）

一杯やっていたミケ・イッツォ（17）はミュージシャン魂を感じて、ナポリ駅に停車中の列車に一緒に乗っていた友人から田舎風トランペットを借りた。数音吹いただけで、定刻前にもかかわらず列車が発車した。運転士がトランペットの音を駅長が出した出発の合図だと勘違いしてしまったのだ。信号電話を用いて列車を停車させ、列車を駅まで戻させる事態となった。

米国「これは街を揺るがす法だ」と議員が述べたら……地震が発生8人死亡

シアトル、4月14日（AP通信）

昨日、米国北東部の太平洋岸で地震が発生し、少なくとも8人が死亡し負傷者は多数に上った。損害は推定3千万フランとみられる。

オレゴン州議会では、さる法案の審議中で、ある議員がこう述べた。「これは街を揺るがす法であります」すると、危険なほど建物がぐらつき始めた。議員たちが驚きに襲われたのも無理はない。

パニックは映画館でも起きた。「ポンペイ最後の日」が上映されていた映画館では、観客は座席の震動を、臨場感を出そうとして人工的に引き起こされたものだと信じ込んでいた。館長のアナウンスがなければ、館内から避難させられなかったほどだった。

フットボールの「親善」試合で2人死亡

リオデジャネイロ、2月7日（AFP通信）

リオ・グランデ・ド・スル州で開催されたフットボールの「親善」試合は2人の死者を出すという悲劇的なスコアで幕を閉じた。

試合終了間際に、ゴールが決まった。相手チームはこのゴールをレフェリーの責任にし、選手の1人がレフェリーにとびかかった。アッパーカットを加えてノックアウトしたのである。と、勝利チームのサポーターがグラウンドに乱入、17歳の少年がレフェリーを殴った選手を刃物で刺した。刺された選手は自分が殴った男の上に倒れて、即死した。

すると、今度は死亡した選手のチームメイトたちが殺人者の少年を追い、タンクの中に潜んでいるのを発見して、容赦ないリンチを加えた。警察が到着したときには、少年は死亡しているのが確認された。

ツイストに耐えられなかった家

家が崩壊

「家がなくなった。家がなくなった」とアニーは取り乱して叫んだ。友人のマリー・イボンヌ・アンセル・ギヨの家のドアを押した直後のことだった。土曜日の午後、パサージュ・ジャン・ニコ15番地の2（7区）でのこと。耳をつんざくごう音のなか、階段が崩れ落ちたのである。外壁はすでになかった。

家主のアンセル・ギヨさんは何が起こったかをこう話す。

「土曜日の午後、娘が友達とパーティをしていました。みんなにぎやかに楽しんでいましたよ。『ロック』の後には『ツイスト』を踊ってね、大いに盛り上がっているみたいでした。ところが、午後3時頃、突然、こもったうなりが聞こえて、食堂の壁がまっぷたつに割れたのです。しばらくパニックになりましたよ。階段がなくなっていましたからね。それで、窓のほうに駆け寄りますと、近所の人たちが梯子をかけてくれました」

「私は通報していた」

「まったくけしからん話ですよ」と家主は続けた。「私の家の隣で11階建ての建物が建築中なのですが、2カ月前、心配になって、パリ市の建築家たちに通報したのです。なのに、ただ心配するなと答えるばかり。それでこのざまですよ」

家主の娘で18歳のマリー・イボンヌは生物学高等学校の生徒だが、こう声を上げた。「せっかくめずらしく友達を呼んだのに。でも、こんなふうだから、みんなは一生忘れないでしょうね」

ソーミュール

ドア閉めて家屋崩壊

ソーミュール、4月9日(《夕暮仏蘭西》紙外電)

ソーミュールのフーリエ通りに住むルブーさん(70)が外出しようと台所のドアを閉めたところ、古い家屋が崩壊した。消防士が駆けつけたとき、ルブーさんは恐怖で震えあがって、踊り場の端でじっとしていたという。

3分間にワインを4リットル飲み死亡

ウッドリッジ(ニューヨーク州)、9月24日

クリーニング業勤務の黒人男性ウィリー・オーエンズ(38)は友人たちとの賭けに勝つために、3分間に1ガロン(約4リットル)のワインを飲んだ。

彼は飲食店を出ると、歩道で眠り込んでしまったため、友人たちに自宅まで運ばれたが、4時間後に息をひきとった。

日本

子供の火遊びで2百軒炎上

東京、5月7日(ロイター通信)

北海道上川郡下川町では、7歳の男児の過失による火災が原因で、町内の半数以上の家屋が焼失した。

町内の350軒のうち2百軒が炎に包まれた。死者1名。

少年4人ブルドーザーを動かし5百万旧フランの損失

ウィルミントン(デラウェア州)、11月24日(AP通信)

デラウェア州(米国)エルスミア郊外の建設現場で4人の少年がブルドーザーに乗って遊んでいた。

1人が不注意からエンジンをかけてしまい、驚いた少年たちは地面に飛び降りたが、重機は動き出した。

ブルドーザーは相次いで2件の建物を取り壊した。主婦が料理をしていた台所の壁を突き破り、2本の木と塀をなぎ倒し、駐車中の3台の車に衝突、うち1台を約50メートル運んで行った。

損害は1万ドル(5万新フラン)と見積もられる。

2 固有名詞の言葉遊び

妻のキスで口がダメになった夫

エンナ（シチリア）、8月12日（AP通信）

妻からあまりに熱烈なキスをされたフィリッポ・プラトは口がきけないままだ。

昨日、フィリッポは町医者を訪れて、血だらけの舌を見せた。

身ぶりと筆記によって説明するところでは、妻が「映画のようなキス」をしたがったとのこと。妻が熱情的になりすぎて、彼の舌先を噛み切ってしまったのだという。

医師の断言するところでは、フィリッポは話せるようになるが、障害がかなり残るだろうということである。

軽罪裁判所にて教会の献金箱から「盗み」を働いていたシャプレが毛抜きを使用

裁判所は、1914年以来、滞在禁止に相当する多数の有罪判決を受けてきた62歳の女性の処遇を一時的に定めたので、賽銭泥棒のガストン・シャプレ(1)の案件を扱った。

まさしく運命づけられた名前だ。

シャプレは行き当たりばったりにパリと郊外の小教区を毛抜きを使って荒らしまわっていた。

シャプレは失敗者である。いや、それよりひどくて、彼は挫折した役者、つまり、役者になるという夢を一度も実現できなかった役者なのである。シャプレの夢は常にプロセニアムアーチとプロンプターボックスの間にあったから。「板箱舞台」にしか活路はない、と彼は考えた。……

(1)「シャプレ」はフランス語で「数珠」という意味。
(2)「シムティエール」はフランス語で「墓」。また「豚箱」の意味もある。

フレデリック・シムティエールは「豚箱の中」

リモージュ、12月10日（《夕暮仏蘭西》紙外電）

多数の窃盗容疑で5件の逮捕状を請求されていたフレデリック・シムティエール(2)はリモージュの司法警察に逮捕され、収監されている。

「色情狂のスキピオ」が自殺……グリンピースを用いて

グルノーブル、12月25日（電信）

バレイヨネット（オート①・ザルプ県）の農夫シピョー・レーシュ被告（73）は12歳の少女にいたずらを働いた容疑で逮捕され、ガップの刑務所に収監されていた。

悩んだ果てに彼は食事から多数のグリンピースを取り出すと、丸くこねて、鼻孔を完全に塞いだ。そのうえで、自分にしっかりと猿轡をかませた。数時間も経過した金曜日になって、死んでいることに囚人仲間が気づいた。

ユリウス・カエサルが死去

12月7日、ソーミュール

ソーミュールの著名な実業家の父君ジュール・セザール②氏がソーミュールにて逝去。享年84歳。

幸福一家3人目の自殺者

ボヌール③という姓が絶望に駆り立てた。昨日、ウジェーヌ・ボヌール（76）がプロバン近郊のモルトリ（セーヌ・エ・マルヌ県）の屋根裏部屋で縊死していたのである。

彼はこの一家で自殺をした3人目。父親も縊死し、兄弟の1人はピストル自殺をしている。ちなみに、妹の1人は神経衰弱で死亡。

マドを口説いたという理由でジャニーヌに毒を盛られた神《デュー》は許したもうた

フルミ、8月23日（電話）

去る7月17日、エタン・ド・リエシー（ノール県）で痴情がらみの悲劇が起こった。ジャニーヌ・カルトン（30）が情夫アンドレ・デュー④（写真）に毒を盛ったのである。ジャニーヌは嫉妬深く、デューにマドとの交際を断ってほしがっていた。デューとマドの交際は数年に及んでいたのである。ジャニーヌはビール瓶に殺鼠剤を注いでおいた。デューはビールが苦すぎるので一口飲んだだけだった。（混入されていたのはストリキニーネ）それでも、倒れ込んで、脚が麻痺してしまったのである。現在、デューの脚は元に戻り、口も利いている。ジャニーヌは逮捕、告訴され、バレンシエンヌ監獄に収監された。彼女は彼に毒入りビールを飲ませたのは間違いないと話している。

モールさんは失恋して死のうとした

2月28日、リヨン（《夕暮仏蘭西》紙外電）

リヨン南西郊の町ウランで、ジェルメーヌ・モール⑤さん（37）は失恋してローヌ川に身を投げたが、通りがかりの人に救出された。

ジャン・ジャック・ルソーが風俗紊乱罪で有罪

ティオンビル、10月22日（《夕暮仏蘭西》紙外電）

昨日、ジャン・ジャック・ルソー⑥はティオンビル裁判所にて風俗紊乱罪で禁固4カ月の有罪を宣告された。彼がきわめて特殊な性格の「青年クラブ」を設立していたからである。

キケローがムランのカフェ・エッフェル塔でランボーの武器をとりあげる

ボワズノン（セーヌ・エ・マルヌ県）の農民ランボーとボルディエはムランのカフェ・エッフェル塔で飲食していたが、突然店内の客を襲った。カフェの店主シセロン⑦氏が間に入ったが、ランボーはポケットから装填されたピストルを取り出し、カフェ店主の方に向け、脅迫した。

シセロン氏は運よく気がふれた人にピストルを捨てさせ、巡回中の警官に通報できた。ランボーとその仲間はムランの検事局に召喚された。

天国は盗品を運ぶため悪魔も盗んだ

中央市場では、ずっと前から、木枠箱の運搬に用いられる「ディアーブル」と呼ばれる小型の荷車が異常なペースで失われていた。

そこで、警備されるようになったところ、じゃがいもの入った袋を盗んでいた男が捕まった。この男が盗品を運搬するのに小型の手押し車《ディアーブル》を拝借していたのだ。

取り調べによれば、犯人はパラディ⑧と名乗っているという。

（1）「シピョー」は古代ローマの大政治家「スキピオ」のフランス語読み。
（2）「ジュール・セザール」は「ユリウス・カエサル」のフランス語読み。
（3）「ボヌール」はフランス語で「幸福」という意味。
（4）「デュー」とはフランス語で「神」の意。
（5）「モール」はフランス語で「死」の意。
（6）ジャン＝ジャック・ルソーは十八世紀の啓蒙主義の哲学者。教育学の古典ともいうべき『エミール』の著者。
（7）「シセロン」は「キケロー」のフランス語読み。キケローは前一世紀のローマの政治家、雄弁家。ランボーは十九世紀の詩人。一八七三年、詩人ヴェルレーヌから狙撃されている。
（8）「パラディ」はフランス語で「天国」、「ディアーブル」は「悪魔」と「手押し車」の意味がある。

3 偽造された三面記事

特急列車が定刻より2時間前に到着

さる情報によれば、運転手は妻から次のような電報を受け取ったと証言している。「ハヤク帰レ。アナタニ交換可能ナカーとりっじ式（万年筆と同じ！）ノ香水『ISA』たんく搭載ノ歯ぶらしヲ購入シタ……」。お求めは行きつけの香水店でどうぞ。

ハンガリーの女性が遺産相続のため2千キロ歩く

ラディゼック夫人は、パリで逝去したおばの遺産を相続するにあたり、パリ行の鉄道運賃を所持していなかったので、遺産相続に徒歩でやってきた。そして、相続分としてアート・シューズの「ルピカール」を受け取った。それはほとんど履いていない靴だった。（コミュニケ935）

女は恋人の心臓を玉葱と一緒に食べた

……そして、それが原因でまもなく死んだ。これがベルジ殿の（不貞な）夫人たる美女ガブリエッラの死の真相だったのだ。『全知』5月号（各所で販売中）には、この驚くべき物語の他に寝取られ亭主たちの有名な復讐譚も収録。

洪水の影響

洪水が起こると、水位の低下によって甚大な損害を被らない地方はない。地質事変が常に懸念されるのは、浸透によって地下水のたまりが形成される場合である。

このたまりは容易に発見される。大部分の大都では、現在、ルクランシェ電池が巧みに取り付けられた特殊電気装置が備え付けられているからだ。

ルクランシェ電池は高品質のフランス製電池です。どうぞご利用ください。

金貨を2スーで売っていた男

うさん臭い露天商がいました。ロンドンでも指折りの繁華街で、通行人を集めようと、金貨数枚を2ペンスで売ろうとしていたのです。不思議なことに、この男のたくらみはたいして当たりませんでした。人々は警戒していたからです。とは申しましても、「ノロン」がいびきを防ぐとお聞きになったときには、どうかそんなまねはなさらぬようお願い致します。「ノロン」をぜひお試しください。ご満足いただけるでしょう。そうすれば、しょう。「ノロン」は快く、香りよく、無害の、鼻に塗るクリームです。チューブ入り、75フラン。薬局、衛生用品店で販売中。S・A・コレックス製（モナコ、モンテ・カルロ、イタリア大通り60番地）。

フレーヌの暴動

調査の結果、叛徒の要求はアート・シューズの「ルピカール」一足にすぎなかったので、当局は即座に和解交渉に応じた。「リュベンス」（サン・トノレ通り254番地）は高額の注文を受けた。

白昼、自宅で縛られた女性

X夫人が自宅の食堂で縛られた姿で発見された。捜査の結果、近所の女性が逮捕されたが、犯人の供述によると、こんな罪を犯したのは艶出しワックス「ニットール」を1缶、盗むためだったという。「ニットール」は経済的で清潔な、防水加工の新型容器に入った松脂100%の寄木木板用香油です。雑貨店のみで販売中。

天井に穴をあけた収税吏

激昂することを「天井までとぶ」というが、もはや単なるイメージではない。パリ郊外の小さな建物の間借人ビズエールさんは衝動的で怒りっぽかった。去る晩のこと、彼は驚異的なジャンプをみせた。天井を突き破り、2階の住人の部屋に現れたのである。その直前、妻がパリでのショッピングから帰ってきたところだった。アート・シューズの「ルピカール」を3足持ち帰って。（コミュニケ992）

4 突飛なる三面記事

縫合手術で看護婦のパンティを用いた英国の外科医

ロンドン、3月1日（《夕暮仏蘭西》紙配信）

昨日、リバプールの病院で、患者を救ったのは女性用パンティだった。

手術終了直後に傷口の縫合で使用されていたナイロン製の糸が切れた。外科医は糸のストックを切らしていたが、どうしても傷口をふさぐ必要があった。

医師は冷静さを失わず、数秒考え込むと、外科医が用いる糸のナイロンは女性用パンティのナイロンと同じ素材であることを思い出した。それで、看護婦の1人に提供してくれるように頼んだ。消毒されたこのパンティで、患者の傷口は縫合された……救われたのである。

殺人の容疑者パトリシアが自分をハエだと思い込む 近親者の顔が卵に変化するのを見ていた

ロンドン、1月27日（《夕暮仏蘭西》紙外電）

英国で昨日、自らがハエに変身したと感じ、他人の顔は卵の形をしていると見えていた少女が71歳の寡婦を殺害にしたことに対する判決が出た。

出廷した鑑定団は、予期されていたように、パトリシア・ニューマンは正気を失っていたと述べ、彼女は精神病院に送られた。なお、彼女には若年時にすでに精神病院への入院歴が二度あった。この事件は、エイミー・ソルターさんに対し、パトリシアの恋人のインド人が2万5千フラをいますぐ寄こさなければ自殺すると脅したが、支払いを拒否されたので、その報復として命を奪ったのだと思われる……。

自らを馬と思い込んだ夫と離婚した妻
全裸で荷車につながれた夫に鞭打つのにうんざり

（駐在特派員）

ロンドン、12月9日（電話）ドロシー・ストークスさんには夫と離婚する理由がいくつかあった。夫はアンソニー・ストークスさん、英国下院随一の親独派の代議士の兄弟である。

　以下は、昨日の午後、ロンドンの離婚裁判の判事が総括したように、夫が妻に強制していた他愛もない妄想の事例である。

　アンソニー・ストークスさんは妻に鞭で打たせていた。彼はハレムの奴隷のような恰好をしており、鞭で打たれるとき、前もって自分の好みの物にならなにでもつながれていたという。彼が好んだのは荷車につながれることで、全裸で、備品としては馬のたてがみと尻尾だけを身に着け、庭を走ることだった。要するに、妻に荷車を運転させ、あたかも自分が御しがたい馬であるかのように、鞭打たせていたのである。

　ストークスはまた、妻が彼の目の前で他の男たちと性的な関係を結ぶか、あるいは、彼が居合わせられないなら、姦通の内容を事細かに語るように要求していた。また、妻が寝室で裸になり、男性の使用人を呼ぶようにとも求めていたという。

■倒錯の度合いは離婚に十分

　判事は、夫の倒錯の度合いから、離婚を認めるだけでなく、3人の子供の親権は当然若妻にあるとみなした。

　ストークス夫妻が結婚したのは1933年。夫は、自分への非難は誤りだと主張している。荷車の話は、単なる冗談として、多分、例外的ないくつかのケースにのみ起こったことで、しかも、妻も自発的にこの遊びに協力していたのだという。

橋の欄干に舌がくっついてしまった少女

ウィスキーをもみこむことで救出される

ピーターバラ（カナダ）、12月25日（AP通信）

　昨日、12歳の少女が橋の鉄製の欄干をなめていたところ、急に舌がくっついてしまった。

　引きはがそうとして水をかけたが、余計に舌を凍てつかせる始末。すると、ポケットから大きなポケットナイフを取り出した者がいたので、少女は恐ろしい叫び声を上げた。

　ところが、この事件を見物していた別の人がウィスキーの瓶を持ってやってきた。この人が警官の手にウィスキーを適量たらして、警官がそれで舌を軽くもみこむと、このおっちょこちょいな少女の舌はとうとうはがれたのである。

5 恐怖の三面記事

アブルッツオ州（イタリア）の猟奇残酷劇
雷鳴強風の墓地の並木道で頭蓋骨がダンス
守衛は恐怖で発狂、病院に搬送

アベッツァーノ（イタリア）、4月21日（AFP通信）

昨日、アブルッツオ州ペシナ墓地の守衛ティト・カポさんは墓地内を巡回していた。雨が降りしきり、雷鳴がとどろいて、稲妻がイチイと糸杉の並木道に薄気味悪い光を投げかけていた。カポさんはそれでもそのまま歩きつづけた。が、そのとき、突然、怖れと驚きで身動きができずに歩をとめた。数㍍先で、人間の頭蓋骨がはげしく動き、すぐさまこちらにむかってきたからだ。カポさんは恐ろしい叫び声を上げ、意識を失った。

■頭蓋骨の不気味なダンス

墓地の庭師マッテオ・セリットは叫び声を聞くと、ひるむことなく仕事小屋を離れ、同僚の助けに駆けつけた。

だが、眼の前に広がる光景に血もこおる思いだった。気絶して倒れたカポの周りで、頭蓋骨が悪魔のごとく踊っていたからだ。セリットは動揺を抑え、頭蓋骨の後を追った。頭蓋骨は不気味なダンスをしたまま、穴の中に転がった。その穴のなかで動かなくなった頭蓋骨からは太ったねずみが出てきた。

セリットはカポの側に戻ると、正気づかせた。そして、恐怖の原因を説明しようとしたが、カポは意味不明なことを話すばかりで、同僚の努力は何も報われなかった。カポはアキロの精神病院に搬送された。早期の回復が望まれる。

妻を狂人にしようと自宅に死体を集めた男
理性を保っていた妻を殺害

サン・ファン（プエルト・リコ）、2月13日《夕暮仏蘭西》紙外電

プエルト・リコ在住の葬儀屋ラモン・アントニーオ・フォウルニエルは妻の気を狂わせようと、自宅に死体を運んで、棺の蓋をあけたままアパートの各部屋に放置し、妻を1人でこれらの死体の中に置き去りにした。

妻はすぐにも正気を失う様子はみせなかったが、命を失うことになった。常軌を逸したこの夫に絞殺され、私有墓地に埋められたからである。殺人犯は金曜日にプエルト・リコで裁判にかけられる。

モントリオール

パン屋の妻に電話していた従業員が店主に鉛丹を塗られ

窯に入れられて焼かれる

（駐在特派員　マルセル・モロー）

モントリオール、3月16日（海底電信）

フランス系カナダ人でパン屋の従業員のエドアール・ロワさんは3時間にわたり、火あぶりの拷問を受けた。ロワさんがパン屋の主人の妻と親密に電話する関係にあるのを店主からとがめられていたからだという。

うち4人は逮捕されているが5人の男によって、エドアールはパン屋の店内奥に引っ張り込まれ、店主の指示で鉛丹を塗られた後、パンと同じように、窯に入れられた。電気窯のスイッチが入れられると、各150ワットのランプ15個で熱せられ、10分間放置されたとのことだ。

この不幸な状況から抜け出たエドアールは警察で次のように証言している。「あの男がこうやって虐待したのは、僕が奥さんに電話していると信じ込んでしまったからなのです」。

生活費捻出のために恋人の義足を売った女

レンヌ、5月13日（AFP通信）

軽罪裁判所の常連ジュール・デュマが禁固刑で服役中に、住所不定無職のマリー・テレーズ・オリション（40）は金に困っていた。

だから、わずかばかりの金欲しさに、恋人の所有する衣服を何着か廃品回収業者に売り払った。また、そこには、不在のジュール・デュマのアルミニウム製の義足が残っていた。マリー・テレーズは迷わずに義足を小さくばらすと、屑鉄屋に高値で売りつけたのである。

こうして売ったものの、彼女の生計は長続きしなかった。なぜなら、警察に嗅ぎつけられたからである。調書が作成され、検事局に召喚された。

自転車に乗る人の死体、自転車を漕ぎつづける

ムラン、5月14日（AFP通信）

シャンピニー・シュル・マルヌ在住のジュールダンさん（55）はボアシー・サン・レジェ近郊で自転車に乗っていたところ、心臓発作のために急死した。

それでも、遺体は平衡を失うことなく、自転車のハンドルを握り締めたまま、数メートル走ったが、自動車にひかれた。

6 愉快な三面記事

雇い主のワインを飲み 瓶の空きに自分の尿を入れておいた女性

禁固1年、罰金1万2千フラン

6月6日、ニース（電話）グラッスの軽罪裁判所は今朝常軌を逸した事件に判決を下した。昨年の11月30日、カンヌ警察は、カンヌの商家で料理人として働くカテリーネ・モンセッロ被告（73、イタリア国籍）を主人毒殺未遂の容疑で逮捕した。

被告は白ワインの瓶の中に自分の尿を相当量注入していたという。通報を受けた警察がこのワインを鑑定にかけたところ、1㍑当たり3分の1が尿であると明らかになった。

裁判所は被告に対し、「有害物質の投与」を理由に、禁固1年と1日、罰金1万2千フランの有罪判決を下した。

魚の腹の中から自分の入れ歯を見つけた漁師

10月19日、ニューポート（アーカンソー）

漁師のジェイムズ・ブライスは、網を引き揚げていたときに、入れ歯を「海で失くした」のだが、1週間後、その入れ歯が市場に卸された10キロの魚の腹から発見された。

ジェイムズ・ブライスは新たに入れ歯を注文していたが、キャンセルすることになった。

教会にポトフ用牛肉を持って行き ミサ典書を煮込んだ女性信者

1月6日、ランニョン（《夕暮仏蘭西》紙外電）

ランニョンの教会で、典礼が始まったとき、ある女性信者はハンドバッグの中にミサ典礼書を探した。だが、見つかったのは台所の竈でいま煮込んでいると思い込んでいた上ばら肉片だった。

女性信者は自宅まで走った。教会に行くとき、慌てた上にうっかりして、肉の塊の代わりにミサ典礼書を寸胴鍋に放り込んでしまっていたのだ。ミサ典礼書は野菜と宗教画に混じって浮かんでいた。

アメリカの公務員…… ドアを間違え、2年間にわたって別の部署で働く

ワシントン、3月16日（AFP通信）

マック・カーシー上院議員が委員長を務める議会調査委員会の文書の公表されたことで、初日にドアを間違えたせいで、2年間にわたり誤った部局で仕事をしていた公務員の身元が確認された。

問題の公務員とは、書記兼エンジニアのデビッド・カッシュマン・コイレである。

南アフリカの農民 ダチョウのヒナをふ化

ウェリントン、11月19日（ロイター通信）

先頃、ウェリントン近郊で、テリー・ストリドムという農夫がダチョウの卵をかえすのに成功した。テリーはこの卵を自分の農場から程近く、放棄された巣に見つけ、ふ化させようと、その日、窯の中に入れておくことにしたのである。

夜になると卵を実際に寝床に置いた。すると、早朝にはふ化しており、ダチョウのヒナが部屋を歩き回っていたのである。テリーはそれを確かめて得意になった。

Pour rendre sa femme folle, il peuplait sa maison de cadavres

Elle garde sa raison ; il la tue

SAN-JUAN (Porto-Rico), 13 février. (Dép. « France-soir »). — Un entrepreneur de pompes funèbres porto-ricain, Ramon Antonio Fournier, voulait rendre sa femme folle. Il amenait chez lui des cadavres, les laissait traîner, dans leurs cercueils ouverts, dans toutes les pièces de son appartement, et abandonnait son épouse, seule au milieu de tous ces morts.

Mme Fournier ayant montré, malgré cela, peu d'empressement à perdre la raison, perdit la vie. Son étrange mari, en effet, l'étrangla, et l'enterra dans son cimetière privé. L'assassin passera vendredi devant le tribunal de Porto-Rico.

Le cadavre d'un [...] continue de roul[...] à bicyclette

MELUN, 14 mai (A[...] Jourdain, 55 ans, dem[...] pigny-sur-Marne, qui [...] cyclette, près de Boi[...] a succombé, foudroyé[...] cardiaque.

Ne perdant pas l'é[...] mains crispées au gu[...] chine, le cadavre a po[...] pendant quelques mèt[...] qu'il fut renversé [...] mobile.

GRAND-GUIGNOL DANS LES ABRUZZES

Un crâne dansait dans l'allée d'un [...] sur un fond sonore de tonnerre et [...]

Le gardien rendu fou par l'épouvante est [...]

AVEZZANO (Italie), 21 avril (A.F.P.).

Le concierge du cimetière de Pescina, dans les Abruzzes, M. Tito Capo, faisait hier un tour d'inspection dans son domaine. Il pleuvait abondamment, le tonnerre grondait et les éclairs jetaient d'inquiétantes lueurs dans les allées d'ifs et de cyprès. M. Capo n'en poursuivait pas moins son chemin lorsque soudain, il s'arrêta paralysé de crainte et de stupeur : à quelques mètres, un crâne humain, animé de soubresauts, avançait rapidement sur lui. M. Capo poussa un cri d'effroi et s'évanouit.

La danse macabre du crâne

Le jardinier du cimetière Matteo Cellitto, entendant ce cri, n'hésita pas à quitter la cabane où il travaillait pour se précipiter au [...] lègue.

Le spectacle qui s'offrit à se[...] sang dans les veines : Capo gis[...] chemin et un crâne dansait dia[...] de lui. Cellitto surmontant son [...] la poursuite du crâne qui, pours[...] cabre, roula dans un fossé où [...] dis... qu'un gros rat s'en échap[...]

Cellitto revint alors près de C[...] auquel il tenta d'expliquer les ra[...] Mais Capo tenait des propos inc[...] efforts de son collègue restèrent [...] conduire à l'hôpital psychiatriqu[...] espère qu'il ne tardera pas à re[...]

第4章

三面記事

商店街

いつの世でも、意外な出来事や不快な出来事はたいてい人々をはげしく惹きつけるものだ。したがって、話を読む楽しみ、絵を眺める楽しみにお金を支払わせるのを、商売人たちが思いついても何ら不思議はない。

十九世紀前半のロマン派時代に「かわら版《カナール》」産業が隆盛を誇ったが、それより三百年前にはすでに、三面記事を商うことは盛んになっていた。十六世紀の半ばに印刷術が進歩し、同時代の出来事を知りたいという欲望が広まったことで、かわら版《オカジオネル》の売り上げは伸長していたのである。そのために、行商人は「ギーズ公の暗殺」を切らしたほどだ。

一六三一年には、テオフラスト・ルノドーが最初の定期刊行の新聞《話の泉《ガゼット》》を発行し始めたが、それ以降、彼とその模倣者たちは「号外」と銘打った、センセーショナルな三面記事を扱った特別号を大部数発行した。このようにテロ行為、当世の名士たちの行状、自然災害が新聞業者と行商用のビラ業者の収入源となったのである。それに、版画商人のほうも評判の出来事を描いた版画に興味を持つようになった。また、版画家もそれらの進展を追ったし、好事家はラ・ヴォワザンの犯罪やティケ夫人の処刑[1]を描いた版画を蒐集できたのである。

十八世紀には、この種の芸術作品が大ブームとなったので、外国の職人がフランスの商人のために名うての盗賊の所業を彫ったほどであった。巾着切り、いかさま師、盗人、人殺しであるルイ＝ドミニック・カルトゥーシュなどは、版画によってこのプロパガンダの光栄にあずかった最初の一人である。

(1) ティケ夫人ことアンジェリック・ニコル・カルリエは一六九九年に高位の司法官である夫ピエール・ティケ暗殺未遂の罪で、パリのグレーヴ広場で斬首される。このとき斬首したのは首切り役人として名高いサンソンである。

かわら版を呼び売りする女。
グランヴィル画。

泥棒紳士カルトゥーシュの大当たり

カルトゥーシュは一六九三年にパリのポン・トー・シュー通りに生を享けたが、二十八歳にして伝説の仲間入りをした。

実直な酒屋の倅として生れたが、寄宿学校を退学すると、ロマの一団についてゆき、盗みの技術を学んだ。その後、才能を認めてくれていたベテランの泥棒、ガギと結び、面白おかしい生活を送った。ガギが逮捕されると、当時はスペイン継承戦争の最中であったので、カルトゥーシュは軍隊に入隊したが、一七一三年にユトレヒト条約が結ばれると平和になったので除隊した。

パリに帰ると、彼は優秀な泥棒たちを随えた。人々がジョン・ローの株券を買うために押しかけるキンカンポワ通りで、カルトゥーシュとその手下は下級警官を前にして、巾着切をやっていたのである。ヴェルサイユでもパリでも、話題は「カルトゥーシュは捕まったか」でもちきりだった。パリでも屈指の大豪邸やどんなに厳重に警備された大邸宅でも、彼は手抜かりなく略奪していたのだ。

一七二一年六月十一日、彼がプチ＝ゾーギュスタン街の邸で「仕事」をしたさい、聖職者の恰好をして見張りをしていたラティションという配下の者が警察の来襲を報告した。これが最後の押し込みとなった。というのも、側近のデュシャトレに密告され、十月十四日、居酒屋「ピストレ」のベッドで寝ているところを逮捕されたからである。

カルトゥーシュの逮捕は、宮廷でも市中でも、思いがけない反応をもたらした。彼の独房は優雅な集会所と化したのである。時の摂政オルレアン公フィリップはこの囚人に御菓子を送ったし、ブフレール元帥夫人は、ある夜、彼女の寝室に避難しに来たこの盗賊が大領主然と振る舞ったとたいそう満足して語り、彼の許を訪れていた。

シャトレ監獄では、カルトゥーシュの一味が美男美女の面会を受け、金銭や食事を受け取った。それは『カルトゥーシュ、あるいは盗賊たち』という戯曲（マルク・アントワーヌ・ルグラン作、一七二一年）を演じるために取材に来たコメディ＝フランセーズの座員たちだった。

盗賊団きっての社交家は模範的な最期を迎えた。彼は共犯者や愛人たちを暴いた後、神の加護を求めた。彼は注目の的であったので、その遺体は野次馬たちに公開された。この盗賊団の首領の死体を眺めるには、一人五スーを支払う必要があった。見物客は四日と半日のあいだ、行列をなしたが、その遺体の利用はこれで終わったわけではない。というのも、死刑執行人の召使いが医者に遺体を売ったからで、この医者は観衆の前でその死体を解剖してみせたのである。

　カルトゥーシュの全身像や半身像を、正面もしくは斜めから描いた、ドイツ、フランス、オランダの版画が二十年にわたり販売された。

カルトゥーシュはさまざまな姿で描かれた……

❖毒殺犯デリュの大当たり

「計画的な毒殺犯」であるアントワーヌ＝フランソワ・デリュは、五、六種の伝記、無数のかわら版《カナール》、七十枚以上のエッチング、詩、シャンソンによって、その相貌《かおつき》や犯罪が伝えられている。デリュは第二帝政期まで蠟人形館の主要な呼び物であった。

サン＝ジャック通りの出版社、エスノーとラピイー社は『A＝F・デリュの私生活と犯罪』（アンドレ＝シャルル・カイヨー著、一七七七年）に入れる三十九葉の版画を相次いで発売した。

それぞれの版画には、彼の卑しさと欺瞞を際立たせる一定の配慮が窺われる。次に引く説明文を読むだけで、版画師たちが働いていた時代の雰囲気が偲ばれる。

「A＝F・デリュは、地下倉を放火した翌日わざとらしく自宅の戸口で青白くげっそりして、興奮した調子で放火犯に対する悪口を並べたてることで隣人たちをまんまと騙した。」

デリュは暗黒小説の犯人のように緻密な犯罪を企んでいたのだ。

パリの食料品店の見習いだった彼は一七七〇年、二十六歳のときに、主人の営業権を買って、食料品商にしてもらった。その二年後、この野心家は四輪馬車製造者の娘と結婚した。この娘はカンドヴィルなどの領主デペーニュ＝デュプレシス氏の相続権を持参金として持ってきたからである。この相続が若亭主の気を狂わせた。彼は爵位をでっち上げ、お金を借りて、城を買ったが、支払う当てなど皆目なかった。

城の売り手の奥方ド・サン＝フォースト・ド・ラモット夫人が、デリュの署名した一三万リーヴルの手形を清算しようとパリにやって来た。デリュは彼女を自宅に泊め、一七七七年一月三十一日、昇汞《しょうこう》と阿片の混合物でもてなした。翌日、彼女は死んだ。彼は遺体を大型荷物ケースに入れて、保管した。そうして、地下倉を借り、マガラのワインの小さい樽が埋められるくらいの穴を掘らせた。その穴に美酒の代わりに、ド・ラモット夫人の遺体を埋めたのである。しばらくして、名門の犠牲者の子息がパリにやって来た。デリュは子息に、御母堂はヴェ

ルサイユでお待ちであると言って、そこに案内する前に、子息に毒入りのココアを大きなカップで二杯ふるまった。若者はヴェルサイユの近辺で落命した。この子息はたちの悪い病いが原因で死んだのだとデリュは主張した。その翌日、彼はリヨンに向けて出発した。リヨンでは、貴族の婦人に扮して、偽の証明書に署名したのである。

事はうまく運んだかに見えた。ところが、サン＝フォースト・ド・ラモット氏は、自らやって来るのではなく、妻の消息を治安監督官に照会してしまったのである。捜査が開始され、夫人と子息の遺体が発見された。デリュはグレーヴ広場で車刑と火刑に処された。一七七七年五月六日のことである。

共犯たる女房はデリュの逮捕時には妊娠していて、七月二十九日に白痴の男の子を出産した。出産のために裁判が先延ばしになっていたが、一七七九年三月に終身刑の判決を受け、一七九二年九月のフランス革命期の大虐殺までサルペトリエール病院で十三年を過ごした。この九月虐殺のさい、彼女は反革命容疑者として断罪され、死刑の前後に強姦された。統計学マニアである証人は、虐殺されたサルペトリエールの三十五人の囚人のうち、彼女は五番目だと指摘している。

ANTOINE-FRANCOIS DESRUES, Rompu et Brûlé vif, par Arrêt du Parlement, à Paris le 6 May, 1777, agé de 32 ans

18世紀末の出版者はデリュの犯罪エピソードを版画に描かせた。デリュは非常に有名だったので、1860年まで彼の蠟人形が蠟人形館に展示されていたほどである。

✣ 嘆き歌の商人

「嘆き歌」もしくは「嘆き節」は、実際に起こった悲劇の物語を韻文のような形で書いたものである。十九世紀の行商人はこうした詩篇を単調なメロディ、一般には「フュアルデスの嘆き節」のメロディにのせて歌いながら、布に描かれたいくつかの三面記事的出来事のエピソードを棒を使って示すのである。嘆き節は王政復古時代から、「カナール」というニュースを報じた小冊子と一緒に販売された。

　こうした嘆き節は道徳的な教訓で締めくくられているのが常だった。

　たとえば、一八三九年に、ナンシーの作者インゼランは、パリで起こったおぞましいある殺人の物語をこのように締めくくっている。

　　パリは犯罪と芸術の中心地
　　お日さま昇れば毎日あらわる
　　犯罪の被害者と
　　学者の新著が

行商人たちは『フィエスキの嘆き節』でしこたま儲けた。このフィエスキは国王ルイ＝フィリップの命を狙った男で、タンプル大通りのカフェ「トルコ庭園《ジャルダン・テュルク》」の正面に仕掛け爆弾をセットした。が、仕掛けの調子が狂っていたので、十六名の犠牲者を出したものの、国王は難を逃れた。一八三五年七月二十八日のことである。

　この一斉射撃に捧げられた歌の販売を政府が支援した。政府はそこに君主制の威信をさらに高める手段を見てとっていたからである。

　この歌には画家によって絵が入れられているが、フレームの下に描かれたのはニーナ・ラッサヴの肖像だった。「肌が黄色を帯びて、隻眼」のこの十七歳の娘はパリ中の話題を攫っていた。彼女の売りはフィエスキの情婦だったことだ。一八三六年、彼女は証券取引所広場にあるカフェ「ルネサンス」の会計窓口に姿を現した。そこで、野次馬たちは一フランを支払って、間近で見たのである。やがてあまりに人々が押し掛けるので、カフェの経営者

2e Edition.

Condamnés à Mort, et exécutés à Paris le 19 Février 1836.

COMPLAINTE

SUR

FIESCHI LE RÉGICIDE.

Air de la complainte de Fualdès.

Ecoutez, hommes et femmes,
Ecoutez, petits enfans,
D'un grand crime inconvenant
La narration infame,
Attentat monstrueux, qui
Fut commis par Fieschi.

Fieschi, c'est un nom Corse,
Qu'on voit au bord de la mer;
Il avait l'ame de fer,
La poigne de même force,
Aimait les femmes beaucoup,
Et n'avait jamais le sou.

Un jour il fut à la guerre,
Avecque le roi Murat,
Il devint un scélérat
Sur une terre étrangère;
A Malte il s'en fut d'abord
Et fut condamné à mort.

Il frisa le grand supplice;
Mais le gaillard était fin;
Un jour il fila soudain,
Ayant usé d'artifice,
Puis en Corse il arriva
Où un bœuf il déroba.

Puis un mulet, puis un âne,
Plus, trois canards, deux dindons;
Il fut dix ans en prison,
C'était juste, sur mon âme;
Rarement un juge ment
Quand il rend un jugement.

Libre enfin de sa personne,
A la France il fut rendu,
Un service il a rendu
A ce brave M. Caunes,
Et Lavocat s'attira
L'amour de ce scélérat.

Il aima aussi deux femmes,
D'abord la femme Petit,
Puis Nina Lassave il prit,
La fille de cette dame;
Elle est gentille, ma foi,
Quoique borgne d'un œil droit.

Petit le mit à la porte,
Un soir qu'il pleuvait à seau,
Sans parapluie, sans chapeau,
Il promena de la sorte,
Sans un lit pour se coucher,
Sans mouchoir pour se moucher.

N'ayant pas d'autre ressource
Un grand crime il résolut,
Embrassa Nina, et fut
Puiser de suite à la bourse
De Morey et de Pépin,
Leur jurant d'être assassin.

Il construit une machine,
Moitié bois, moitié canon,
Avec Morey tout de bon,
Il la charge en chevrotine,
Et cet instrument fatal
Fut la machine infernal.

Le matin de la revue,
Il la place sans souci
Derrière sa jalousi
Pour qu'elle ne fut pas vue;
Tant chez lui le crime est né
Naturel et raffiné.

Mais le doigt de Dieu qui veille,
Cette fois le roi sauva,
Il mit le feu et creva
Trois canons, c'est à merveille,
Car à l'instant sur la jou
Fieschi reçut l'atout.

On l'empoigne, on l'emprisonne,
Puis Morey, et puis Pepin,
Puis Boireau, Bescher enfin,
On n'a oublié personne
De ceux qu'il a accusés,
Et les pairs les ont jugés.

On interroge en silence
Les complices du meurtrier,
Sur leurs crimes que l'enfer
A vomi dessus la France.
Tous ont dit: non! Fieschi
Est le seul qui ait dit: oui.

Devant la cour en allarmes,
Nina Lassave parut,
Elle dit ce qu'elle put
Dire au milieu de ses lagmes,
Tant et tant elle pleurait
Que son œil gauche en louchait.

Aux debats à l'audience
Fieschi dit: nobles pairs,
« Je suis le plus grand pervers
« Qu'ait jamais produit la France;
« Malhonnête homme d'ailleurs,
« Mais j'ai tout fait pour l'honneur. »

Il dit: « Pépin est enceinte
« De sept mois au lieu de neuf,
« Il ne dira rien de neuf,
« S'il reste dans cet enceinte,
« Quand il verra l'échafaud
« Il accouchera bientôt.

« Boireau n'est qu'un imbécile,
« Un gamin, un vrai moutard;
« Mais voyez de ce vieillard
« La face blême et débile,
« Renvoyez ce vieux pécheur
« Pour se faire pendre ailleurs.

« Pour moi, j'ai sauvé la France,
« En dénonçant ce complot;
« Être immortel fut mon lot,
« Même avec indifférence,
« Contemplant toujours mon sort
« Je ne vis qu'avec la mort. »

La peine des parricides
Fut prononcé' contre lui,
Morey et Pepin aussi,
A mort comme régicides,
Et tous trois sur l'échafaud
Ils se sont dit de gros mots.

MORALE.

O! divine providence,
Qui vois tous les accidens,
D'un pareil désagrément
Préserve à jamais la France;
Mais, la complainte est fini
Prions Dieu pour Fieschi.

O...

ATTENTAT 28 Juillet 1835.

13 Février 1836.

Prix 1 F.

Nina Lassave

à Paris, chez Polydore, rue N. D. des Victoires, … Aubert, Galerie Véro-Dodat et chez les principaux Mds d'Estampes, de Nouveautés et dans tous les Cabinets Littéraires.

「弑逆者フィエスキの嘆き節」。フレーム下部のメダイヨンにニーナ・ラッサヴが描かれている。

ニーナ・ラッサヴはフィエスキの情婦だったことでパリでは評判を呼んでいた。

は窓口の事務所のドアを開けさせたほどだった。そんな話題のニーナ・ラッサヴのハートを射止めたのは富裕な商人のゲナン氏。彼はヴァヴァン通りのカフェ「人類の《タンプル・ド・》聖堂《リュマニテ》」のオーナーで、このカフェはこの界隈の画家たちの溜まり場だった。ゲナンは彼女を激しく愛していて、彼女が亡くなると、気がふれてしまった。

❖かわら版とかわら版屋

「カナールを人に与える」というのは
「人を騙す」という意味であるという。
『フュルティエール辞典』一七九〇年

バルザックは、『大都市　新パリの情景』のある章で、一八四〇年頃、巷のそこここで呼び売りされているかわら版《カナール》を定義している。

「パリには、犯人への死刑判決、その最期のときの報告、勝利の報、猟奇的犯罪の報告などが印刷された一枚のビラを一スーで呼び売りする人がいるが、このビラのことを印刷所の用語でかわら版《カナール》という。」

一八四五年には、ロマン派の詩人ジェラール・ド・ネルヴァルが『パリの悪魔』の中で次のように書いている。ネルヴァルが、本書で扱っているような人殺しが描かれた版画と半頁に広げられた見出しが付き物の、ロマン派時代の「カナール」に精通していることが分かる。

「かわら版《カナール》は真実のこともあるが、つねに誇張されていて、多くの場合嘘のニュースである。これは恐ろしい殺人の一部始終で、素朴なスタイルの木版画が入ることもある。また、これは災害、異常な現象、椿事である。五サンチーム払えば、期待は見事に裏切られる。」

かわら版屋《カナルディエ》はかわら版《カナール》の編輯長、記者、印刷屋である。ときには、挿絵画家や売り子も兼ねることもある。なかには嘆き節をつくったり、自らが歌うことにまで気をくばっていたご仁がいたことが知られている……。ところで、かわら版の制作にあたり、最も神経を遣うのは見出しの文章だ。見出しそのものは長くても、リズミカルかつ簡潔なフレーズで書かれるのが鉄則。なぜなら、見出しは宣伝文句として行商人が暗唱して利用するからである。商売熱心なかわら版屋は印刷に付する前に見出しを声に出して「テストして」みるのである。

『若き夫婦の不幸』の見出しはこのジャンルの典型である。

「アフリカ駐留軍の元将校に先頃起こった恐ろしき事の顚末は以下のごとし——ディエップで湯治中の良家令嬢との出会い——その交際と結婚——結婚式後の花の都パ

リへの出立ち――乗合馬車で知り合った男から知らされた若妻のよろしからぬ前歴――夫には耐えがたき若妻の過去の行為を暴露する男――毒殺犯として徒刑を宣告され、さらし者にされ、肩に烙印を押されたた若妻、その事実を知る夫の絶望――怒りに駆られた夫が若妻を殺害、その後自殺――明らかにされた若妻の無実、若妻に横恋慕せし若造が彼女の罪について述べた嘘偽――かかる痛ましき不幸をもたらした男の悲劇的な最期」

同時代の殺人とともに、地震、火事、洪水、低気圧などの自然災害もかわら版屋に定期的に取り上げられてい

MORT EPOUVANTABLE D'UN AVARE

Qui vient d'avoir lieu dans une commune du département de la Moselle; la découverte de son trésor, et les noms de toutes les victimes qu'il a faites; son fils refuse l'or et l'argent qu'il trouve chez son père, et l'abandonne en partie aux personnes ou à leurs héritiers.

L'usure est une des plaies de notre société. Cette espèce de crime est d'autant plus dangereuse, qu'elle parvient le plus souvent à se soustraire à la vigilance des tribunaux; et il arrive souvent que cette soif de l'or nous fait fouler aux pieds les droits les plus sacrés de l'humanité, pour élever une fortune qui sert de divinité à l'avare, qui toujours est usurier.

Le sieur Gérard, natif de Bruxelles, était venu habiter Sainte-Barbe, village du département de la Moselle; sa maison touchait à une vieille église, et depuis 40 ans qu'il demeurait dans ces lieux, il vivait toujours aussi pauvrement avec une servante qui avait vieilli avec lui.

Il s'absentait quelquefois, laissant dans sa maison la vieille Ursule avec les provisions bien exigues qu'il lui fallait pour vivre durant ce temps. On le voyait alors à son retour, plusieurs jours de suite, aller à la forêt prochaine et rapporter, sur une hotte, des fagots qui paraissaient bien lourds aux passants.

Gérard recevait souvent des messagers et des personnes d'assez mince apparence, alors il s'enfermait avec elles, et souvent on les voyait ressortir ayant les larmes encore dans les yeux. Son costume était celui d'un homme très-pauvre, il se privait même du nécessaire pour sa nourriture.

Le 10 juillet dernier, un homme, qui venait depuis plusieurs années et chaque semaine, causer avec le père Gérard, s'enferma comme de coutume, dans sa chambre à coucher, et ayant à lui donner quelques papiers, il passa dans un couloir et disparut. L'étranger attendit une heure, deux heures, et comme il n'avait pas l'habitude d'attendre si long-temps avant que de partir, il appela. Ursule entr'ouvrit la porte pour connaître le sujet d'une aussi longue visite; alors Laurent exprima son mécontentement et raconta que Gérard avait disparu en lui disant qu'il allait revenir; la surprise fut extrême, ils cherchèrent, appelèrent: personne. La nuit se passa en vaines conjectures, le jour survint et Gérard ne parut point. Cependant, après trois jours d'anxiété, ils se décidèrent à prévenir le maire de la commune. On recommença les perquisitions et on ne trouva aucun indice ni aucune issue.

Le bruit se répandit aussitôt sur cette disparition, et parvint aux oreilles d'un vieux mécanicien qui, retiré à 3 lieues de Sainte-Barbe, et apprenant cette nouvelle, fut chez le procureur du roi, demanda la permission de monter, à l'autorité, où il croyait trouver Gérard.

Ils arrivèrent donc dans sa maison; on alluma des flambeaux, ils entrèrent dans le couloir, et alors, par un bouton que le mécanicien fit mouvoir, une porte s'ouvrit, on descendit des degrés, et, muni d'une pince, on en fit sauter une, on en ouvrit encore une autre, quel fut le spectacle qui se présenta alors à tous les yeux!

Gérard à la renverse sur de la paille, mort au milieu de monceaux d'or et d'argent, mort au milieu d'horribles convulsions, mort après s'être rongé les poignés!! Il avait oublié de retirer la clef de la dernière porte qui enfermait son trésor: là on reconnut la preuve de son usure. Il avait, dans ces anciens souterrains, construit un fourneau, et fondait lui-même en lingot de l'or et de l'argent, on fouilla ses papiers, l'on vit que cet homme n'était qu'un vil usurier, et on trouva les noms de nombreuses victimes qui étaient inscrites sur un livre, depuis une quarantaine d'années qu'il faisait ce métier. Laurent, qui était celui qui venait chez lui souvent, confessa qu'il était l'agent de cet usurier, que c'était lui qui portait, d'après les ordres de Gérard, l'argent à ceux qui en avaient besoin, à des intérêts de 80, 100 et 150 pour cent. Cette découverte amena celle de connaître que Gérard avait un fils en Belgique qui vivait malheureux avec sa sœur, et qui croyait son père misérable.

On fit venir le fils qui avait 55 ans, et quoique misérable, il ne voulut point accepter ces monceaux d'or et d'argent qui venaient d'une source aussi impure. Je prends, dit-il, ce qu'il me faut juste pour travailler et soutenir ma famille, et j'abandonne aux personnes ou à leurs héritiers dont les noms sont sur ces listes, le fruit des rapines de mon père; j'ai bien souffert moi et ma famille, mais il est mort, je dois réparer ses torts, et puisse cet acte relever sa mémoire!

MORALE.

L'usure est un crime affreux, c'est un assassinat lent, exercé sur de pauvres malheureux. Pour se prémunir donc contre le mal qu'il fait, travaillons toujours avec courage et persévérance, ne négligeons pas nos affaires pour les plaisirs, car c'est une des causes qui ouvre nos portes à l'usurier.

Mettons nos économies aux caisses d'épargnes que le gouvernement protège, la petite pelote s'arrondira sous les jours, elle nous donnera de l'aisance dans l'âge mûr, les moyens d'élever honorablement notre famille, et, dans la vieillesse, nous jouirons de l'estime et de la considération des honnêtes gens.

Imprimerie d'images de DEMBOUR, Graveur et Lithographe à METZ.

かわら版「ある守銭奴の恐ろしい死」►口絵Ⅷ

ある守銭奴の恐ろしい死

モーゼル県のある村での出来事。ある男の財産と、この男の犠牲になった者たちの名簿が発見される。男の息子は父の家で見つかった金銀の受け取りを拒否。犠牲になった当人もしくはその相続人に分割して譲る。

高利貸しは現代社会の災厄の一つである。この種の罪悪は裁判所の監視をまずたいてい免れるだけにますますもって有害である。守銭奴は決まって高利貸しであるものだが、彼らにとって神であるところの財産を増やそうと、この金銭欲が人類の最も崇高なものを踏みにじるということがしばしば起こる。

ブリュッセル出身のジェラール氏はモーゼル県サント＝バルブ村に移住していた。彼の家は古い教会と隣接していて、この地に越してきてから40年来、老女中一人とひどく貧しい暮らしをしていた。

ジェラールはときどき家を空けることがあったが、老女中のウルシュルには満足な食料も残しておかなかった。帰って来ると、何日も続けて、近隣の森に行き、背負い籠に柴の束を重すぎるくらい持ち帰って来るのが目撃されたものだった。

ジェラールはしきりに飛脚ややせぎすな人の訪問を受けており、部屋に閉じこもっていた。そして、訪問者たちが目に涙をたたえて出てくるのがたびたび目撃されている。ジェラールはひどくみすぼらしい恰好をして、食事を満足にとりもしなかった。

先の7月10日のこと、数年来、毎週やってきて、ジェラール爺さんと話していた男がいつものように彼の部屋に閉じこもった。男は数枚の書類を手渡すと、ジェラールは廊下を通って姿を消した。このよそ者は1時間待ち、2時間待った。いつもはこんなに長く待たなかったので、彼は人を呼んだ。ウルシュルは今日の訪問がこんなに長いのはどういうわけかと知りたくて、戸を半開きにした。すると、ロランは不満の色を見せ、ジェラールがすぐに戻ると言いながら、姿を消してしまったと話した。驚きといったらなかった。彼らはジェラールを探し、呼んだ。見つからなかった。あれこれ推測するうちに夜が過ぎ、朝になった。が、ジェラールは一向に姿を見せない。彼らはジェラールの身を案じていたが、それから3時間後、村役場に通報することにした。捜索が再開されたが、どんな手がかりも解決策も見つからなかった。

この失踪に関する噂はすぐに広まった。サント＝バルブ村から3里《リュー》のところに隠棲しているある老機械工の耳にも届いた。それを聞いた老機械工は、主席検察官の家に行って、ジェラールがいると思われるところに入る許可を当局に願い出た。

そして、彼らはジェラールの家に着いた。手燭に火を点もして、廊下に入った。それから、機械工がノブを動かすと、戸が開いた。階段を下りて、やっとこをもって、戸を外し、さらにもう一つの戸を開けると、そのとき目の前に広がった光景やこれいかに！

ジェラールが藁の上に倒れていた。多量の金銀に囲まれて、恐ろしい痙攣の最中、両手首を噛んだ末に息絶えていたのだ！　ジェラールが財産をしまってある最後の戸の鍵を抜くのを忘れていた。その中には、ジェラールが高利貸しをしていたという証拠があった。彼はこの古い地下室に炉をつくり、金塊や銀塊を自分で鋳造していたのである。彼の書類を調べてみると、彼は卑劣な高利貸しに他ならなかった。彼が高利貸しをしてきた約40年の間に、犠牲となった大勢の者の名が帳簿に書き込まれていたのである。彼の家に足繁く通っていたロランは、自分はこの高利貸しの仲介人であり、ジェラールの命令で、お金を必要としている人に、利子80パーセント、100パーセント、150パーセントでお金を届けていたことを白状した。また、ここにあった書類から、ジェラールに息子がいることも分かった。この息子はベルギーでジェラールの姉とひどく貧しい生活をしており、父も貧しいものと思っていたらしい。

この55歳になる息子に来てもらったが、彼は貧しいのに、これらの多量の金銀を、ひどく不純な出所からのものとして全く受け取らなかった。彼はこう言った。「私は働いて、自分の家族をやしなっていくのに適当なものをもらいます。親父が略奪したものはこの名簿にある名前の当人、もしくはその相続人に委ねます。私も家族も苦しかった。ですが、親父は死にました。親父の過ちを償わなければなりません。この行為で親父の汚名をそそぐことができますように」。

【教訓】

高利貸しは恐ろしい犯罪である。それは貧しく不幸な者をじわじわ殺害するに等しい。したがって、そうした悪を予防するためにも、やる気をだして、辛抱強く、たえず働くべし。快楽に負けて仕事を怠けないようにすべし。なぜなら、怠惰は高利貸しの戸を叩く原因ともなるからである。

また、政府が保護する貯蓄金庫に貯金をすべし。そうすれば毎日利息が増えるだろうし、それは壮年のときにはゆとりを与え、家族を立派に養うお金を与え、老年になっては誠実な人々から評価され、敬意を払われるであろう。

た。

なかでも好んで取り上げられたのは洪水である。それは田舎でならどこでも頻繁に起こる大災害なので、顧客の同情を誘いやすかったからだ。のみならず、売り子は売上金は全額、被災者に寄付しますと訴えた。そんなことは買う方も嘘と承知の上だった。

行商人は、難船の報告を売るときには船乗りの恰好に、巡礼たちが立ち会ったと断言する奇跡の三面記事的出来事の「正確な話」を勧める場合、巡礼の恰好に変装した。

かわら版屋の中には、大衆に購入を促そうと、ルルドの地で、少女ベルナデット・スビルーの前に顕現した聖母マリアが「為したもうた奇跡」を報じて、その話の末尾にこうした説明書きを印刷した業者もあった。

「行商人から商品を一フランお買いになられる方はどなたでも当地でお祈りさせていただきます。また、二フランお買いになられた方はさらにいっそうのお祈りを云々」

この巡礼姿の売り子は「ルルドの三面記事」のおまけとして、ロザリオを進呈してい

真相

鐘を製造しているポワリエ=デフォンテーヌが殺害された恐ろしい事件——犯人は如何にして死体をトランクに詰め、シャトールーに送ったのか——ルイ=フィリップ橋通りの家具付きの宿で20歳4ヶ月の容疑者を逮捕——逮捕時の犯人の驚きと発言——容疑者が明かした新情報。

た。

書籍商のこうした打算に対し、当時のオルレアンの司教フェリックス・デュパンルーは抗議の声をあげている。「見識のない憐れみや病的な好奇心がそうした出版物に群がり、誠もって驚くべき冊数を買い上げております。……」

DETAILS INTERESSANS
Sur les intrigues d'une jeune et jolie Demoiselle, native de Paris et habitant la province depuis quelque temps; le tour qu'elle joua à l'un de ses Amans, en lui donnant rendez-vous dans le cimetière; la rencontre des rivaux; terrible incendie résulté par cette imprudence; la mort horrible de la jeune étourdie: ainsi qu'une scène burlesque qui vient d'arriver dans le cimetière de Rouen.

興味深い報告

先頃から地方に住むパリ生まれの若い美女の浮気について。彼女は恋人の一人を騙し、墓地で会う約束する。恋敵同士の遭遇。この軽率な言動によって生じた激昂。この軽率な女の死。先般ルーアンの墓地で起こったこっけいな場面のごとし。

AORDINAIRES

Temple. - Amour d'un jeune Ouvrier pour une Fille de ce quartier; Conseils
cènes bruyantes et rixes entre des Ouvriers, dans un Etablissement mal
amoureux, et ce qui en est résulté. - Assassinat de la jeune Fille par son

DETAILS EXT

Sur un Evénement remarquable arrivé récemment aux environs du boulevar
d'un de ses Amis, tendant à l'éloigner de cette femme aux mœurs dis olu
famé, fréquenté par des débauchés. -- Coups de couteaux donnés au j
Amant trompé, et le suicide de ce malheureux.

異常な報告

タンプル大通り周辺で近頃起こったある注目すべき出来事――この地区のさる女性に若い労働者が恋するが、その友人の一人が忠告して、この身持ちの悪い女から引き離そうとする――放蕩者が通ういかがわしい店舗での労働者たちの口論と殴り合い――若き恋人が短刀で滅多刺しにされたことと、その結果――裏切られた恋人が少女を殺害、そしてこの気の毒な男の自殺

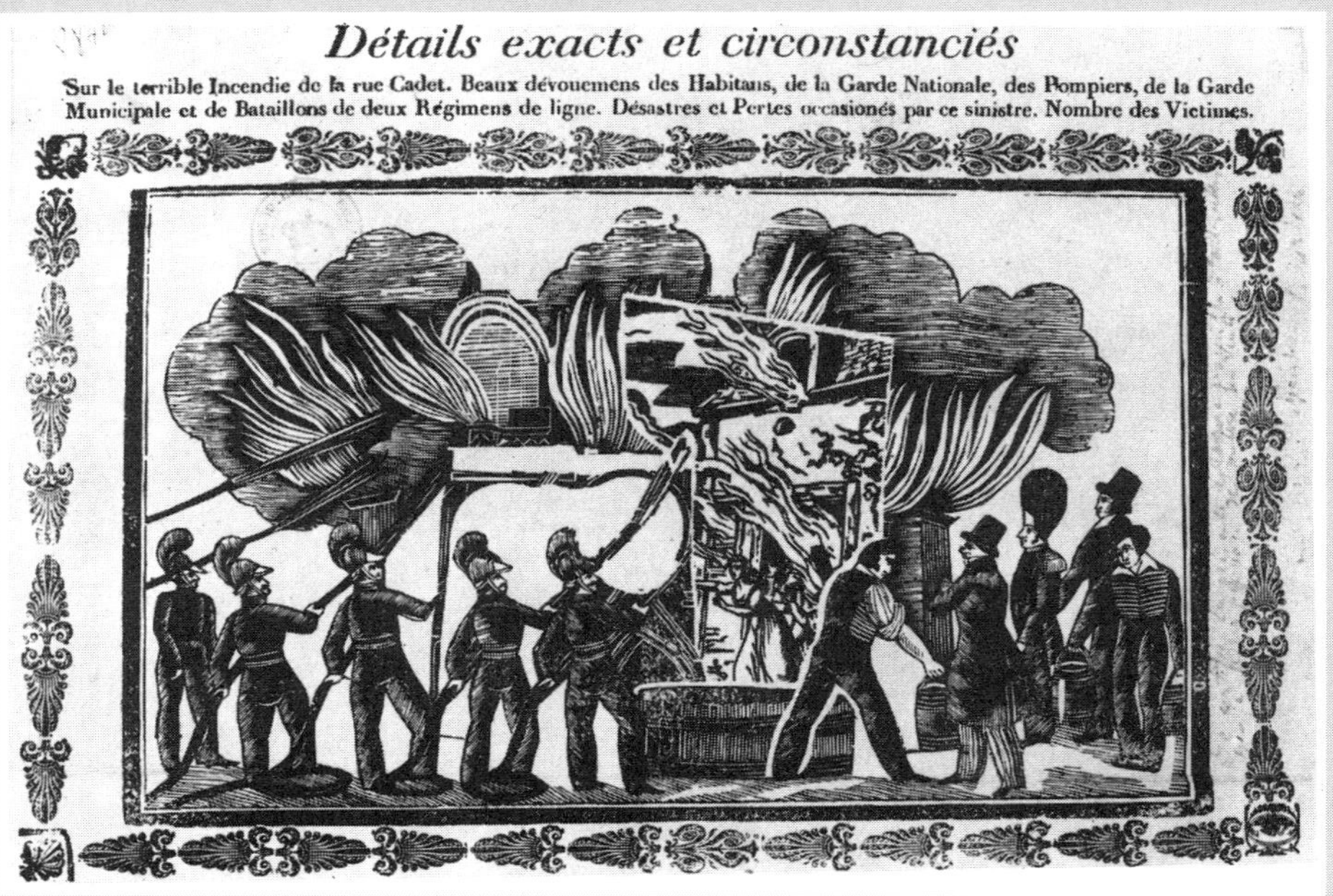

Détails exacts et circonstanciés

Sur le terrible Incendie de la rue Cadet. Beaux dévouemens des Habitans, de la Garde Nationale, des Pompiers, de la Garde Municipale et de Bataillons de deux Régimens de ligne. Désastres et Pertes occasionés par ce sinistre. Nombre des Victimes.

詳報

カデ通りの恐ろしい火事について。住民、国民軍、消防隊、警察隊前線の二連隊からなる大隊の立派な献身。この惨事とその損失。犠牲者多数。

LA FOLLE.

Drame touchant et pénible qui a eu lieu dans un hôpital. -- Détails sur ce qui est arrivé à une jeune Dame en allant avec son époux et une jolie petite Fille visiter les fous. -- Scène attendrissante d'une Folle qui croyait revoir son enfant. -- Manière dont elle l'a arraché des mains des époux pour l'emporter. – Anxiété de la pauvre mère suppliant à genoux cette infortunée de lui rendre son enfant. -- Moyen ingénieux employé par une bonne Sœur pour lui retirer. -- Désespoir de cette malheureuse qui est morte en voyant lui échapper son précieux fardeau.

狂気

病院で起きたショッキングな悲劇——若い婦人が夫と可愛い少女を連れて、狂女を慰問しに行ったときに起こったことの一部始終——わが子と再会したと信じた狂女の涙を誘う一幕——狂女が夫妻の手から子供を引き離し、連れ去ったそのやり口——気の毒な母親は心配して、狂女に子供を返してほしいと跪いて懇願——子供を取り戻すため、善良なシスターによって用いられた巧妙な手段——狂人はこの大切な子が失われるのが分かり、絶望して息をひきとる

「愚かにも新聞や声明によって強盗たちが称讃され続ければ、そのために強盗に憧れ、強盗になる輩が出てくる。名声を求めることが罪を犯す本能を刺戟することになってはならぬ。」

（ナポレオン一世からフーシェ宛の書簡）

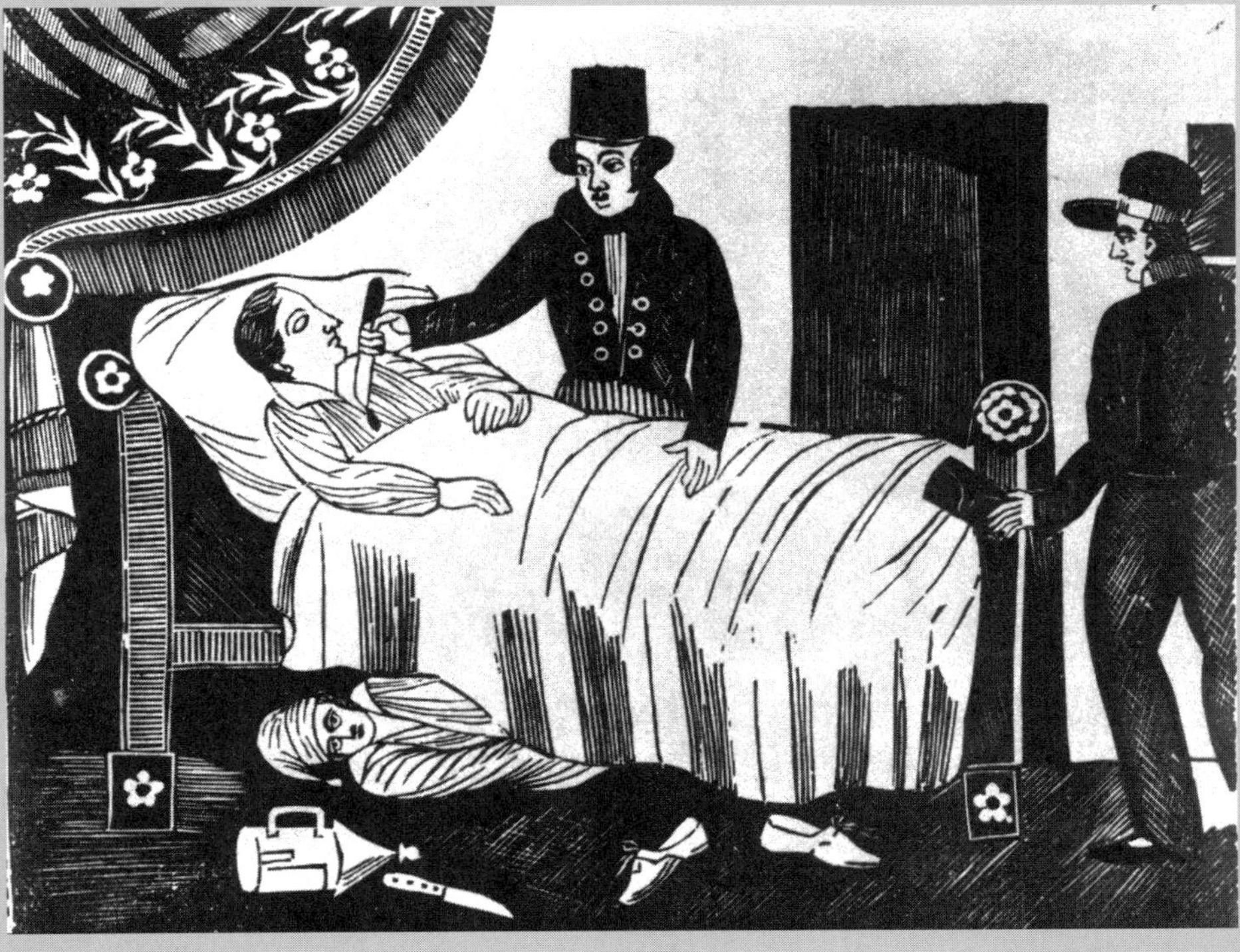

運命の水

一八四二年七月十三日にオルレアン公の死を招いた馬車の事故は、ルイ＝フィリップの治世中に徹底してつかい回しにされた事件の一つである。

これはかわら版《カナール》で解説され、嘆き節で歌われ、石版画に描かれたし、嗅ぎ煙草入れにも描かれたのだから。

抜け目のないさるリキュール製造業者などは、消化を促す飲み物を「運命水」と命名した。……

さて、七月十三日、オルレアン公は北仏サン＝トメールへの視察旅行に出立するに先立って、王に出立の挨拶をしようとヌイイーに向かっていた。ポルト・マイヨーに差しかかったさい、彼の馬車がサブロンヴィルの村を横切るレヴォルトの道に入り込んでしまった。そのとき、突然、馬が興奮して言うことを聞かなくなったのである。

王太子は飛び降りたが、運悪く転落。そのさい頭を敷石にぶつけてしまったのだ。介抱されたが意識はなかった。五時間後、息をひきとった。王に抱かれ、泣きぬれた母や王家の面々に見守られて。

オルレアン公を偲んで、サン＝フェルディナン礼拝堂がヌイイーに建立された。

リキュール「運命水」のラベル（左）や、行商人が売り歩くリトグラフによって、オルレアン公の死亡事故は広まった。

トロップマン、あるいは民衆版画界の大スター

民衆版画の売り上げ記録は一八六九年、二十歳の殺人犯ジャン＝バティスト・トロップマンによって塗り替えられた。トロップマンはカンク夫妻とその六人の子供を殺害して、所持金を強奪したのである。

一八六九年九月二十日、パリ東北郊の村パンタンで、ヴィレットに住むラングロワという耕作人がうまごやしの畑に点々と続く血痕を発見した。

警察がこの場所を掘り返すと、深さ三メートルの穴に最近埋められたばかりの六体の遺体が掘り出されたのである。遺体の身元はカンク夫人と五人の子供たちと判明した。夫人は刃物でおよそ三十ヶ所も刺されており、子供たちのうち年少の二人は喉を掻き切られ、腹を裂かれていた。残りの三人は撲殺であった。

ルーベーで機械工をしている父ジャン・カンクもパリで家族と再会した後に、失踪していた。長男ギュスターヴも父に同行していた。

この三面記事的出来事はこれまでにないほど驚異的な興奮を呼び起こした。労働者もブルジョワも惨劇の地へ、乗合馬車で、辻馬車で、家具運搬馬車で、馬で、さらには徒歩でさえもつめかけたのである。

九月二十六日には、肉屋の小僧が隣の耕地で長男の

トロップマンの両親の話によると、このトロップマンの肖像を描いたのは皇太子とのこと。

ギュスターヴ・カンクの遺体を発見した。

パンタンの村はそのとき空前絶後の大賑わいとなった。行商人は『ラングロワ畑挿絵集』という折りたたみ式のパンフレットを勧めてまわっていた。この粗末な資料集には、ご当地の堀の図面や被害者のことさら醜貌に描かれた肖像画が含まれていた。また、かわら版屋たちは「パンタンの嘆き節」や「哀れな母の歌」を歌っていた。そうした同業者の列に、あまたのボンボン売りやワッフル売り、レモン入り甘草水売りたちも加わったのだ。

数日後、これらの露店では、ル・アーヴルで逮捕された殺人犯J＝B・トロップマンの肖像が各種売られていた。トロップマンはアメリカ行きの船で高飛びしようとしていたところをお縄になったのである。彼は同性愛の恋人であるジャン・カンクの殺害を自供し、埋葬場所を明かした。アルザスの森に場当たり的に埋めていたのだった。

この写真は数千枚も売れた。

新聞各紙は全頁をトロップマンに費やした。彼の写真《ポートレート》は殺人の挿話とともに数千枚の売り上げを数えた。ポートレートはパリの重罪院の前でも販売され、一八七〇年十月十八日の夜、ロケット刑務所の周辺では、栗のお菓子《コルネ》とホットワインと一緒に、さらに売り上げを伸ばしたのである。

数千人ものパリジャンが、パンタンの人殺しがギロチンにかけられるのを見ようと、寒さもなんのその、通りで夜を過ごした。この群衆を制止するのに二連隊が配備されたほど。

事が終えられると、《ゴーロワ》紙はパンタンの殺人が引き起こした支出総額を公表した。

LE CRIME DE PANTIN.

LE CRIME DE PANTIN. — Assassinat de la famille KINCK de Roubaix.

Un horrible assassinat s'est accompli dans la nuit du dimanche au lundi 20 septembre, dans la plaine d'Aubervilliers près de Paris.

Lundi 20 septembre, en allant travailler son champ, un cultivateur nommé Langlois, attiré par un bout de linge ensanglanté, découvrait presque à fleur de terre un cadavre.

Terrifié il court chercher le Commissaire de Police, qui arrive accompagné d'un médecin. — Un homme de bonne volonté se présente pour opérer des fouilles, et bientôt l'on voit retirer du monticule de terre fraîchement remuée six cadavres. — C'étaient les corps abominablement criblés de coups de couteau, d'une mère et de ses cinq enfants.

La justice informée, M. le Juge d'instruction Douët d'Arcq et M. Claude, chef de la police, commencèrent l'instruction et firent faire des recherches par les agents les plus habiles du service de sûreté.

Après les constatations légales, les six corps furent placés sur deux voitures recouvertes de paille, et au milieu des cris et des lamentations générales, le cortége prit la route de la morgue.

Quel était le coupable? on savait que la veille au soir, une famille était descendue à la gare de Pantin par le dernier train venant du Raincy.

Les conjectures les plus invraisemblables étaient dans tous les esprits.

Combien d'assassins! plusieurs ou un seul! le coupable devait être un ami ou un parent; car comment admettre que six personnes, parmi lesquelles une femme et un jeune homme de seize ans se soient laissées amener, la nuit, dans un endroit désert, s'ils n'avaient pas confiance dans celui qui les conduisait.

Les recherches de la justice découvrirent bientôt que huit jours avant le crime, un jeune homme d'environ 20 ans, vêtu d'un costume en étoffe de fantaisie, s'était présenté à l'Hôtel du chemin de fer du Nord, tenu par M. Rigny, en face de la gare.

Il déclara se nommer Jean Kinck, mécanicien rue de l'Alouette à Roubaix. — Il avait, disait-il, un travail de nuit, et il viendrait se reposer le jour dans la chambre qu'on lui donna.

Dimanche 19 septembre, vers six heures du soir, une dame, avec cinq enfants, se présenta au bureau de l'hôtel, demandant Jean Kinck; on lui dit qu'il n'y était pas.

Deux heures après, elle revint et parut fort surprise de ne pas trouver Jean Kinck. — Elle sortit après avoir demandé deux chambres pour elle et ses enfants, mais on ne la revit plus à l'hôtel. Jean Kinck ne reparut que le lendemain matin, lundi à huit heures. — Il prit sa clef précipitamment et monta dans sa chambre accompagné d'un autre homme. — Là il changea de vêtements et redescendit au bout de cinq minutes.

Lundi 20 une dépêche arrivée de Roubaix à l'adresse de Jean Kinck, contenait à peu près ces mots : Attendez, nous ne sommes pas prêts.

La correspondance saisie était relative à des affaires d'intérêts et de famille, pas un papier n'était resté sur les victimes. — La culpabilité de Jean Kinck semblait évidente à la justice. Était-il seul? probablement non. — On sut également que dimanche 19 à six heures du soir, un jeune homme brun, les yeux noirs et l'air sinistre, se présentait chez le sieur Bellanger, taillandier à la Villette, rue de Flandre 209. Il demandait à acheter une pelle et une pioche pour travailler dans un jardin à Aubervilliers.

Il revint à huit heures et on lui donna les deux outils qu'il emporta assez gauchement. Tout fait donc supposer que c'est en sortant de chez le taillandier que Jean Kinck est allé creuser d'avance la fosse dans laquelle les six victimes ont été enterrées.

Le nom de Jean Kinck donné à l'Hôtel du chemin de fer du Nord, par un jeune homme, était celui du père de la famille assassinée. On sut que Jean Kinck était un homme de 45 ans environ, mais que depuis près de cinq semaines il avait quitté Roubaix, où il résidait, pour aller en Alsace son pays natal. — Madame Kinck était de Tourcoing. — Le fils aîné Gustave était parti quelques jours après son père pour aller le rejoindre en Alsace. — Les autres enfants s'appelaient : Emile, Henri, Alfred, Achille, et la plus jeune, Marie.

Arrestation de Tropmann.

Pendant que la justice continuait ses recherches, on reçut du Hâvre la nouvelle que l'assassin de la famille Kinck était arrêté. — Voici dans quelles circonstances ce grand criminel était tombé dans les mains de la justice.

Le gendarme Ferrand faisant une ronde entra dans l'auberge du sieur Mongenna. Il trouva attablés plusieurs individus d'assez mauvaise mine auxquels il demanda leurs noms et leurs papiers. — L'un d'eux dont la physionomie avait paru contractée par un trouble subit, répondit qu'il était étranger et n'avait pas de papiers. — Si vous ne pouvez justifier de votre identité, lui dit Ferrand, je vais vous conduire chez le Procureur impérial. — A ce mot l'individu perdit tout-à-fait contenance; il suivit le gendarme Ferrand, mais arrivé sur le quai des casernes il profita d'une voiture qui passait pour s'échapper de l'étreinte du gendarme, et courut se jeter dans le bassin pour s'y noyer. — A peine y était-il qu'un calfat M. Hauguel se précipita pour l'empêcher de se suicider. — L'individu voyant ses projets de suicide contrariés, saisit son sauveteur par les jambes et essaya de l'entraîner avec lui. — Mais Hauguel eut la force et la présence d'esprit de se dégager. Il le ressaisit et le ramena épuisé à la surface de l'eau.

Porté au poste de sûreté, on lui donna les premiers soins et on le fouilla. — On trouva sur lui des papiers au nom de Jean Kinck.

Revenu de son évanouissement, il déclara ne pas être Kinck, mais son complice, et que son véritable nom était *Tropmann* ouvrier mécanicien à Roubaix. — Il ajouta qu'il avait aidé dans l'accomplissement du crime, Kinck père et Gustave Kinck le fils aîné, et que lui n'était que l'instrument du crime; qu'il était venu au Hâvre pour s'embarquer pour l'Amérique, mais qu'il ne savait pas ce qu'étaient devenus Kinck père et fils.

Ramené à Paris et confronté avec les victimes, Tropmann déclara reconnaître Madame Kinck et ses cinq enfants, et cela avec un sang froid et un cynisme qui glaça d'effroi tous les assistants.

Deux jours après, la découverte d'un 7me cadavre vint jeter un nouveau jour sur ce terrible drame. On apprit qu'on avait découvert une nouvelle fosse.

L'autorité avertie fit immédiatement opérer les recherches et l'on découvrit bientôt le cadavre d'un jeune homme horriblement mutilé.

Le médecin et la justice examinèrent attentivement le cadavre, et l'on reconnut que le jeune homme assassiné n'était autre que Gustave, le fils aîné de la famille.

Mis en présence de ce nouveau cadavre, Tropmann le reconnut pour être celui de Gustave mais en persistant dans son système de défense invraisemblable de laisser voir qu'il avait été la victime de son père.

Il paraît donc évident que Tropmann qui était lié d'amitié avec la famille Kinck a combiné et mis à exécution l'affreux dessein de détruire cette famille tout entière pour s'emparer de sa fortune.

Son système de défense est inadmissible, et la découverte du cadavre de Gustave Kinck, le fils aîné, lui donne le démenti le plus absolu. — Jean Kinck, le père de famille, a dû être aussi incontestablement assassiné. — L'instruction se poursuit activement et simultanément à Paris, à Roubaix, au Hâvre et à Guebwiller.

On saura bientôt si Tropmann a accompli seul cet abominable forfait, ou s'il avait des complices, et l'opinion publique qui est loin d'être calmée, apprendra par les débats judiciaires l'entière vérité sur ce crime épouvantable.

Imp. Lith. Pellerin et Cie à Epinal, Fournisseurs Brevetés de S. M. L'Impératrice.

Propriété des Editeurs. (Déposé.)

かわら版「パンタンの犯罪――ルーベーのカンク一家を殺害」►口絵X

「検事のところに連行します」。――この言葉を聞いて、男はすっかり取り乱してしまった。男は憲兵フェランに従ったが、兵舎河岸に来ると、通行中の馬車に飛びついて、憲兵の拘束から逃れ、走って行って、池に飛び込んだ。が、溺れてしまった。するとすぐに、コーキン工のオゲルさんが飛び込んで逃走した男が自殺しないようにしたのである。――逃走した男は自殺することができないでいたが、オゲルを両脚で捕えると、道連れにしようとした。――けれども、オゲルには力が残っていたので、うまく逃れた。オゲルは男を再度捕えると、疲れ果てたこの男を水面まで持ち上げた。

警察署に運ばれて、応急手当をされ、身体検査をされた。――不審者の持ち物からジャン・カンクの身分証が見つかった。

息を吹き返すと、彼はこう明言した。自分はジャン・カンクではないが共犯であり、本当の名前はルーベーの機械工のトロップマンである、と。――そして、こうも言った。父カンクと長男ギュスターヴの犯行を手伝ったが、自分は彼らの手先にすぎない。また、アメリカ行の船に乗ろうとル・アーヴルに来たが、カンク父子が今どうしているかは知らない、と。

パリに連れ戻され、被害者に対面させられて、トロップマンはそれがカンク夫人とその子供たちであると認めた。しかも、平然と、どんな殺人犯をも恐怖で震えあがらせる臆面のない態度で。

その2日後、7体目の死体が発見されて、この恐ろしい悲劇に新たな光を投げかけることになった。新しい穴が発見されたことが分かった。

当局はただちに捜査を命じた。まもなく恐ろしく手足を切断された青年の遺体が見つかった。

医師と司法当局は遺体を注意深く検査して、この殺害された若者は長男ギュスターヴ本人であることが特定された。

新しい遺体に対面させられて、トロップマンはこれをギュスターヴの遺体であると認めたが、ギュスターヴは実父の犠牲者だとほのめかすというありそうもない弁護方法に固執していた。

したがって、カンク家と親しかったトロップマンが一家を皆殺しにし、その財産を横取りするという恐ろしい計画を企み、実行したということが明白だと思われるのである。

彼の弁護方法は認めがたいし、長男ギュスターヴ・カンクの遺体が発見されたことは彼の証言に対して絶対の反証になっている。――一家の父のジャン・カンクもまた殺害されたに違いない。――審理は鋭意、パリ、ルーベー、ル・アーヴル、ゲブヴィレールで同時に継続されている。

いずれにせよ、トロップマンが単独で恐ろしい大罪をなしとげたのか、共犯者がいたのかはまもなく分かるだろうし、鎮まるどころではない世論は法廷の審理によって、このおぞましい犯罪の真相を知ることだろう。

パンタンの犯罪――ルーベーのカンク一家を殺害

日曜日の夜から9月20日の月曜日にかけて、パリ近郊のオーベルヴィリエの平原で、おぞましい犯罪が起こった。

9月20日月曜日、ラングロワという耕作人が自分の土地に仕事に行くと、血の付いた布の先端に気がつき、ほとんど地表に浮き出ている1体の死体を発見した。

ラングロワは怖くなって、警視を呼びに走った。警視は医者を連れてやって来た。――発掘作業のために善意でやって来た人もいて、まもなく、最近掘り返された土の盛り上がりから6体の遺体が引き出された。――それは槌で滅多打ちにされた母と5人の子供の遺体だった。

裁判所に通報されると、予審判事のドゥエ・ダルク氏、警視総監のクロード氏が指示を出し始め、選り抜きの敏腕刑事に捜査を命じた。

法的な検証の後で、6体の遺体は車に載せられて、藁に覆われた。そして、叫び声やうめき声があちこちから発せられる中、この一団は死体公示所に向かった。

犯人は誰なのか。昨晩、ル・ランシー発パリ行きの最終列車に乗ってパンタン駅で下車した一家がいたのは知られていた。

誰もがありそうもないことを考えていた。

殺人犯は何人なのか。複数犯か単独犯か。犯人は友人か親族に相違なかった。なぜなら、1人の女性と16歳の青年を含む6人を夜、人気のない場所に連れて行くのに、信頼のない人物だったら、そんなことができるはずないからである。

当局の捜査によってまもなく明かになった。事件の1週間前、変わり織の生地の服を着た、20歳くらいの青年がパンタン駅前のリニーさんが経営する北部鉄道ホテルに姿を現していたという。

この青年はルーベーのアルエット通りに住む機械工ジャン・カンクと名乗った。――彼は夜勤があり、昼間、与えられた部屋に休息しに来たのだと話していたという。

9月19日日曜日の夜6時頃、5人の子供を連れた婦人がホテルの受付に現れて、ジャン・カンクを呼んでほしいと頼んだ。が、ジャン・カンクは今は不在だと言われた。

それから2時間後、この婦人が戻ってきて、ジャン・カンクが見つからないことにひどくおびえているようだった。――婦人は自分と子供たちのために2部屋とってから外出したが、ホテルに戻ってくることはなかった。ジャン・カンクは翌朝、月曜日の8時になってようやく姿を見せた。彼はあわただしく鍵をとると、1人の男を連れて、部屋に上がった。――そこで服を詰め込むと、5分後に降りて来たのである。

20日の月曜日、1通の電報がルーベーからジャン・カンク宛に届いた。その内容はおよそ次の通り。「待テ、我々ハ未ダ準備デキズ」

押収した手紙は金銭問題、家庭問題と関係があったが、犠牲者に関する紙きれは残されていなかった。――当局はジャン・カンクの罪は明らかだと判断した。彼単独の犯行か。おそらく違うであろう。――19日日曜日夜6時に、褐色の髪で黒い目の、陰気な様子の若者がフランドル通り209番地、ラ・ヴィレットの刃物職人ベランジェさんの店に姿を見せていたことも知られている。この若者はオーベルヴィリエの庭で働くためにシャベルと鶴嘴を買いたいと話していた。

この若者は8時に戻ってきて、2つの道具を受け取ると、慣れない様子で運んで行った。以上のことから推測されるのは、刃物職人の店を出て、ジャン・カンクは6人の犠牲者を埋める穴をあらかじめ掘っておいたということだ。

ところで、この若者が北部鉄道ホテルに残したジャン・カンクという名前は、殺害された一家の父親の名前であった。ジャン・カンクは45歳くらいで、5週間ほど前から、居住しているルーベーを離れて、故郷のアルザスに行っていた。――ちなみに、カンク夫人はトゥールコワンの出である。――長男のギュスターヴは父の出発から数日後、アルザスの父の許に行っていた。――ついでながら、他の子供の名は、エミール、アンリ、アルフレッド、アシル、マリーである。

【トロップマンの逮捕】

司法当局が捜査を続けるなか、ル・アーヴルからカンク家殺害の犯人逮捕の報がもたらされた。――ここで、この大犯罪人がどんな状況で当局の手に落ちたか、を以下に示そう。

憲兵のフェランは巡回中、マンジュノーさんの旅籠屋に入った。そして、食卓についていた、ひどく身なりの悪い人々に、名前と身分証の提示を求めた。そのうちの1人は不意を突かれて表情がこわばっているようで、自分は外国人であり、身分証は持っていないと答えた。――「もし身元を証明できないのなら」とフェランは言った。

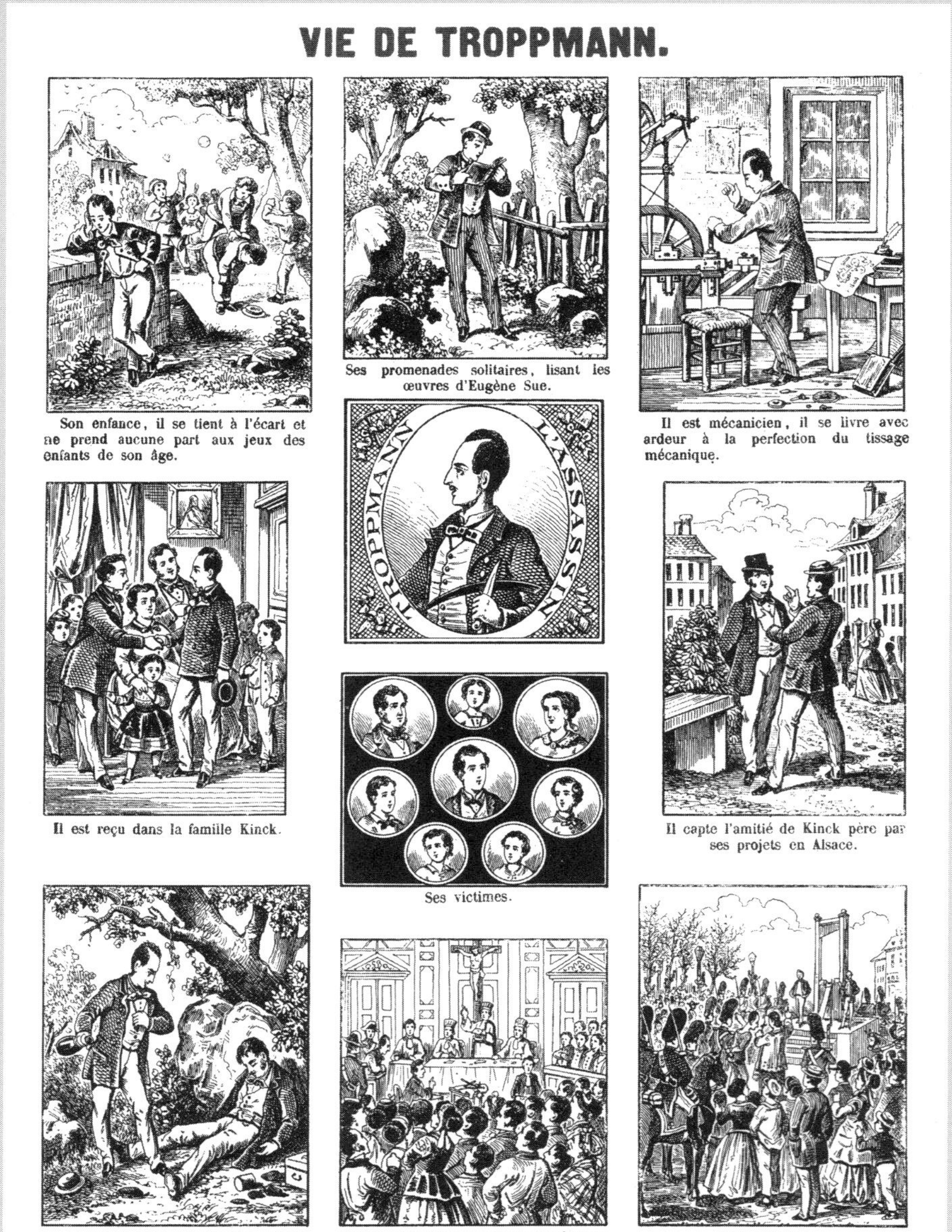

トロップマンの生涯

幼年時代、人と交わらず、同年代の子たちと遊ばなかった。／一人で散歩してウジェーヌ・シューの作品を読んでいた。彼は機械工で、機織り機械の改良に熱心だった。／／カンク家に迎えられた。／犠牲者たち。／アルザスでの計画を通じてカンク父との友情を手に入れた。／／カンク父をスタンバックとエランフリュックの間で毒殺／トロップマン裁判と死刑判決。／トロップマン処刑。

名前なき殺人犯、新聞部数を増やす

「職業は？」――「知りません」
「住居は？」――「知りません」
「誰ですか」――「知りません」

カンピという名であると言い張る殺人犯の尋問
（一八八四年）

一八八三年八月十日の午後、ある男がルガール通りにあるデュクロ・ド・シクスト氏の住居を訪れた。デュクロ・ド・シクスト氏は元弁護士で六十五歳、妹マチルドと同居していた。

この未知の男がこの家の女中ジャンヌ・ピションとの面会を求めたものの、女中はあいにく不在だった。男は引き下がるそぶりをみせたが、十五分後に再度訪ねて来て、マチルドにかけあった。が、突然、パルトーの中に隠しもっていた石割用の大槌を取り出すと、気の毒にもこの婦人の頭部に何発も喰らわしたのである。婦人は大声を上げて倒れた。その騒ぎを聞いて兄が駆けつけたが、男に槌で額を砕かれてしまった。このとき、あまりに激しく打たれたため、槌が壊れてしまったくらいだ。妹はなおも助けを呼んでいたが、男はそちらに振り向くと、ナイフで首を切りにかかった。

殺人犯は上階の寝室にいるところを逮捕された。犯人はベッドの側に座って、シーツの下に婦人の頭部を隠していたのだった。

セーヌ県の重罪院では、判事にたいして、彼は不遜な態度をとっていた。身元を明かすのを拒否し、「ミシェル・カンピ」という名だと言い張ったのだ。

結局、この殺人犯の素性は誰にも解明できなかったのだ。一八八四年四月三十日、この殺人犯は偽名のまま、ギロチンにかけられたのである。この何も分からないということを、マスコミは徹底して活用した。毎日、新聞紙上で、新たな証人が「カンピ」の身元を特定するのだ。つまり、毎回、特別号が売りに出されるという仕組みなのである。

《フィガロ》紙がいうところによれば、ズワーヴ兵第三連隊少佐ロジェ・ル・モワーヌが、パリで休暇中、グレヴァン美術館でカンピの蝋人形の顔を見て、カンピだと認知したという。少佐は一八八二年の六月から十月に、シーディ＝ベル＝アッベスで床屋の見習いをしていたカンピと面識があったとのこと。

また、同紙の別の号では、ドン・カルロス支持の元将校が、カンピはリヴァスという名の教皇護衛隊員で、カタロニアのカルリスタの軍隊で軍務に就いていたと証言している。

《民衆の声《クリ・デ・ピープル》》紙などは、二人の女性読者の証言として、カンピは明白にマルセイユの代訴人見習いだと報じて、売上げ部数を伸ばした。

殺人犯の過去に言及できる証人にめぐりあう機会のない版元は、嘘八百の「特ダネ」をでっち上げた。カンテラ社から刊行された『カンピの覚え書』や『カンピの情婦による暴露話』などは、純然たる想像の産物なのである！

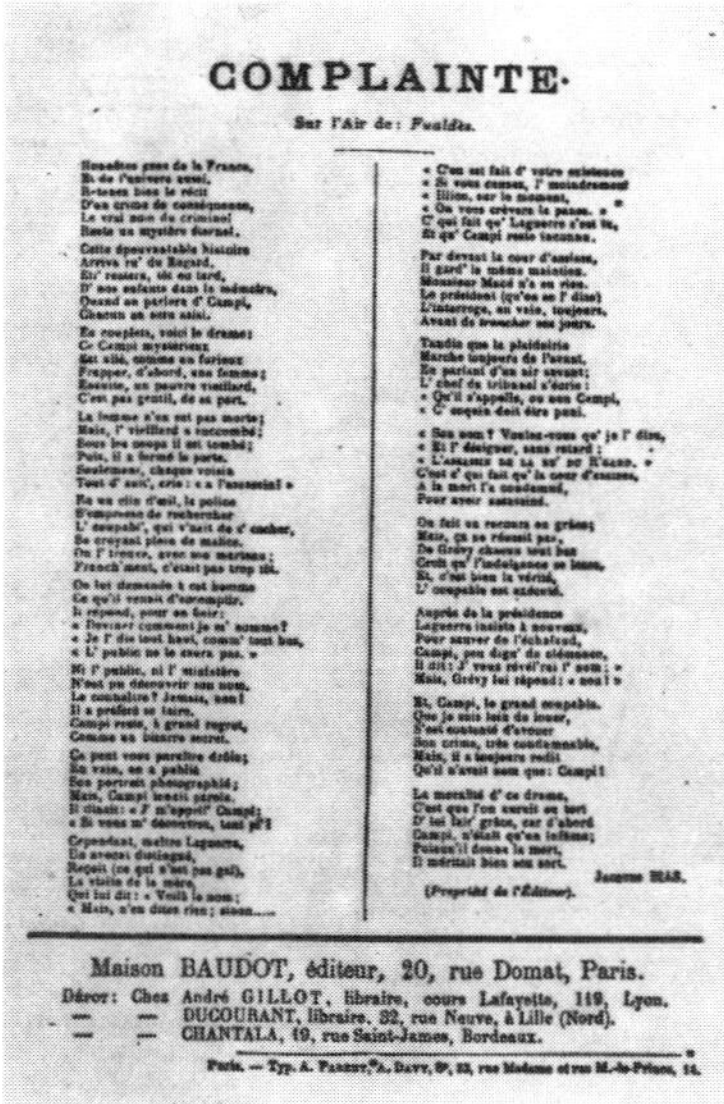
COMPLAINTE
Sur l'Air de: *Fualdès.*

Maison BAUDOT, éditeur, 20, rue Domat, Paris.

CAMPI
L'ASSASSIN MYSTÉRIEUX
DE LA RUE DU REGARD
Le crime. — L'arrestation de l'assassin. — Le mystère de sa naissance. — Son jugement. — Sa condamnation à mort. — Son exécution.

BAUDOT, Editeur, 20, rue Domat, Paris.

カンピはかわら版に書かれ、嘆き節に歌われた（上）。それだけでなく、《殺人者ジャーナル》という空想の新聞の第一面にも……（左）。

Nº 1 DIX CENTIMES LE NUMÉRO DIMANCHE 30 MARS 1884

Journal des Assassins

ORGANE OFFICIEL DES CHOURINEURS RÈUNIS

RÉDACTION ET ADMINISTRATION 6, rue Baillcul, Paris. | Rédacteur en chef : FEU TROPPMANN | ABONNEMENTS A minuit, au coin des rues.

CAMPI A PARLÉ

PARTIE OFFICIELLE

Par décret du président de la République, en date du 26 mars 1884, et vu la déclaration du conseil de l'Ordre national du Mérite agricole, portant que la promotion dudit décret est faite en conformité des lois, décrets et règlements en vigueur, est nommé chevalier de la Légion d'honneur (Services exceptionnels).

CAMPI (Michel) inconnu.

CAMPI A PARLÉ

Hier soir, grâce aux excellentes relations de notre ami et sympathique collaborateur Camille Doucet avec M. Macé, nous avons pu obtenir l'autorisation de communiquer avec Campi.

Nous n'avons pas voulu suivre la voie déjà tracée par nos devanciers, et envoyer un simple reporter à la Roquette.

Nous nous sommes empressés d'aller trouver les notabilités de la presse, et nous les avons réunies dans un but humanitaire.

Elles ont bien voulu nous suivre dans le réduit sinistre où Campi réside, et elles ont coopéré à l'interrogatoire dont nous donnons ici le résumé sténographique.

Campi n'avait pas l'air d'être à la noce,

MICHEL CAMPI

A ce moment, Campi qui paraissait n'avoir pas pris un grand intérêt à toute cette discussion, essaye d'étrangler un gardien

La Marseillaise
DES ASSASSINS

S'ils tombent, nos vaillants héros,
Le bagne en fournit de nouveaux,
Contre vous tout prêts à se battre
Aux armes, chourineurs ! etc.

Charlotte ! ô toi que Lamartine
Dit « l'ange de l'Assassinat » !
O toi qu'attend la guillotine
Brave Campi, pour nous combat
Sous nos poignards, que l'Opulence
Accoure, les pieds dans le sang !
Et que l'échafaud s'écroulant
Nous laisse maîtres de la France !
Aux armes, chourineurs ! Saignons les aristos !
Marchons ! (bis) qu'un sang impur abreuve nos couteaux !

ROUGET (de l'Ile Nou)

LIRE A LA DEUXIÈME PAGE

NOTRE FEUILLETON

LA REVANCHE DU GUILLOTINÉ

Ce roman, dû à la plume de M. Ponchon du Terrail, ancien assassin, ne peut manquer d'obtenir, ici, le succès qu'il a déjà obtenu au *Chat Noir*, de notre cher confrère R. Salis, cabaretier du diable.

LE MONUMENT DE TROPPMANN

Notre premier devoir, on le comprend, est de songer à rendre hommage à l'un de nos plus grands hommes, à l'une de nos gloires

《殺人者ジャーナル》なる架空新聞の一面には、「カンピが話した」という見出しのもと、以下のような記事が捏造されている。

……わが社はジャーナリズム界の著名人たちに早速打診し、人道主義的な目的で彼らを招集した。……カンピが不満げな様子なのは、すぐに見てとれた。ジャーナリズム界の有名人たちが入るなり、カンピは意識的に目を閉じた。最初にジュール・ヴァレス氏が声をかけた。「おやおや、哀れな一味の者ですな……。さあ、元気を出して」 カンピは答えた。「くそ！」「お下品ですぞ」と即座に《十九世紀》紙のサルセー氏が叫んだ。「ですから、社会主義者を尊敬するのを学んでください」カンピが答えた。「おまえたち社会主義者がおれをつくったんだよ……」憤慨したデュマ・フィス氏が姿を見せた。「ねえ、あなたの娘《スール》がどこにいるか話してください。それこそ現代演劇には重要なのです」……

そのとき、カンピが怒り始めると、ロケット監獄所長のボケーヌ氏が拘束衣を着せるぞとカンピを脅した。「何をする！　いったいおれに何を尋ねるんだ」「ああ！　すみません」とカチュール・マンデス氏がそれとなく言った。「それは女役《タント》になりえたかもしれないやさ男《スール》がいたかということです……」「なるほど」と優れた法律家のサリス氏が付け加えた。「それはありえましたね……」「なんですと？」とマニャールがぼやいた。「伯母《タント》になるかもしれない妹《スール》なんて、断じておりません！」「あなたは頭が弱すぎるから理解できないのです」とテオドール・ド・バンヴィルが穏やかに言った。

そのとき、この会話にさしたる関心を持っていなかったように見えたカンピが、巡査の頸を締めようとした。「情けない！」エクトール・ペサール氏が叫んだ。「秩序を守る感情を持っておりませんな。警察に敬意を払いなさい」カンピは肩をすくめて、わめいた。ボケーヌ氏とマセ氏は怖気づいて後ずさりした。実際に、カンピは並はずれて大きく口を開け、野獣のような歯を見せた。

この瞬間、バルベー・ドルヴィイ氏が近づき、堂々たる口調でカンピに質問した。「そうだ！　ろくでなし！……」「どうして」とカンピ言った。「おれのことをろくでなしと呼ぶんだ。おれは正義を行ったんだぜ」このとき、バルベー・ドルヴィイがマセ氏の横から意味ありげな風にウインクした。そうすると、カンピは、バルベー・ドルヴィイ氏を見つめながら、今までにない態度をとって、こう叫んだ。「レオン・ブロワ氏はどこだ？《フィガロ》紙や《黒猫《シャ・ノワール》》紙に書いているあのふざけた野郎は」「レオン・ブロワだと？」とバルベーは言った。「レオンなら私の弟子ですが……あの男なら人殺したちを厭いますまい」レオン・ブロワ氏は近づいて、われらが卓越した同業者のカンピから次のような打ち明け話を聞いた。「おれが殺人を犯したのは、裁判官をうんざりさせてやるためさ。それだけだ」

✣タンプル大通りの殺人

一八九一年十二月四日に起こったタンプル大通りの殺人は、犯人の放蕩に身を持ち崩した少尉ルイ・アネステの個人の持ち味によって洛陽の紙価を高めた。彼の情事は歌にうたわれ、彼の肖像や詩、手紙などが掲載された。幼馴染に宛てた意味深長な手紙にはこうある。

「……五〇フランを貸してくれれば、大助かりなのだけどね。僕はいま窮地に立たされている。……内縁関係というのは、将校とは相容れないものだね。……」

アネステが生活を共にしていたのは、十八歳のスペイン娘マドレーヌ・ゴンサレス嬢で、彼女はリヨンの劇場で古典舞踊を舞っていた。この同棲生活は彼にはえらく物入りだった。そのうえ、彼はもう一人、ヴァレリー・レーという若い娘とも愛人関係にあった。そのことがまた彼の財政状況を複雑にしていたのである。

そんなときに、彼の脳裏に浮かんだのは、ドラール男爵夫人の貯えのことだった。ドラール夫人は慈悲深く、かつては彼に好意を寄せたこともあった女性で、パリのタンプル大通りにあるアパルトマンにおよそ三万フランン相当の紙幣や株券を所持していたのである。

盗みより殺人のほうが疑われまいと考えて、彼はリヨンで購入した刃物を二本所持して、パリに上り、男爵夫人を殺害した。だが、あいにくなことに、犠牲者の引き出しは空っぽだった。

新聞の読者は殺人犯の艶福譚やマドレーヌに寄せたメッセージ、マザス監獄の独房でヴァレリーのためにつくった詩を、連載小説を読むように、次から次へと欠かさず読んだ。たとえば、その詩篇はこんなふうである。

誰もいないベッドの前で、おまえは物思いに耽って
昔のことどもを思い浮かべているだろう
痣をつけるほどまで
僕がおまえの色っぽい胸を何度も何度も握り締め
西風《ゼフュロス》が花々に語りかけるよりももっと優しい言葉で
語りかけたことを　……

文才を激賞されたルイ・アネステは、長篇小説や詩集

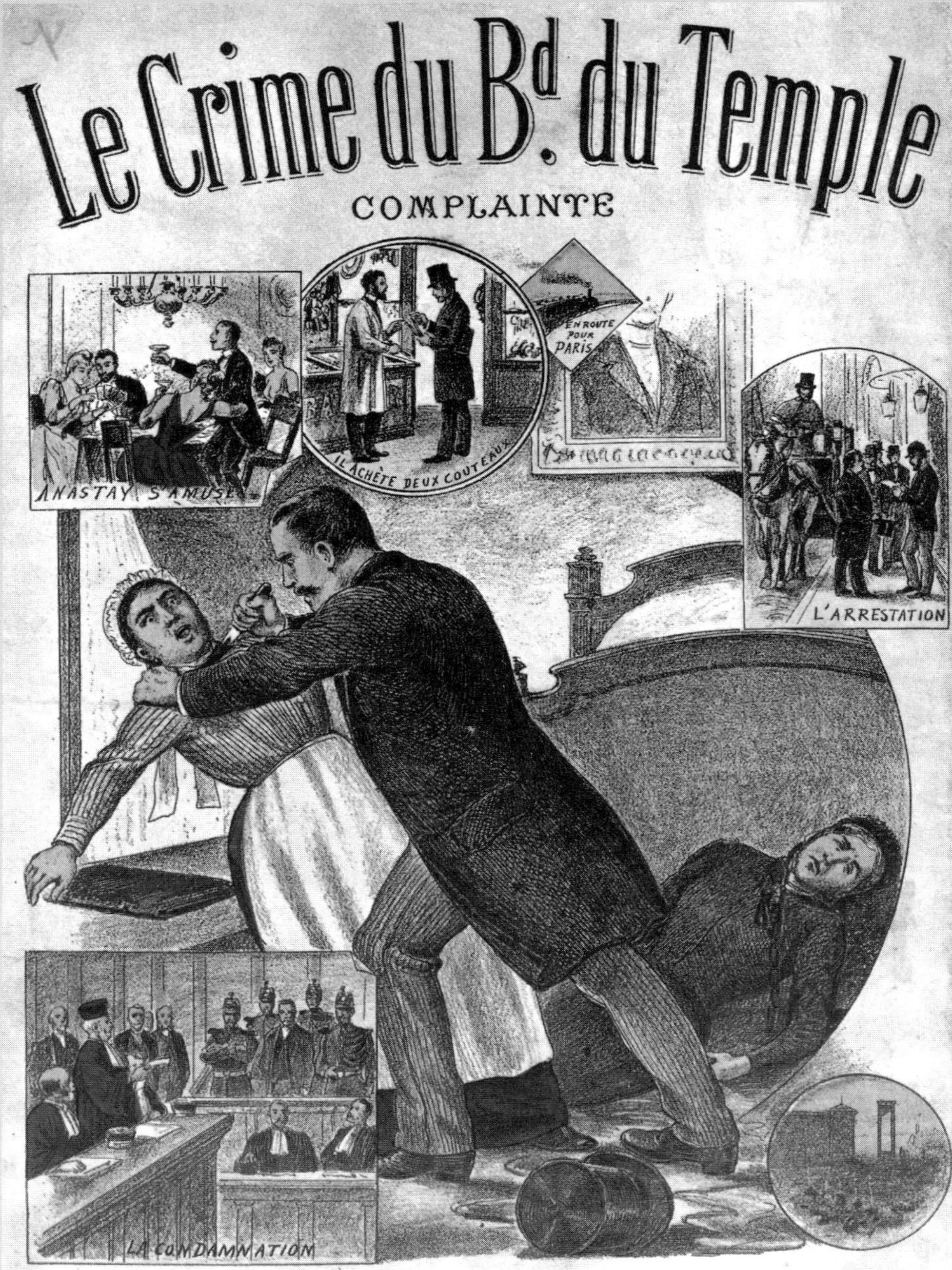
Le Crime du Bd. du Temple
COMPLAINTE
ANASTAY S'AMUSE
IL ACHÈTE DEUX COUTEAUX
EN ROUTE POUR PARIS
L'ARRESTATION
LA CONDAMNATION
Paroles de
Petit format 1f. Piano 3f.
Musique de
P. DUMONT
EMILE SPENCER
A REPOS, Editeur, 26, Rue Tiquetonne, PARIS
Exécution publique et tous droits de traduction et de reproduction réservés

の制作に執りかかった。休むことなく執筆に励んだが、裁判の報告を分析したり、自分の服装やネクタイ、主な証言者の髪形を気にするときだけは別。弟宛の手紙にはこう書いている。

「……マドレーヌ・ゴンサレスのことだが、身繕いに気を配らせ、必ず髪をカールさせて、ウェーブをつけてもらうよう気をつけてくれたまえ。……」

マドレーヌは黄色いリボンが巻かれた帽子をかむって証人席に姿を見せた。アネステは大仰で芝居がかって、死刑を、陪審が与える好意を要求した。

アネステは一八九二年三月二十日、ロケット広場で処刑された。ゴンザレス嬢はこの事件の間、ストラスブール大通りのカフェ・コンセール「日本人街《ラ・ヴィル・ジャポネーズ》」と出演契約を結んだ。

とはいえ、この舞姫の成功は長くは続かなかった。凡庸だったからである。

(右) 嘆き節『タンブル大通り殺人事件』。
作詞P・デュモン、作曲エミール・スパンセール。

パリの女王カスク・ドール

あのひとたちはあたしに望んでばっかり、
劇場に、新聞に、本に、写真にってね……
あのひとたちにはほんとうんざりよ!!
アンリ・ド・ウェンデルによる
カスク・ドールへのインタビュー、一九〇二年三月

「金髪のかぶと型の髪形《カスク・ドール》」という異名をもつアメリー・エリーは人殺したちのオンナであり、盗賊たちの女王さまだった。彼女は三面記事のおかげでにわかに名声を博したのである。

この下級娼婦はパリ中を虜にした。美容師たちは彼女の髪の色合いをまねたし、大公たちは彼女を夕食に招いた。ボディニエール劇場ではオスカル・メテニエの戯曲「カスク・ドール」が上演され、カフェ・コンセール「時計《オルロージュ》」では、「カスク・ドール、あるいは愛のならず者《アパッシュ》たち」というレビューがかかったのである。

「フランス芸術家協会」の美術展《サロン》で参観者たちから高く評価されていた画家のアルベール・デュプレが、次の美術展に出品する作品のために立ち姿でポーズをとってくれないかと願いでた……。それは名誉なことだった。カスク・ドール嬢はベージュのテーラード・スーツに身をつつみ、似合いのキャプリンをかむって、《ジル・ブラース》紙の記者との初めての会見に臨んだ。

「……あたしはビュッフ＝ド＝ノール座でデビューするの。……一晩四〇フランよ。……この仕事がキャンセルされたら、解約金一万フラン貰うことになってるの。レビューの題目は『カスク・ドールとアパッシュたち』よ。」

何たることや、冷酷な警視総監ルイ・レピーヌ氏が、いかがわしい評判を理由に彼女が舞台に上がるのを許可せず、また美術展に彼女の肖像写真を展示することも禁じたのである。この警視総監にたいしてジャーナリズムは賛否両論だった。そんななか、こうした気運に乗じたのは、ポストカードの発行者たちだ。「禁じられた金髪娘」の肖像のシリーズがショーウィンドウを飾った。それは全身像あり、半身像あり、また胸を出しているのも

あれば、『カスク・ドールの手記』という自著に署名しながら、手にペンを持っているのもあったのだ。

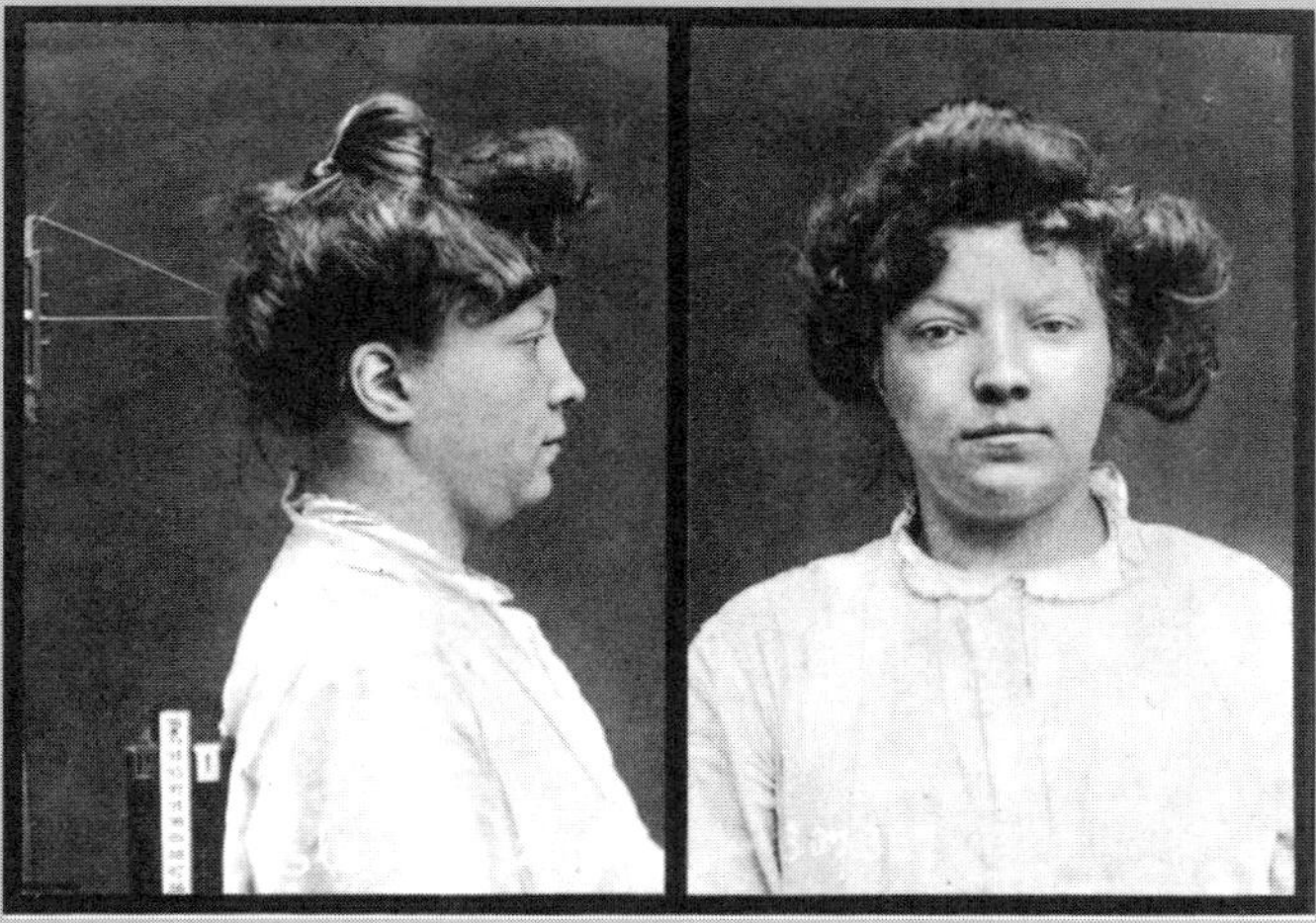

（上）警視庁で撮影されたアメリー・エリーの写真。
（下）「フランス芸術家協会」のアルベール・デュプレが撮影した写真。

警視総監の禁止命令にもかかわらず、カスク・ドールのポストカードは世の中を巡った。

❖ ガレイとヴァランティーヌ・メレリ

ジャン・ガレイとヴァランティーヌ・メレリは五ヶ月にわたって人々を楽しませたが、一九〇六年二月、二つの裁判で幕を閉じた。

風刺画や小唄、絵葉書、新聞には、この愉快な三面記事的出来事のロマネスクな面が描かれていた。この事件で被害を被ったのは巨大信用機関だけである。

ジャン・ガレイは国立パリ割引銀行の某支店の振替部署の係員で、年収三〇〇〇フランだった。真面目で、礼儀正しく、几帳面だったが、「将来の見込みはない」行員だった。それでも、出世のことなどさして気にもかけていなかった。仕事が引けると、フランソワ一世通りにある心地よい独身男性用アパートに帰った。そこで別人に変身していたのだ。

上等に仕立てられた衣服を身にまとい、目には片眼鏡、ボタンホールには花を挿して、グランヴァル男爵になったのである。そして、競馬場やナイトクラブに足繁く出入りしていた。

彼には愛人がいることが知られていた。ヴァランティーヌ・メレリという凡庸な女優だが、彼は金をかけて囲っていた。劇場をあとにすると、二人は「カフェ・ド・パリ」や「マキシムズ」で夜食をとるのが普通だった。そのさい個室を利用したが、その理由として「クラブで会う退屈な連中を避けるため……」とは男爵の言。

一九〇五年五月、グランヴァル男爵は恋人に自分のヨット、カタリーナ号でクルージングに出かける旨を伝えた。男爵はヴァランティーヌを連れて、この旅行のための買い物をした。ヴァランティーヌのために三十二着のドレス、二十六個の帽子を買い、自分には暑い国用に薄手の三つ揃いの背広を十数着を選んだ。そして、カービン銃を数丁、極上のワイン、リキュール、シャンパン、作業班のメンバーの制服を配達させた。

一九〇五年八月三日、カタリーナ号はル・アーヴルを出港した。ヴァランティーヌは女中を連れて行ったが、男爵は売春カフェの常連に民族衣装を着せて従僕とした。男爵はこの男とピガールのカフェ「テレームの僧院」で知り合っていたのである。

船内に喜びがみなぎっていたのは最初の寄港地ラス＝パルマスまでのこと。男爵はその地から不機嫌になった。どの言語の新聞でも第一面の大見出しでこう報じていたからだ。ジャン・ガレイ逮捕間近、国立パリ割引銀行から八五万フラン横領の容疑で捜査中、と。

サンサルバドルに接岸する前に、男爵は当局に声明文を送った。声明文には、彼が旧大陸の偏見に抗していること、不当にも追跡されているので、自由がかけがえのない土地に上陸できればありがたい、と記されていた。ところが、彼が下船すると、旅の伴侶とともに刑務所に連行されてしまった。

ボルドーに、そしてパリに送還された彼らは群衆に歓呼をもって迎えられた。群衆は叫んでいた、「ガレイ万歳！　愛の女神万歳！　メレリ万歳！……」。ガレイは挨拶し、ヴァランティーヌは投げキスをした。そして最後にもう一度、拍手喝采のなか、二人は抱き合ってキスをした。

裁判のとき、「几帳面で真面目な」元行員は、ヴァランティーヌは収入の出所を知らない、と断言した。ヴァランティーヌは無罪になったが、ガレイは強制労働七年の判決を受けた。

ガレイは刑務所内で詩人になった。ボードレールの『悪の華』にならって、自作品を『孤独の華』の総題でまとめている。

ヴァランティーヌ・メレリは名声を誇った時期があった。彼女はゲテ＝ロシュシュアール座に出演し、華々しい成功を収めたので、出版社は大枚をはたいて、彼女の自伝的小説『メルリア』（一九〇六年）に署名させたほどであった。

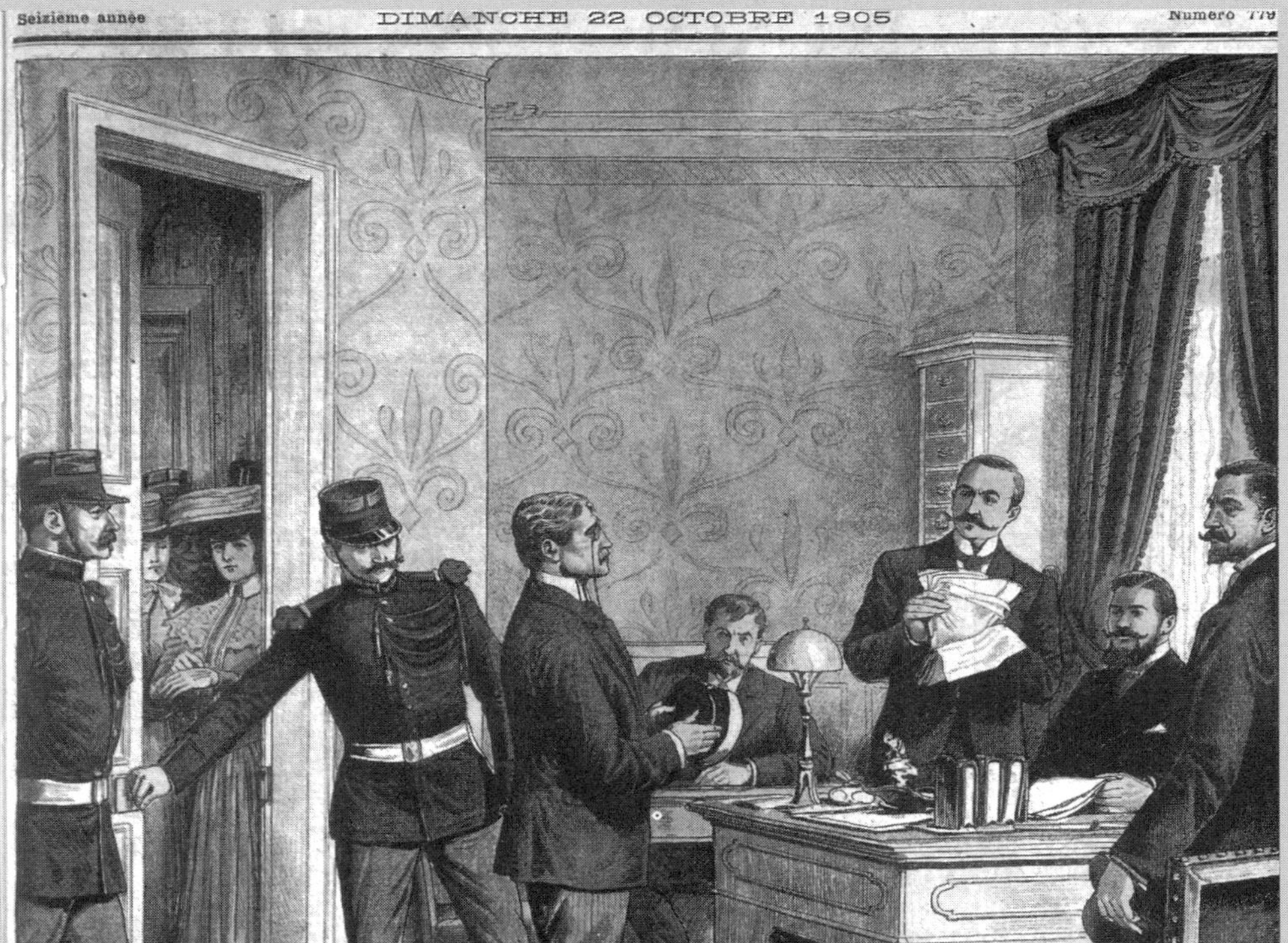
LE VOL DU COMPTOIR D'ESCOMPTE
Jean Gallay et Valentine Méréli chez le juge d'instruction

（右上）ヴァランティーヌ・メレリは、彼らの申立てやガレイ裁判の報告に基づいて執筆された自伝的小説にサインするだけで満足した。

（上）ガレイ事件の審理が始まる。ガレイは、ヴァランティーヌは無罪だ、と主張した。（《小新聞》紙挿絵入り増補版、1905年10月22日）

赤後家の謎

ステネイユ事件のせいで、
僕はまた女性嫌いになったし、
女性を軽蔑した。……
ポール・レオトー（『文学的日記』）

一九〇八年六月一日に新聞各紙が第一面に取り上げた三面記事的出来事は、ひどく不可思議で他の記事を覆い隠してしまうほどだった。「ロンサン袋小路の悲劇」である。

ステネイユ夫妻の私邸から遺体が見つかった。画家のアドルフ・ステネイユ氏と義母のジャピイ夫人が体を縛られ、猿轡をかまされて死んでいたのである。妻のマルグリット・ステネイユだけが奇跡的に殺害を免れていた。心臓病だったマルグリットの母は発作で死に、夫は「両手で首を絞め」られて喉頭を折られて亡くなった。

ステネイユの名は世に知れ渡っていた。パリの名士たちがそのサロンに通っていたのだ。アドルフは「アルプス作戦のフェリックス・フォール大統領」と題する絵画を国家に三万フランで売却していた。マルグリットのほうは、一八九八年、齢のわりにあまりにも好色なこの大統領の今わの際に、一糸まとわぬ姿で立ち会う光栄に浴したのだった。

この美女の告白、虚偽、前言取り消し、裁判所の躊躇が、悲劇を一篇の不可解な小説に変えたのである。商業的には成功だった。絵葉書、版画、歌、小冊子が文字通り引っ張りだこ。日に三度も、四度も発行される号外をめぐって争われた。

そんななか、ステネイユ夫人は新事実を公表した。夫人は犯人を目撃したというのである。犯人は、作業着だか長いコートだかを着た男が三人と赤毛の女の四人組だった。赤毛の女は、アリスティード・ブリュアン[1]の『二十世紀の隠語』に載っているようなごろつき言葉を話していたようだった。ただし、夫人はすぐに意識を失ってしまっていて、従僕のレミ・クヤールに縄を解いてもらって、ようやく気がついたのだという。

秋も末になって、捜査資料が処理済にされようとして

ポストカードの発行人たちは「重罪院のサラ・ベルナール」との異名をもつステネイユ夫人の人気を利用して、彼女の裁判中、ニュースの数多くのシリーズを発行した。写真は重罪院でのステネイユ夫人の態度。

いた時分、怠慢な捜査に不満を感じていたステネイユ夫人はマスコミに、悲劇の前日のこと、サン＝ドニ通りのヘブライの劇場で三着のコートが盗まれたことを知らせた。本当だった。《毎朝《マタン》》紙は夫人に協力して、実りの多い捜査を進めた。十一月二十日、彼らは忠実な従僕レミの財布の中から殺人のあった晩に盗まれた真珠を取り戻した。レミは抗議したけれども、逮捕されてしまった。

六日後、同紙はまたも「ステネイユ夫人の告白」という記事を大々的に発表した。それは、レミのポケットに真珠を滑り込ませたのは夫人だというものだった。レミは放免された。その代り、夫人が真犯人として告発したのはアレクサンドル・ヴォルフ、彼女の料理女の息子だった。アレクサンドルが逮捕された……が、こちらも釈放されて当たり前。というのも、ステネイユ夫人がまた嘘をついていたからである。

今度は夫人が逮捕される番だった。サン＝ラザール監獄に収監されたが、裁判の開廷を待つこと三百五十三日……。一九〇九年十一月三日、失望したパリの名士たちを前にして、夫人は赤毛の女と長いコートを着た共犯者らのことをあくまでも語った。二時間の審議の果てに、無罪判決が出た。

その後、「赤後家」はイングランドに引きこもって、『わが回想録』（一九一二年）と題する嘘で塗り固めた回想録を英語で書いて出版し、一九一七年、イギリスの貴族院議員ロバート・ブルック男爵と再婚、一九五四年、その未亡人として生涯を終えた。

（1）有名なシャンソン歌手、のちに共和派の政治家。

ステネイユ夫人の裸身像が元老院（リュクサンブール宮殿）に設置されたが、元老院議員たちがその左胸を触るのが恒例となっており、そこだけ磨り減っている。

LE CRIME
DE
L'Impasse Roussin
Grand roman inédit
DE MŒURS PASSIONNELLES & POLICIÈRES

Ce roman, plein de poignantes révélations d'actualité sur un Crime célèbre qui passionna l'opinion publique, dévoile certains côtés d'un mystère troublant. . . . .

Il obtiendra le légitime succès dû à l'auteur des *Aventures du Prince Curaçao, l'Acteuse, l'Opium à Paris,* — DELPHI FABRICE.

A LIRE
le 1er feuilleton dans le Supplément
DU MARDI 1er DÉCEMBRE
5 centimes le numéro DANS TOUS LES KIOSQUES

ロンサン袋小路事件をもとにした小説『ルーサン袋小路の犯罪』が書かれた。

（上）「ステネイユ未亡人の尋問」。ステネイユ夫人をネタに、ハレンチな歌、偽の遺言書（下）、卑俗な風刺画が制作された。

Mort subite de Mme Steinheil

CHEFFESSE D'ÉTAT

La Grande « Meg » le plus ultra de la Présidence

Vous êtes prié d'assister aux Convoi, Service et Enterrement de

Margot, Margoton, Meg. STEINHEIL

Célèbre lutteuse à mains plates et professeur de bagout

Exécutée en la Cour d'Assises d'une

Boulimie utérine aiguë

compliquée d'un empoisonnement par le Cyanure de Putassium,
après un repas de Balthazard

Désespérée de voir que ses amis ne voulaient plus Leydet, que les autres ne la Lemercier... pas même, et que surtout les grosses affaires qui avaient occupé sa vie, lui manquaient dans sa prison, elle s'écria : Ah ! marre ! Hamard ! que je suis Hamardée !

Les gardiens entrant à ce moment la virent, avec étonnement, étendue sans vie, sur le parquet ! Impuissants à la ranimer, ils appelèrent le Docteur Courtois qui suffit à constater sans plus amples expertises qu'elle était Cramsée d'un excès de vertu.

Rémy, venu pour apporter son pardon s'affala en pleurant sur elle, (chacun son tour).

Les gardiens durent empêcher la foule de pénétrer dans la cellule en s'écriant : N'entrez plus, n'entrez plus, Rémy Couillard en sort et vous feriez des bêtises comme Couillard en frait.

La cérémonie funèbre aura lieu sur la place que désignera Briand et Lépine qu'elle aimait Faure.

Les cordons des poêles seront tenus par les Présidents de la Cour de Cassation, des Assises, ainsi que par les Juges d'Instruction amis de la défunte (vu le grand nombre d'intimes, ils ajouteront leurs cordons de la Légion d'honneur), si ceux du poêle n'étaient pas suffisants. L'agent Benlair conduisant le deuil, prendra la tête du cortège, et l'inspecteur Pouce...ra la queue pour plus de SURETE.

La Marche funèbre des Chopins alternera avec le Petit Cœur de ma Mie.

De la part de ses nombreux Amis et Connaissances, Châtelains et Souteneurs (de leurs intérêts), Chevaliers sans peur et sans reproche (genre Bazar de la Charité !)

✣盗まれて有名になるモナリザ！

一九一一年八月二十二日、ルーヴル美術館の正方形の部屋からモナリザが盗まれたという驚嘆すべきニュースが報じられると、植民地モロッコの問題、ドイツとの戦争の脅威、ストライキの弾圧は忘れられた。

アンリ・ロシュフォールは《祖国《パトリ》》紙上で、「モナリザの盗難は国難である」と述べて、この事件の位を一段上に高めた。《挿絵《イリュストラシオン》》紙の主筆はその例にならって、「モナリザの喪失は国家的な哀しみだ」と明言した。

ルーヴル美術館は哀悼の意を表して、一週間、閉館した。この盗難が利用され始めた。二週間のあいだに、千三百八十頁がモナリザのために費やされた。不当に利用する出版物に関して、《フィガロ》紙はこんな詩句を掲載した。

かくも無益な議論をさせた盗品は
多くの波乱に出くわすであろう……
だがいったい誰が考えるだろうか
レオナルド《ダヴィンチ》がうんざりしたとは

木の額縁に収められて
盗難を防止しようと
このみごとなブツを
曇り硝子のケースが覆う

モナリザ盗難のテーマで四十五の「本日のヒット」が版画売りは世界一有名な絵画の複製を白黒でも多色でもよりどり取りそろえていた。大通りでは、行商人がユーモラスなポストカードを「一〇サンチームだよ。いとしいモナリザはいらんかね」と言って売っていた。四つ辻ごとに、流しの歌手は次のようなはやりネタの唄をうたっていた。「君はモナリザを見たか」、「行っちまったよ、モナリザは」、「モナリザの旅」、「さらばモナリザ」等々である。カフェ・コンセールでは、カミーユ・ステファニーが「木製の義足」の曲にのせて「モナリザ失踪」を歌っていた。

モナリザの盗難から数多くのユーモラスなポストカードが生み出された。

何度も刷り増しされて、季節が二度経巡る間、大衆を楽しませた。当時、ポストカード製造業はフランスでもドイツでも盛んで、モナリザが長きにわたり所在不明になっている間に、二百種類近くの型が生み出された。モナリザをからかっているように見える「旅」や「しかめ面」などのユーモアなシリーズはヨーロッパ中で販売された。

皿敷き、ドイリー、ナプキンリング、カレンダー、塩入れなどの日用品にこの有名な微笑が描かれた。

一九一四年一月四日、モナリザ帰還の利用はあまり利益をもたらさなかった。なぜなら、フランス国民の熱狂は長続きしなかったからである。

フランス国民はモナリザ盗難事件を顧みなかったし、絵画の修復を任務とするイタリアの古美術商に告知されていた報酬が支払われたことさえ、関心がなかったのだ。……

ところで、この古美術商だが、一九一八年六月、その実直さが仇になった。フランスの裁判所から裁判費用の負担を命じられたからである。彼は一九一一年に取り決められた報奨金を得ようとフランス政府を相手に訴訟を起こしていたのだ。

ときに、第一次大戦前の最高にセンセーショナルな盗人であるヴィンチェッツォ・ペルッジャはといえば、懲役五十四週を下されただけ。出所後は、オート＝サヴォワ県に隠遁して、三十三年にわたって、旅行者たちに己が手柄話を披露したのだった。

「彼女はまだ逃げているのだろうか?」。
ブリュッセルの大聖堂を前にしたモナリザ。

Elle se trotte toujours?
LA JOCONDE
à BRUXELLES

✣ 血腥き表紙、もしくは三面記事の専門紙

エミール・ド・ジラルダンが発明した大衆紙との競争に負けじと、かわら版屋は、昔のように一本の記事だけではなく、何本もの三面記事を集めた小冊子を不定期に刊行するようなった。こうした小冊子は少しばかり新聞のような体裁を備えていて、表紙にはこのように見出しが並んでいた。

「凄まじい雷雨——マルセイユで起こった凶悪犯罪——窃盗未遂でギロチンに——デルブフの畸形……」

この行商用の小冊子は好評だったので、今度は新聞業界の方がこのスタイルを真似たのである。彼らは同時代の出来事にかわら版屋の方法を適用して、三面記事を扱った挿絵入りの週刊新聞を考案した。

こうした商売の競争から、揺籃期の「血腥い表紙」を専門とする新聞が誕生したのである。そうした新聞には、一八六二年創刊の《三面記事《フエ・ディヴェール》》紙、一八六三年の《挿絵新聞《ジュルナル・イリュストレ》》紙など他に数紙があった。これらの新聞は《挿　絵《イリュストラシオン》》紙が厳格なのをいいことに犯罪ニュースを独占したのである。

それから二十五年後、大部数を誇る日刊紙が一スーで挿絵ページのある増刊号を流行させた。《小型判《プチ》・巴里人《パリジアン》》紙はそれを「挿絵付き文学増刊号」と銘打ったが、驚くべきことでなかろうか。そのライヴァルの《小新聞《プチ・ジュルナル》》紙もその翌年から挿絵付き増刊号を販売し始めた。

こうした挿絵入り新聞の表紙はたがいに似通っていて、火の中に飛び込むまじめな救助者だったり、警察官に拳銃を発砲するごろつき《アパッシュ》だったりした。

増刊号の色刷り版画を請負い、大災害や犯罪を考案する画家たちは、現実の忠実な再現の他にはいかなる理想もなかった。かくて、彼らの作品は単純な心をとらえたのである。

アンリ・ルソーは友人のアポリネールの肖像画を請け負ったとき、アポリネールが眠ってしまうのをひどく配して、モデルがポーズをとっている間、ずっと歌っていた。彼のお気に入りの歌は、彼がその色彩を評価していた《小新聞》紙へのオマージュだった。

《挿絵》紙に掲載される三面記事は天災のみであったが、他の挿絵新聞は、モラルに欠け、犯罪を掲載していた。図版は、リヨンの洪水(《挿絵》紙、1856年)。

「オーストリア宮廷の悲劇　侮辱された女性の復讐」。《小新聞》紙、1903年12月20日。記事は補遺参照。
►口絵Ⅸ

天下国家を論じるような
　大新聞なんか好きじゃないぞ
エスキモーがアフリカを
　荒らしまわろが知らないぞ
なくて困るは《小新聞》さ
《噂話《ガゼット》》、母の《十字架《ラ・クロワ》》さ
運河に土座衛門がしこたま浮かべば
それだけますます興味は深いぞ

Le Journal illustré

VINGT-DEUXIÈME ANNÉE — N° 5

Gravures

Le crime de la rue de Rome, par **Henri Meyer.** — *L'exposition de 1889,* par **Karl Fichot.** — *La Sorbonne,* par **G. Guiaud.** — *La neige dans les égouts,* par **Karl Fichot.** — *Embarquement des zouaves,* par **G. Julien.** — *Nos illustrations de* **Les Millions de monsieur Joramie,** par **Henri Meyer.**

DIMANCHE 1er FÉVRIER 1885.

Le Journal illustré est mis en vente dès le vendredi matin.

ABONNEMENT	UN AN	SIX MOIS
Paris.........	6 50	3 50
Départements ...	7 50	4 »

Administration et Rédaction à Paris, hôtel du **Petit Journal,** *Rue Lafayette, 61.*

PRIX DU NUMERO : 15 CENTIMES

Texte

Chronique de la semaine, par **Alfred Barbou.** — *Nos gravures.* — *Chronique du Palais,* par **Chicaneau.** — *Rectangle syllabique inédit.*

Les annonces sont reçues dans le bureau du journal, 61, rue Lafayette.

Le crime de la rue de Rome

Dessin de Henri Meyer. — Voir l'article, page 35.

「ローマ通りの殺人」。《挿絵新聞》紙、1885年2月1日。記事は補遺参照。

UN CHIEN VOLEUR

「泥棒犬」。《小新聞》紙、1900年7月29日。記事は補遺参照。

Troisième Année. — N° 127. Huit pages : CINQ centimes Dimanche 12 Juillet 1891.

Le Petit Parisien

SUPPLÉMENT LITTÉRAIRE ILLUSTRÉ

TOUS LES JOURS Le Petit Parisien 5 CENTIMES

DIRECTION : 18, rue d'Enghien, PARIS

TOUS LES SAMEDIS SUPPLÉMENT LITTÉRAIRE 5 CENTIMES

UN DRAME DE L'ALCOOLISME

L'AFFAIRE DE LA RUE JACOB, A PARIS

「アルコール中毒の悲劇　パリ、ジャコブ通りの事件」。《小型判・巴里人》紙、1891年7月12日。記事は補遺参照。

1re Année. — No 1. PARAIT LE JEUDI. 26 Octobre 1905.

Les Faits-Divers Illustrés

Les Évènements les plus récents. — Les Romans les plus célèbres.

4 ROMANS | RÉDACTION & ADMINISTRATION : 4, rue de la Vrillière, PARIS (1er) | 12 PAGES ILLUSTRÉES EN COULEURS | ABONNEMENT D'UN AN : FRANCE : 6 fr. — ÉTRANGER : 8 fr. On s'abonne sans frais aux bureaux du journal et dans tous les bureaux de poste. | LE NUMÉRO 10 cent.

DRAME DE LA JALOUSIE

Poignardée par son mari.

Les époux s'adoraient.

La malheureuse s'abattit...

Il but, se grisa, tomba dans l'alcoolisme.

CE NUMERO EST DISTRIBUÉ GRATUITEMENT

LE MARTYRE D'UNE FEMME

[illegible]l y a une dizaine d'années, dans le Doubs, s'unissaient deux jeunes gens : Elie Ménard, vingt-deux ans, et Marthe Fleuriot, d'un an plus jeune que lui. Ce fut d'abord la plus heureuse union. Les deux époux s'adoraient; ils étaient cités comme des modèles par tous ceux qui les connaissaient. L'entente parfaite et la bonne humeur faisaient de leur ménage un véritable paradis.

Peu de temps après le mariage, Ménard eut une idée funeste. Désirant donner à sa femme plus de luxe et de confort, il résolut d'aller avec elle chercher fortune à Paris. Dans la capitale, pensait-il, il trouverait vite l'emploi rémunérateur qui lui permettrait de couler,

「嫉妬による悲劇　亭主に刺された女房」。《挿絵入り三面記事》紙、1905年10月26日。記事は補遺参照。

《探偵》誌の趣向

一九二八年、フランスで三面記事的出来事を扱った週刊誌が創刊されると、道徳的、社会的、心理的問題が持ち上がった。

十一月一日に刊行された《探偵》《デテクティヴ》誌の創刊号で、編輯長兼発行人のジョゼフ・ケッセルは新雑誌の方針を数行で説明している。

「読者諸氏にとって、探偵《デテクティヴ》とは、張り込みをしたり、犯人の足跡、警察の手がかりを追跡するものだろう。また、クレープゴムのエスパドリーユを履いていたり、パンプスを履いていることもあるかもしれない。……必要とあれば、トーチを使って、秘密のからくりをこじ開けるだろう。」

この趣向は面白かった。ケッセルが寄稿者を見つけることなど造作もなかった。一九二八年十二月の各号に何人かの寄稿者の写真が掲載されているが、それはたとえば、弁護士で作家のモーリス・ギャルソン、詩人のジャン・コクトー、小説家のピエール・マッコルラン、弁護士のアンリ・トレス、ジャーナリストのアルベール・ロンドル、作家のフィリップ・エリア等の錚々たる面々である。

数ヶ月を通じて、《探偵》誌の記者であるルイ・ルーボー、アンリ・ダンジュー、ポール・ブランギエ、マルセル・モンタロンらがロンドンからハンブルク、モナコを経てマルセイユまで、各都市のスラム街へ読者を誘った。弁護士たちは重罪院の記憶を思い起こし、事件作家は強盗や毒殺女の忌わしい生涯を語った。

《探偵》誌は部数を伸ばした。

アメリカの警察《ポリス》の写真はこの雑誌のスタイルを変え、雑誌の名前にふさわしい使命を与えた。当時、アル・カポネの一味とバグス・モランの一味の抗争はシカゴの舗道にいくつもの通信社を養うに十分な数の死体を残していた。《探偵》誌はそうした犯罪記録を大量に掲載した。その中には、六つの遺体の周りに拡がる血溜りの上に、弾丸で穴の穿《うが》たれたパールグレーの帽子が転がっている写真などもある。

大衆は拍手喝采した。

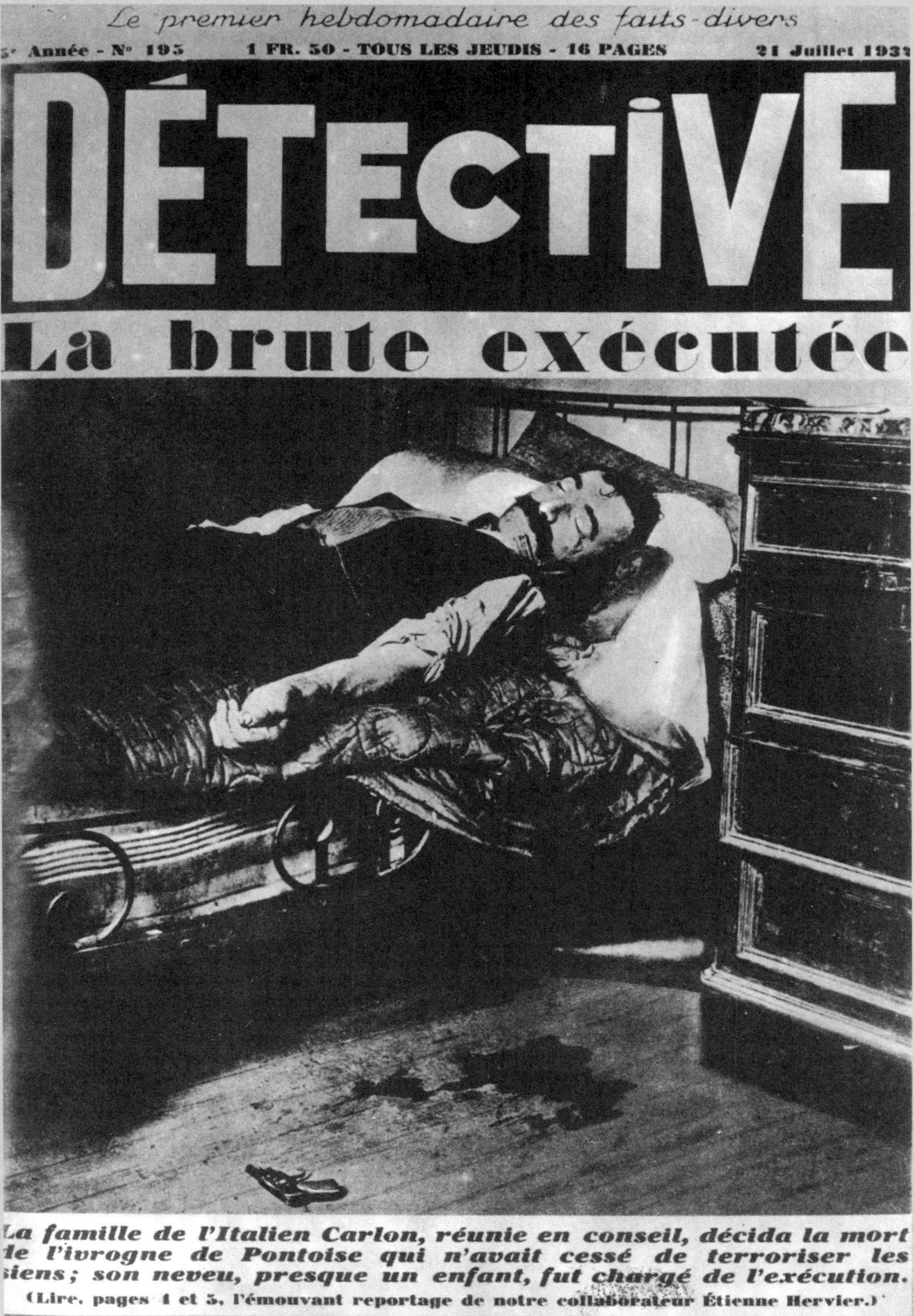

Le premier hebdomadaire des faits-divers

5e Année - N° 195 — 1 FR. 50 - TOUS LES JEUDIS - 16 PAGES — 21 Juillet 193

DÉTECTIVE

La brute exécutée

La famille de l'Italien Carlon, réunie en conseil, décida la mort de l'ivrogne de Pontoise qui n'avait cessé de terroriser les siens ; son neveu, presque un enfant, fut chargé de l'exécution.

(Lire, pages 4 et 5, l'émouvant reportage de notre collaborateur Étienne Hervier.)

AU SOMMAIRE DE CE NUMÉRO : **Aux confins de la civilisation,** par L. C. – **Le Pont de la Mort,** par Pierre Rocher. – **La vengeance du feu,** par Henri Anger. – **La Mauresque décapitée,** par Henri Bourrières. – **Don Juans tragiques,** par N. Tassin. – **L'ogre errant,** par Ferdinand Grezaud

《探偵》誌、1932年7月21日。「殺された乱暴者」。「イタリア人のカルロン家は家族会議を開いて、ポントワーズの大酒呑みを殺すことに決定した。この男は家族を恐怖に陥れていた。まだ子供といっていいような甥が処刑を引き受けた」。

したがって、フランスでも同じことをすればよかったのだ。情痴事件、裏社会の犯罪、村人の喧嘩が暗示に富んだグラビアページを埋めた。《探偵》誌はなおも部数を伸ばした。

その間に寄稿者が、作家と弁護士会の先生から三面記事の蒐集家に交代している。

五年後、《探偵》誌の発行部数は頭打ちになった。

《探偵》誌は、読者の好みに従い、血腥い表紙をやめた。

一九三九年に第二次大戦が始まってから、この雑誌は顧客の一部を失っていた。個人の殺人についての露骨な報告は人命が重視されなかったこの時代には全然関心が持たれなかったからである。

一九四七年七月、週刊誌《誰《キ》だ?警察《ポリス》だ》誌が創刊から一年後、新しい読者に要請された趣向をもって《探偵《デテクティヴ》》の名を再び掲げた。新聞が読者に何らかの影響を与えるのは確かだが、読者のほうも新聞の精神を変容させるということが起こったのである。

《探偵》誌は精神科医、司法官、教育者の成果にしたがって、三面記事を利用しつづけた。

表紙をさらに血みどろにし、ショッキングな写真をさらに増やした。そして、《探偵》は再度、部数を伸ばしたのである。

しかしながら、道徳を考慮して、メディアから三面記事を排除することを主張する改革派もいた。そういうことを言うのは、死ねば病気が治るという医者のようなものである。

蛸に捕われる

❖ イラストへの回帰

一八九八年以来、《日曜飛脚便《ドメニカ・デル・コリエーレ》》紙は毎週、国境を越えて、フランス在住のイタリア人にイタリアのニュースを運んできた。この表紙は三面記事を扱った、鮮やかな色彩のイラストが描かれていて、《小新聞《プチ・ジュルナル》》紙の挿絵付き増刊号を成功に導いた表紙を髣髴とさせる。

このスタイルが長続きしていることから、一九四九年、フランスでも唯一のニュース週刊新聞《ラダール》が創刊された。この新聞の表紙も写真を用いていない。

この《ラダール》紙の表紙を長年にわたって、担当しているのは、イタリア人アーティストで挿絵画家のリノ・フェラーリである。彼が細部までリアルに描いているのを見て、私はフェラーリに、編集部から提供される材料はどんなものかと尋ねてみた。彼の返答はこう。「電話がかかってくるんだ。ドラマの舞台や人物の年齢、気象条件なんかを教えてくれる。あとの部分は僕が創作するのだよ。」

あるギャング・スターの失墜

《日曜飛脚便》紙、1961年9月3日。「ニースのカジノに押し入った強盗団。真夜中に、武装して覆面をした七人の輩がカジノの賭博の部屋に押し入り、そこに居合わせた人、賭博師、「胴元」を脅して、両手を挙げさせ、壁の方を向かせた。強奪できるかぎりのものを持ち去り、まんまとずらかった。強盗は割に合わないものだ。盗まれたのは200万フラン以下である。」►口絵XI

インドの狼に育てられた子

アメリカ流に

フランス人は伝統を重んじて、アメリカ生まれの新機軸を一貫して批判する。ジョン・ディリンジャーの父親がミュージック・ホールに出演する舞台公演が発表されると、旧世界の道学者連はこぞって反対した。

ジョン・ディリンジャーは三面記事の王様《キング》であり、アメリカ史上でも一、二を争う極悪人である。一九三三年五月から翌年にかけて十四ヶ月の間、アメリカの一部を震撼させた。

両大戦間に、彼が起こした絶妙な銀行襲撃や神業のようなピストル強盗はたびたび映画化、小説化された。彼の大々的な逃走劇、強奪、殺人はコラムを賑わした。シカゴ警察は生死に関わりなく彼を捕えられなかった。ディリンジャーは手配され、一万ドルの報奨金もかけられたが、一向に見つからなかった。ところが、一人の女性に裏切られる。ルーマニア人アナ・カンパナス、通称アンナ・セージにである。この女が密告したことで、一九三四年七月二十四日、社会の敵がシカゴの映画館から出てきたところを一級射撃手の警官ハーマン・ホリスが仕留めることができたのである。

アナ・カンパナスは報奨金をもらったが、アメリカから追放された。それでも、故郷のルーマニアでは、スターの扱いだった。一晩三〇ドルの契約を結び、ブカレストのキャバレーのステージに出演した。

ポスターには微笑んだ顔写真の下にこう書かれていた。「アンナ・セージ、世界一の大犯罪人ジョン・ディリンジャーを破滅させた女。毎晩、本人が出演」と。

この出し物はルーマニア当局から禁止された。

アメリカ人はこの事件に特別な意見を持っていたので、数ヶ月もの「華々しい巡業」を終えるまでは、ジョン・ディリンジャーの家族の公演を禁止したりはしなかった。

興行主は街から街へ、社会の敵の父であるジョン・ディリンジャー・シニア、義母、兄弟、姉妹、まだ子供である甥や姪を連れまわした。この俳優たちの役柄は簡単である。すなわち、彼らは舞台の前で動かないでいるか、プロジェクターの下で並んでいるだけで、そのあいだ、弁士がディリンジャー家きっての有名人の盗みと殺人を語るのである。
とはいえ、アメリカ流のやり方を早まって非難しない

アメリカでは、ディリンジャー一家をミュージックホールや映画館の舞台で公開することが考案された。この見世物が禁止されたのは、巡業が大成功を収めた後だったので、「社会の敵ナンバー1」の両親は大金を手にして、自分の農場に帰って行った。

ように。ガンベでは、清涼飲料製造者がランドリュの記憶を忠実に今に伝えているし、フランソワーズ・サガンはランドリュの伝記から映画「ランドリュ」（一九六三年）のシナリオを書いたのだから。

とまれ、金儲け同様、悪趣味に人が集まるのは世界中どこもかしこも同じこと。フランスでは、天気が良ければ、血腥い三面記事的出来事の現場検証にあまたの人が集まったので、行商人も犯行現場に赴くのが恒例になったのである。

…grève dans
…es publics
…S INFORMATIONS)

ATMOSPHERE DE KERMESSE A SAINT-GERMAIN A LA RECONSTITUTION PAR GUY TREBERT DU MEURTRE D'ARLETTE

NOTRE PHOTO : Malgré un important barrage de police, qui protégeait des curieux la reconstitution du crime de Guy Trébert dans un sentier de la forêt de Saint-Germain, une foule turbulente a envahi, hier, les environs de la « scène » où le meurtrier devait mimer l'assassinat de la femme en rouge. Très vite, une sorte de kermesse s'installa autour des barrières. On vendait des glaces, on pique-niquait, quelques pick-up diffusaient des disques à la mode.

(Page 9 : l'enquête de Marceau PETIT.)

アルレット・ドニエを殺害したギイ・トレベールによる現場検証が行われたが、警察の厳重な封鎖にもかかわらず、サン・ジェルマンの森は野外祭りの雰囲気が漂っている。(1959年)

❖十二年続いたマリー・ベナール事件

「サント＝クロワ広場でカフェを経営するビロー夫人が話してくれた。彼女が白馬亭の店主から聞いたところでは、パントゥ夫人の打ち明け話に基づいて、オーギュスト・マシップが検事局に手紙を書き、レオンを毒殺したのは私だと告発したのだという。……」

マリー・ベナールは回想録のなかで災難の発端をこのように位置づけている。

一九二九年、オーギュスト・アンティニーの未亡人、マリー・ダヴァイヨーはレオン・ベナールと再婚した。一九四七年十月二十五日、レオンが尿毒症の発症により命を落とすと、ルーダンでは、マリーがドイツ人捕虜である従僕と親密な関係になって、レオンの死期を早めたのだ、とささやかれた。二年後、郵便局員のルイーズ・パントゥがこのことをレオンから打ち明けられたと証言した。

一九四九年五月十一日、レオン・ベナールの遺体は掘り出された。優秀な中毒学者のベルー博士が臓物を検査したところ、異常な量の砒素が検出されたのである。マリー・ベナールは毒殺の容疑で七月二十一日にポワティエの拘置所に収容された。彼女は予審判事に再鑑定を要求した。

「マダム」とこの司法官は言った。「検査をしたのは著名な先生ですぞ。あの先生のような学者は間違えなどいたしません。再鑑定なんぞないでしょうな。……」

ベルー博士にとっては、これほど順調に開始された捜査を遂行しないいかなる理由もなかった。一家全員が掘り返されると、この偉大な中毒学者の報告はセンセーションを巻き起こした。すなわち、十三人は砒素に中毒しているというのである。

十三の事件の容疑に関して、五件の公判だけが維持された。ところが、この裁判で、被告の弁護士のゴートラ氏が著名なベルー博士の鑑定に誤りがあることを論証したのである。このどんでん返しの結果、当然、ベルー博士も、計算を間違えた彼の後任も交代となった。

新たに選任された鑑定人たちの鑑定結果を待つあいだ、マリー・ベナールは五十七ヶ月に及ぶ拘留の末、仮釈放

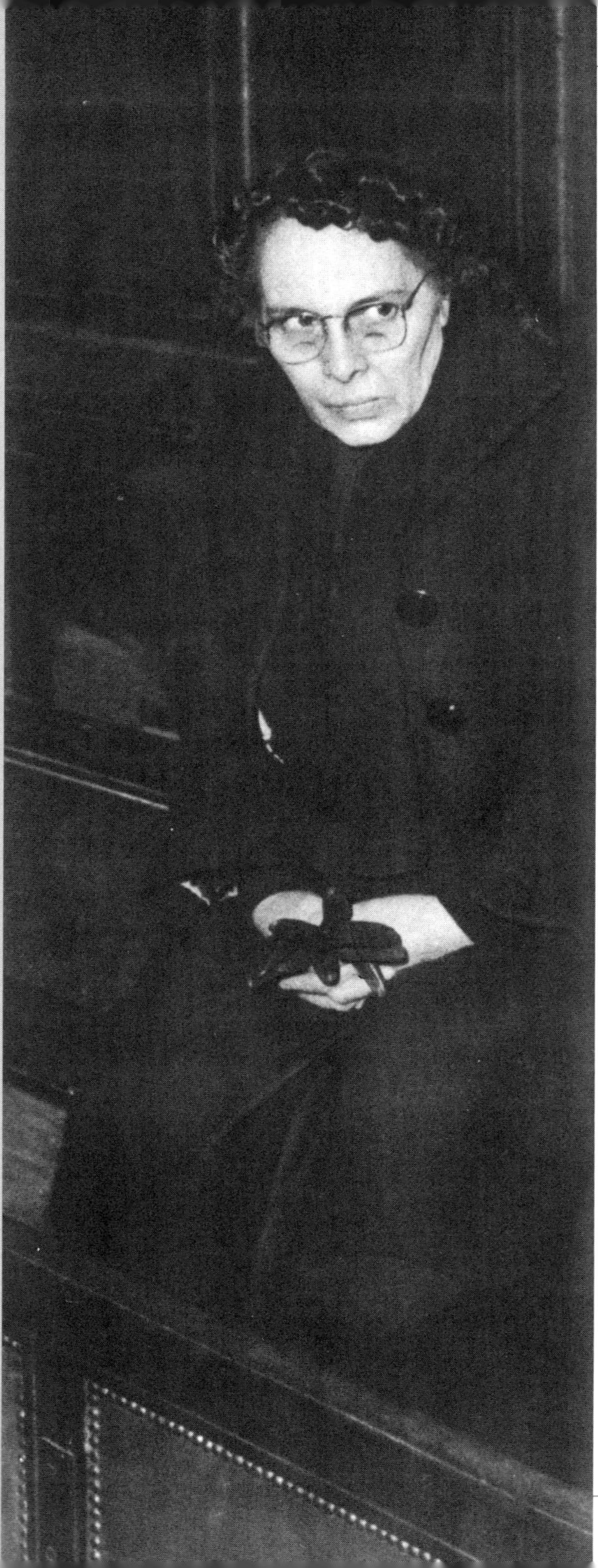

され、ルーダンに戻った。一九五四年五月十二日のことである。マスコミは年に三度、裁判の再開を報じたが、鑑定家たちが報告書を終えたのは一九六一年七月になってからのこと。十一月二十日、ボルドーの裁判所長は陪審に砒素の犠牲者たちが眠る墓地の模型を披露した。この四〇〇〇新フランかかった模型を前にして、フランスの錚々たる中毒学者たちがそれぞれに相反する学説を陳述した。彼らが合意に達したのはただ一点のみ。すなわち、科学では絶対に確実なことは言えない、ということであった。マリー・ベナールは無罪判決を受けた。

彼女の回想録は大々的に宣伝されて刊行され、小説のように売られた。

ET SI CELA VOUS ARRIVAIT DEMAIN ?
SI, INNOCENTE
VOUS ÉTIEZ EMPRISONNÉE
accusée d'avoir empoisonné les vôtres, mise au pilori, considérée par le monde entier comme la plus grande empoisonneuse de tous les temps
C'EST LA TERRIBLE EXPÉRIENCE VÉCUE PAR MARIE BESNARD
cette terrible expérience est racontée au jour le jour par celle qui a tant souffert, en UN DOCUMENT UNIQUE :
LES MÉMOIRES DE MARIE BESNARD
illustrés de documents photographiques dont Confidences s'est assuré L'EXCLUSIVITÉ
Confidences
dans lequel vous trouverez également un nouveau grand roman « ADIEUX A LA BIEN AIMEE » de Doris FABER et un nouveau grand roman-photos « LA FILLE DE LA RIVIERE ». Plus toutes les histoires, les romans, toutes les rubriques qui font de CONFIDENCES VOTRE AMI HEBDOMADAIRE.
ACHETEZ VITE CONFIDENCES ★ EN VENTE PARTOUT 0,70 NF

マリー・ベナールの回想録の広告。「明日それがあなたに起こったら？／無実のあなたが収監されたなら／マリー・ベナールの恐怖体験」と記されている。

NDISSEMENT)

nt-Phalle

ne faute :

l'accent corse

leur hold-up

hold up a coûté ce matin plus de
francs à la Banque Saint-Phalle,

dirent, suivis du chauffeur, céré-
monieux. Tous s'engouffrèrent sous
la voûte.
Quelques secondes plus tard, dans

ピストル強盗記事変奏曲

かつて、朝刊はまじめな人々に多数の最新ニュースを提供し、夕刊は最新の出来事の図版を示して満足させるというものだった。

今日では、ニュースは早朝からラジオ放送されているし、「テレビニュース」がどの家庭でも当日撮影されたニュースのシーンを放映している……。日刊紙はことごとく後塵を拝することとなり、その存在感はかすんでしまった。

この危機に臨んで、新聞各紙は紙面構成を工夫し、独自の解釈をすることで顧客を繋ぎ止めようとした。

だから、新聞社ごとにそれぞれ政治ニュースが似ていないだけでなく、三面記事もまた意味合いを変えた。つまり、三面記事というい加減に扱われてきたニュースについても、《世界《ル・モンド》》紙、《自由巴里人《パリジアン・リベレ》》紙、《フィガロ》紙で同一紙面を使用するわけにはいかなくなったのだ。(1)

(1) かつては他紙の記事を切り抜いてそのまま掲載というのがままあった。三〇九頁までの六つの図版は、あるピストル強盗をさまざまに伝えるさまざまな新聞の切り抜きである。

A 10 HEURES 15, RUE BOISSY-D'ANGLAS (8e AR

Les gangsters de la banque S

(6 millions volés) ont commis

parler a
à la fin

CLASSIQUE du g
cinq millions d
rue Boissy-d'An

Il était exactement 10
que le chauffeur d'un ta
à la hauteur du numéro
ver une ID jaune au to
tallisé et dont le conduc

10時に、ボワシー=ダングラス通り15番地（8区）
サン=ファル銀行を襲ったギャングスター（600万強奪）
はひとつの間違いを犯した
ピストル強盗の終りにコルシカ訛りで話す
《夕暮仏蘭西》紙

LE HOLD-UP PARISIEN

le mieux monté depuis Pierrot le fou n'a rapporté que 6 millions 1/2 aux gangsters masqués de la banque Saint-Phalle

« 10 h. 17.., Banque Saint-Phalle, 9, rue Boissy-d'Anglas... Deux hommes masqués... Deux autres l'air souriant... et un chauffeur en livrée de grande maison... Deux revolvers braqués sur moi... Et mes 527 NF envolés... envolés... envolés... »

Le témoin du hold-up est soûl. Affalé sur une banquette d'un café-tabac proche de la banque Saint-Phalle, rue Boissy-d'Anglas, il se remet avec force calvados et autres boissons et commente à sa manière un hold-up (65.000 NF volés en 3' 30"

パリのピストル強盗
気狂いピエロ以来最高額となる650万フランをサン=
ファルの銀行を襲った仮面をつけたギャングが強奪
《解放》紙

50.000 NF dérobés à la banque Saint-Phalle

PAR CINQ AGRESSEURS dont deux armés et masqués

La banque A. de Saint-Phalle, sise au 9 de la rue Boissy-d'Anglas (VIIIe) a été, hier matin, à 10 h. 15, le théâtre d'une agression à main armée. Plus de 50.000 NF ont été volés par cinq malfaiteurs, dont deux étaient masqués de loups noirs et armés de colts.

L'un de ceux-ci sauta par-dessus le comptoir en s'aidant d'une chaise puis, menaçant le caissier, M. Edmond Bourrichon, de son arme, se fit remettre le contenu des tiroirs. Il déroba ensuite des liasses de billets empilés sur le bureau. Pendant ce temps, un second malfaiteur était passé derrière les bureaux de réception et, maintenait en respect les sept employés de la banque.

Les trois autres agresseurs gardaient la porte d'entrée qui donne sur le hall aboutissant à la rue. Ils avaient pris soin de neutraliser les dispositifs d'alarme en intercalant entre la porte et ses montants une serviette éponge boudinée. Un homme qui se trouvait là se fit dépouiller 12.000 NF. qu'il venait d'encaisser.

Selon une employée de la banque, l'agression aurait duré une minute. Mais comme celle-ci se prolongeait trop, au goût des malfaiteurs, celui qui avait sauté le comptoir de la caisse se fit interpeller par ses complices, avec un accent méridional : « Dépêche-toi, Raymond ! »

Le garçon d'un café voisin de la banque a déclaré que les bandits étaient venus à bord d'une ID jaune, dont le chauffeur était vêtu d'une livrée noire et coiffé d'une casquette.

Les policiers de la voie publique de la P.J. sont chargés de l'enquête.

5万新フラン盗まれる
サン=ファルの銀行で
二つの武器を持ち、仮面をかぶった
5人組の強盗団に
《フィガロ》紙

LE GANG DES BÉRETS BASQUES RAFLE 6 MILLIONS

Enquête Paris-Jour

Samedi 5 août. — **« Attention ! Que personne ne bouge ! » Les quatre hommes qui, hier, à 10 h 15, faisaient irruption dans le hall de la banque Alexandre de Saint-Phalle, 9, rue Boissy-d'Anglas, dans le huitième arrondissement, avaient très minutieusement préparé ce hold-up qui devait leur rapporter plus de six millions d'anciens francs.**

Tous portaient un béret basque profondément enfoncé. Leur visage était dissimulé par des foulards sous lesquels le regard seul restait apparent. Tous aussi avaient le revolver au poing.

Le plus grand resta au milieu de la pièce pour tenir en respect les employés des guichets.

Les trois autres, en un instant,

En période normale la fuite des gangsters eût été impossible : la circulation est intense dans l'étroite rue Boissy-d'Anglas et sur la place de la Concorde, où *elle* débouche. Mais à cette heure matinale et en ce mois d'août parisien, le chauffeur n'a eu aucune difficulté à passer. Un chauffeur « très comme il faut », d'ailleurs.

ベレー帽のバスク人ギャングスターが
600万旧フランを強奪
《パリ日刊》紙

Pour voler 5 millions rue Boissy-d'Anglas

Les gangsters avaient un chauffeur en livrée

HOLD-UP éclair, ce matin, dans une grande banque de la rue Boissy-d'Anglas. Cinq bandits se sont emparés de 50.000 NF.

— Il était un peu plus de 10 h., raconte un témoin. Je venais, comme chaque matin, apporter la recette de mon débit de tabac du quartier de la Madeleine. Soudain, deux hommes, le pistolet à la main, le visage masqué par des loups noirs, ont fait irruption.

« Un troisième personnage qui se trouvait déjà près de la caisse et à qui personne n'avait prêté attention, brandissait un revolver sous le nez du caissier : « Allez, vite ! donne-nous l'argent, ordonna-t-il. »

Quelques secondes

Deux autres gangsters tenaient les clients et les employés sous la menace de leurs armes : auparavant ils avaient bloqué la porte à fermeture automatique avec des chiffons mouillés.

Après s'être emparés de l'argent, les bandits s'enfuirent à bord d'une « I.D. » jaune qui stationnait devant la banque, la portière arrière ouverte. Un chauffeur en livrée attendait au volant. Quelques secondes plus tôt un taxi immatriculé 2886 LA 75 avait démarré pour laisser la place. Les policiers le recherchent.

ボワシー＝ダングラス通りで500万旧フラン盗む
ギャングには制服を着た運転手がいた
《巴里プレス》

CINQ BANDITS RAFLENT 62 000 NF DANS UNE BANQUE RUE BOISSY-D'ANGLAS

Une agression soigneusement préméditée a eu lieu vendredi matin contre la banque Saint-Phalle 9, rue Boissy-d'Anglas. A 10 h. 10, alors qu'il n'y avait que peu de clients dans le hall de la banque, quatre malfaiteurs, coiffés de bérets, le visage dissimulé par des foulards et des masques et armés de pistolets firent irruption. L'un d'eux se précipita vers le guichet principal et menaça de son arme le caissier. L'homme rafla des liasses : 40 000 NF.

Pendant ce temps, un autre malfaiteur s'élança vers un deuxième guichet où un client venait de déposer une somme de 20 000 NF. Le bandit empocha l'argent. Un troisième se rendit au guichet du change où il déroba 2 000 NF. Le quatrième homme se tenait au centre de la pièce pour neutraliser les employés qu'il menaçait de son pistolet.

Le montant du vol est de 62 000 NF. environ.

5人組の強盗団がボワシー＝ダングラス通りの銀行で6万2000新フランを強奪
《世界》紙

第5章
政治利用された三面記事

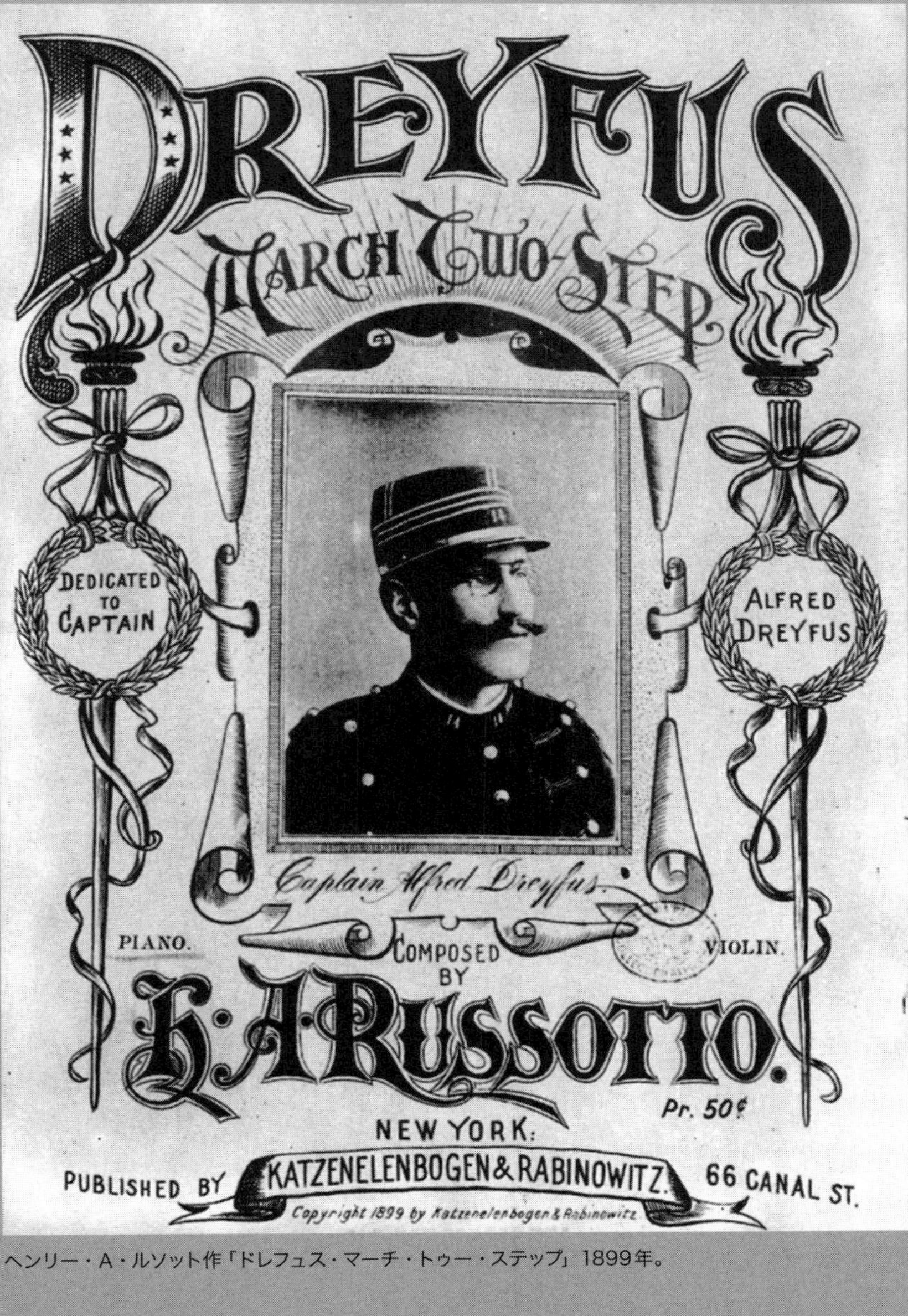

ヘンリー・A・ルソット作「ドレフュス・マーチ・トゥー・ステップ」1899年。

宗教的狂信に利用された三面記事

以下の例は宗教的狂信に偏向させられた多数の犯罪事件である。

反ユダヤ主義が現実のものとなった初期のケースに幼児シモンの殺害がある。幼児シモンは「キリスト教にたいする憎しみから」ユダヤ教徒の犠牲者になったのだと主張された。一四七五年のことである。

中世には、ユダヤ教徒は邪悪な者とみなされていた。聖週間には、キリストの受難劇が上演されて、ユダヤ教徒の悪評を伝えたものだ。キリスト教徒はエルサレムのユダヤ教徒やその民族のユダヤ教徒全員にたいして発せられた悪口を敬虔な気持ちから是認していた。

ユダヤ教徒は興奮状態のこの一週間は外出しないことを強く求められていた。なぜなら、ユダヤ教徒は、キリスト教徒の子供を切り殺して、その血を使い、種なしパンを作っている、と非難されていたからである。

さて、一四七五年当時、イタリアのトレントの町にユダヤ教徒の家族はトビアス家、エンゲル家、サムエル家の三家が数えられた。

聖週間の火曜日、四月二十一日のこと、この三家族はサムエル家に集まった。裁判記録によれば、このサムエ

幼児シモンの殺害を描いた版画が『ニュルンベルク年代記』（1493年）に掲載されている。

ルの家で、町で誘拐したキリスト教徒の子供、二歳と五ヶ月のシモンを切り殺すことを決めたとのこと。彼らはそれぞれ持ち場についた。サムエルが首を絞めて、泣き声を封じ、別の者らは手足を押さえた。そのあいだに、サムエル家の長老モーセがナイフで割礼を行った。それから、肉片を切り取って、血を採取した。

最後に、サムエルが幼児の腕を水平に広げ、体全体で十字を形づくると、各々が錐で刺した。そして、幼児の遺体は水路に投げ込まれた。

このユダヤ教徒たちは世間の噂で告発されたのである。拷問にかけられて、要求されたとおりのことを自供した。それが、シナゴーグを取り壊し、その場所にキリスト教の礼拝堂を建設する口実を与えたのである。その後、この礼拝堂は巡礼の重要な中心地になっている。

フランスで反ユダヤ主義が現実のものとなったのは、一八八二年のカトリック系の銀行「ユニオン・ジェネラル」の破綻である。この倒産のせいで数千人もの少額貯金者の破産を招いたからで、そうなったのはユダヤ系銀行、なかでもロスチャイルド銀行の陰謀とされた。こうしてフランスに反ユダヤ主義のプロパガンダが用意されたのである。

だから、ある公開討論会の場で、マルクス主義者のジュール・ゲードはこう警告の叫びを発した。「共和国が実現するのは、ロスチャイルドがマザス監獄に収監されるか、銃殺隊の前に立たされる日のことだ。……」

一八九四年十月、新聞各紙がスパイ行為のかどで告発されたフランス人将校の逮捕を発表したが、この三面記事をきっかけにデモなどは起こらなかった。ところが、十一月一日に、反ユダヤ主義者のエドゥアール・ドリュモンが発行する《自由公論《リーブル・パロール》》紙がこのユダヤ人将校ドレフュスの身元を明かすと、それだけで、フランス史上最大の国内危機を引き起こしたのである。

❖レオタード事件、あるいは反教権主義キャンペーンの一事例

宗教は料理の作り方以上に国事になるべきではないと人々は知らないのです。
ヴォルテール

反教権主義も反ユダヤ主義と同様に、司法官、政治家、ジャーナリスト、それを待ち望んでいた群衆を過激にした。ヨーロッパ全土でスキャンダルを巻き起こした修道士レオタードの裁判はとりわけ不当なやり口が目立った事例である。

一八四七年四月十六日早朝、トゥールーズのサン＝トーバン墓地で、墓掘り人夫と守衛がキリスト教学校修士会の壁の下に遺体を発見した。被害者は十四歳の少女セシル・コンベットで、製本工見習いだった。鑑定家によれば、被害者は強姦された末、「頭部を何度もはげしく殴打されて……」亡くなったということだった。

当時、修道会にたいする反感は非常に激しく、フランス中に広まっていた。誰もがみな、キリスト教学校の修道士のイメージダウンにつながる起訴を楽しみにしていたのである。絶好の機会だった。コンベット事件を担当する司法官は、この犯罪は修道院内部でしか起こりえなかったと決めつけていた。

それゆえ、捜査が娼館に及ぶことさえなかった。それが宗教施設を取り囲んでいるというのにである。判事はさしたる証拠もないのに、被害者の雇い主たる製本業者J・B・コントの証言に基づいて、修道士レオタードの逮捕を決定した。コントは殺人のあった朝、被害者を目撃しているというのに。……

この製本業者は疑われてもおかしくないはずだった。彼はすでに十五歳の義妹と近親相姦の関係にあるのを当局に嗅ぎつけられていたし、アリバイも脆弱だったからである。

それなのに、起訴されたのは修道士のレオタードだった。

鑑定人たちは番号五六二が記入されたシャツに染みがあるのを指摘した。その染みに無花果《いちじく》の種が五粒付いていたが、それは被害者の服に付いていた八粒の無花果の

種に類似していた。ところで、セシルは死の前日、無花果を食べていた。……こんなことは何の説明にもならないが。というのも、無花果は修道士の献立に出ていたからである。だが、ヌーレという学者が、この十三粒の種はまさしく同じ品質だと主張した。「科学アカデミーで」と彼は裁判のさい声を上げげた、「同じ無花果を起源とすると明示するまでやるつもりだ。……」

こんな根拠のない鑑定だけで、五六二番のシャツは殺人犯のものだと認められたのだ。

このシャツは修練所の汚れ物の中から見つかった。したがって、およそ信じられぬことに、修道士レオタードが殺害後、着替えたものとして起訴されたのである。彼は五日間、独房に入れられた。祈禱書を持ち込むことも許されず、ミサも告解も禁じられて。

公判は一八四八年二月七日に開始された。途中、二月革命が起こったので、「政治的動乱を理由」に中断されたが、三月十六日、不公正な状況で再開された。裁判長が「修道士全体も被告側の証人たちも、彼らの仲間も、公けの信仰にふさわしくないものと」みなしたから。このような状況のせいであっさり、修道士レオタードことルイ・ボナフーは徒刑を宣告されてしまったのである。

この評決に対し司法官や医者のなかには異議を唱え、レオタードが無実である証拠を発表した者もいたが、レオタードの将来を変えることはできなかった。レオタードはトゥーロンの監獄で一八五〇年一月二十六日に亡くなっている。

ところで、一九〇六年、レオタード事件より変わっているが、それより悲劇的ではない三面記事的出来事を発端に反教権主義のキャンペーンが展開された。その出来事とはシャトネーの司祭の失踪である。

この出来事はその時代精神に適った卑俗な小唄や風刺画の形で利用されたのである。

それより三年前に、時の首相エミール・コンブが政教分離とフリーメーソンの運動を推進したので、フランスの一部が「非キリスト教化」され、反教権主義が流行していた。

一九〇六年七月、シャルトル郡の街シャトネーの司祭ドラリュ師が司祭館を発って、自転車でパリに向かった。二十四日、パリからの帰途、エタンプに寄って、レストランで夕食をとり、夜八時頃、再びシャトネーへの道をとった。しかし、彼は戻って来なかった。

住民、憲兵、ジャーナリストたちが沼や溝を掘り返しても何の手がかりもなかった。ところが、九月になって、彼がブリュッセルにいるとの通報が入ったのである。彼

レオタード事件はリトグラフや嘆き節によって有名になった。（左）修道士レオタード。（右）セシル・コンベット。

はひげを生やし、三つ揃いを着て、女性教師マリー・フルモンと同棲していたのだ。

新聞各紙は抗議した。ある新聞にはこう書かれている。

「まじめな田舎司祭の殺人はなかった。……あったのは不良司祭の失踪、それは甚だ深刻だ。……」

これは司祭一般を攻撃するのに利用された。

一九二六年、反教権主義はもう以前のようには大衆受けしなかったけれど、それでも、マルセイユ出身の歌手アンリ・アルベールは「ボンボン村の司祭の嘆き節」をオランピア劇場で初演し、好評を博した。この歌はアリベールの義父でもある作曲家ヴァンサン・スコットの「木製のトランペット吹き」（一九二四年）の曲にのせて、こんな風にうたわれた。

司祭殿がお食べになったのは
どんな細長パンなのか（繰り返し）
叛徒たちの心を動かそうと

シャトネーの司祭が失踪した頃もまだ、エミール・コンブ首相による反教権主義の波は収まっていなかった。上の図版はシャンソン「シャトネーの司祭はどこにいる?」。作詞ヴァランタン・パヌティエ、歌モリセー。「不釣合な愛」の曲による。

この殉教者はささやきかけた
同じ場所ばかり打たないで
　どうか打つ方の
　お尻を変えてください
なぜお分かりにならない？
このお尻は木でできているのではないのです

事実、一九二五年、セーヌ＝エ＝マルヌ県ボンボン村の司祭デノワイエ師が教会の聖具室で、ボルドーの管理人マリー・メマンが設立したセクト「涙の聖母」の過激な一団に襲われ、鞭で打たれたのだった。

❖ 十字架にかかった子供、小叙事詩

一八九一年三月十五日、《小型判・巴里人《プチ・パリジアン》》紙はショッキングな三面記事を掲載した。「父親に十字架にかけられた子供」である。

「ミュルーズ近郊の町リーディスハイムの住民は、十二歳の息子がしでかしたささいな悪戯を、残虐な責め苦で罰した。

天井に滑車を取りつけ、子供の足にひもを結びつけると、吊り上げた。そうして、鍛冶屋の槌を握って、子供を十字架にかけるのに取りかかった。そして、男は二本の大きな釘で子供の両手を部屋の壁に打ちつけているところを、隣人たちに止められたのである。

大酒呑みで粗暴なこの父親はただちに逮捕された。」

流行作詞家のルネ・エッスはカフェ・コンセールの常連客の心情に通じていたから、このアルザス地方の三面記事を愛国的な小叙事詩《ロマンス》に加工した。この歌の中では、子供は殉教者としてフランス国歌「マルセイエーズ」を歌い、アルコール中毒者の父親はプロシアの追従者とされた。母親は当然、フランス人の魂の持ち主である。

まだ小さいにもかかわらず
征服者に逆らって
フランスを愛してた
小さな心のすべてから（繰り返し）

恥知らずな父親はある日、子供が壁におもちゃのフランス兵の絵を描いているのを目撃し、みせしめとして罰を加えると通告した。

子供をひもでくくりつけ
ゲルマン野郎のいやしい手下は
慈悲もなく　壁に子の
手足を釘で打ちつけた

第五節では、ドイツのパトロール隊が小さな受難者の助けを呼ぶ声を聞いた。だが、兵士たちはたじろいた……「恐怖で立ちすくんで」。

《小型判・巴里人》紙に掲載された三面記事には愛国主義的な暗示は微塵も含まれていなかったが、ところが歌になると、報復の歌になったのである。

愛国者たるこの子供はフランス国歌の最後のリフレインを口ずさんで、ついにこと切れた。

このロマンスはスカラ座で、ガストン・マキの曲にのせて、マリウス・リシャールが歌い、大いに好評を博したのである。

ロマンス「十字架にかかった子供」。作詞ルネ・エッス、作曲ガストン・マキ。マリウス・リシャールがスカラ座で歌った。

✣ 片手を血のなかに、片手をわれらがポケットのなかに

一九一四年三月十六日の午後七時頃、驚くべきニュースがパリの市中を駆け巡った。「財務大臣カイヨー氏の夫人アンリエットが『フィガロ』紙の主筆ガストン・カルメット氏に拳銃六発を発砲した」というのである。

殺人犯の自供から計画的な犯行であることが明らかになった。

カイヨー夫人は自らの行いを弁明して、《フィガロ》紙が彼女のある手紙を一通掲載したこと、また別の手紙も掲載するに違いないことが原因であると述べた。

じっさいには、カルメット氏は二ヶ月前から《フィガロ》紙上で、財務大臣にたいする精力的な反対キャンペーンを推進していたのである。問題の手紙に関しては、彼女が財務大臣の夫人となる十年前、つまりは財務大臣が前妻と離婚する前に書かれたものであったのだ。

とまれ、カルメット氏は大臣夫人に殺害されたのであり、その死を左翼右翼の両陣営がともにプロパガンダとして利用しようとしていたのである。

多数のパンフレットが刊行されたが、非難の激しさと多様性から類書中の傑作といえるのは『片手を血のなかに、片手をわれらがポケットのなかに』と題するパンフレットである。その中から一部を抜き出してみよう。

「……カイヨーが当世の権力者でないとしたら、被告席に夫人と同席していたであろう。

「……よいか、この男はドイツとの講和のさい、コンゴをドイツに譲渡した張本人だということを何人も忘れるべきでない。

「この男はフランスの財政を略奪にさらした男である。

「この男はフランスの貯蓄の破壊者、現内閣に支持された略奪計画、とりわけおぞましい所得税の推進者だ。[1]

「片手を血のなかに、片手をわれらがポケットのなかにつっこんでいる。この男はこうしているように見える。こんな男をあえて権力の座につけ、権力を維持させてきたのだ。」

この同じ死体を利用して、極右組織アクシオン・フランセーズ同盟は一九一四年三月二十九日、愛国的な大集会を企画した。パンフレットやビラでは共和国をこう攻

撃している。

「フランス国民よ、これは政体を裁く事件である。……

……大臣カイヨーの卑劣さを勇気をもって暴露したジャーナリストを冷酷無残にも殺害した婦人の犯罪をご覧になれば、血みどろのろくでなしの共和国の政体が破綻しているのは誰の目にも明らかだ。この殺人を含む数々の犯罪は、売国奴と人殺しが巣食う共和国の転落が間近に迫っていることの前兆《さきぶれ》である。

愛国者たちよ、来たれ。アクシオン・フランセーズとともに、〈下劣な政体〉にたいする不快感を叫ぼうではないか。生まれながらの指導者にして、四十人の王の後継者たるオルレアン公フィリップ八世様にフランスを返還する決意を表そうではないか。」

カイヨー夫人は、ガスティンヌ=ルネットの店でブローニング自動拳銃を試したあとで、《フィガロ》紙の主筆ガストン・カルメットにむけて六発の銃弾を放った。

ところで、カイヨー夫人は刑務所内で特別優遇を受けていたが、それには囚人仲間だけでなく、市民の平等の信奉者たちも皆、憤慨した。

そして「カイヨー夫人に関する刑務所内での法の前の不平等」と題するビラが撒かれ、掲示されることを囚人仲間は歓迎した。

不正を告発する多数のビラが貼られたが、カルメット氏の殺害者には無罪判決が言い渡された。

一九一四年七月二十九日、《フィガロ》紙は第一面でこの不当な判決を酷評した。

「先頃、急進社会主義の共和国は殺害と恥辱による当世最大級のスキャンダルによって貶められた。……」

その夜いっとき、パリ中で、群衆が「カイヨーは殺人犯だ」と声を上げた。

だが、こうした悪評もどこ吹く風、カイヨー氏は輝かしい政治キャリアを挫けず追求したのである。

（1）　蔵相ジョゼフ・カイヨーが打ち出した所得税が一九一四年に導入されている。

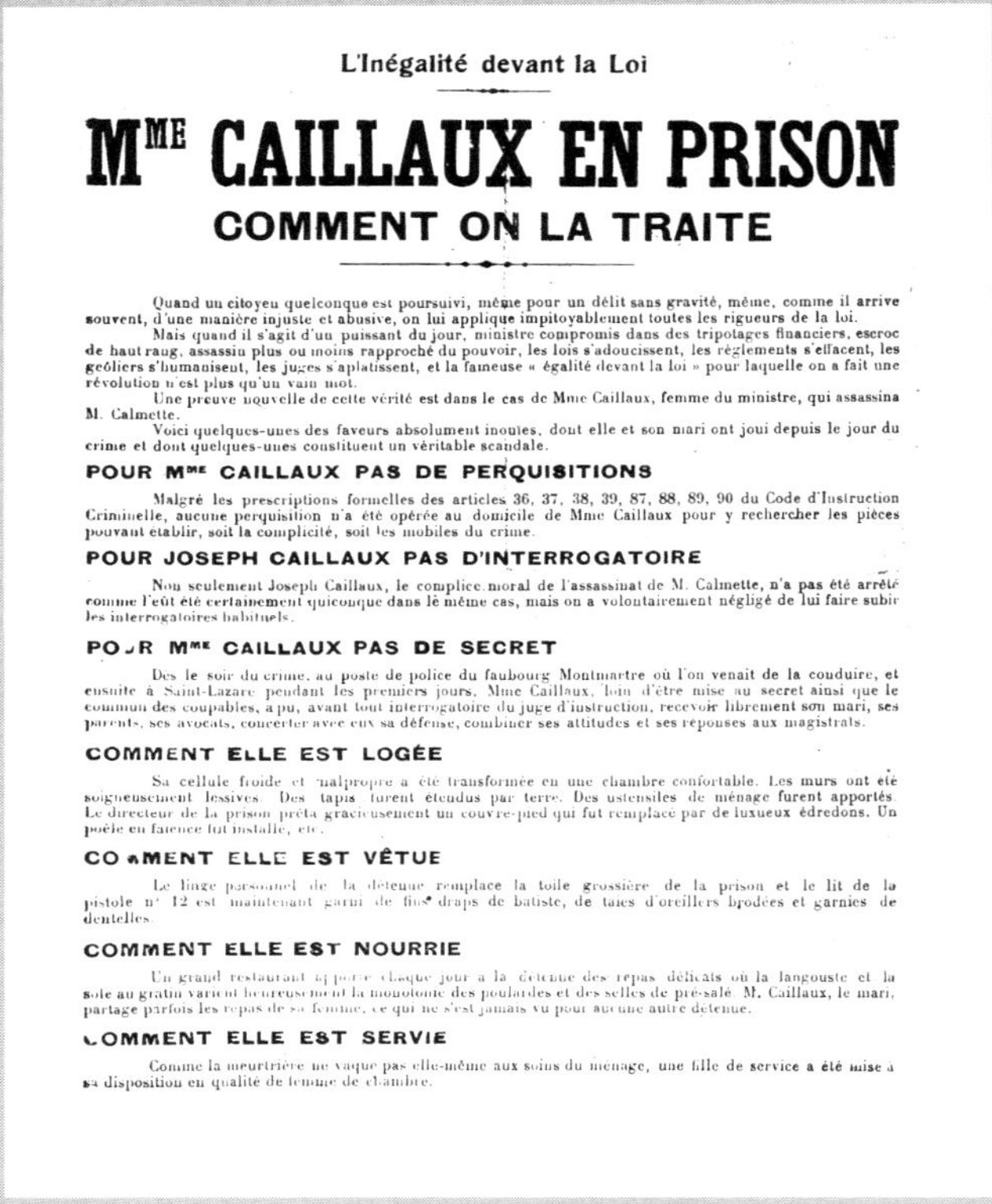

L'Inégalité devant la Loi

Mme CAILLAUX EN PRISON

COMMENT ON LA TRAITE

Quand un citoyen quelconque est poursuivi, même pour un délit sans gravité, même, comme il arrive souvent, d'une manière injuste et abusive, on lui applique impitoyablement toutes les rigueurs de la loi.

Mais quand il s'agit d'un puissant du jour, ministre compromis dans des tripotages financiers, escroc de haut rang, assassin plus ou moins rapproché du pouvoir, les lois s'adoucissent, les règlements s'effacent, les geôliers s'humanisent, les juges s'aplatissent, et la fameuse « égalité devant la loi » pour laquelle on a fait une révolution n'est plus qu'un vain mot.

Une preuve nouvelle de cette vérité est dans le cas de Mme Caillaux, femme du ministre, qui assassina M. Calmette.

Voici quelques-unes des faveurs absolument inouïes, dont elle et son mari ont joui depuis le jour du crime et dont quelques-unes constituent un véritable scandale.

POUR Mme CAILLAUX PAS DE PERQUISITIONS

Malgré les prescriptions formelles des articles 36, 37, 38, 39, 87, 88, 89, 90 du Code d'Instruction Criminelle, aucune perquisition n'a été opérée au domicile de Mme Caillaux pour y rechercher les pièces pouvant établir, soit la complicité, soit les mobiles du crime.

POUR JOSEPH CAILLAUX PAS D'INTERROGATOIRE

Non seulement Joseph Caillaux, le complice moral de l'assassinat de M. Calmette, n'a pas été arrêté comme l'eût été certainement quiconque dans le même cas, mais on a volontairement négligé de lui faire subir les interrogatoires habituels.

POUR Mme CAILLAUX PAS DE SECRET

Dès le soir du crime, au poste de police du faubourg Montmartre où l'on venait de la conduire, et ensuite à Saint-Lazare pendant les premiers jours, Mme Caillaux, loin d'être mise au secret ainsi que le commun des coupables, a pu, avant tout interrogatoire du juge d'instruction, recevoir librement son mari, ses parents, ses avocats, concerter avec eux sa défense, combiner ses attitudes et ses réponses aux magistrats.

COMMENT ELLE EST LOGÉE

Sa cellule froide et malpropre a été transformée en une chambre confortable. Les murs ont été soigneusement lessivés. Des tapis furent étendus par terre. Des ustensiles de ménage furent apportés. Le directeur de la prison prêta gracieusement un couvre-pied qui fut remplacé par de luxueux édredons. Un poêle en faïence fut installé, etc.

COMMENT ELLE EST VÊTUE

Le linge personnel de la détenue remplace la toile grossière de la prison et le lit de la pistole n° 12 est maintenant garni de fins draps de batiste, de taies d'oreillers brodées et garnies de dentelles.

COMMENT ELLE EST NOURRIE

Un grand restaurant apporte chaque jour à la détenue des repas délicats où la langouste et la sole au gratin varient heureusement la monotonie des poulardes et des selles de pré-salé. M. Caillaux, le mari, partage parfois les repas de sa femme, ce qui ne s'est jamais vu pour aucune autre détenue.

COMMENT ELLE EST SERVIE

Comme la meurtrière ne vaque pas elle-même aux soins du ménage, une fille de service a été mise à sa disposition en qualité de femme de chambre.

1914年3月に発表された政治ビラの例。訳文は左頁。

カイヨー夫人に関する刑務所内での法の前の不平等
どんな待遇を受けているか

一般人が起訴されれば、重罪でなくても、厳格な法が容赦なく適用される。またしばしば起こるように、不正不当なやり方でそうされたのでさえも、そうだ。

しかるに、時の権力者、銀行家の策略に巻き込まれた大臣、地位の高い詐欺師、多少とも権力に近い殺人犯のことになると、法は緩められ、規則は消え去り、看守は情け深くなり、判事は平身低頭する始末。有名な「法の前の平等」などはもはや空疎な言葉にすぎない。

こうした現実を新たに証拠立てているのがカルメット氏を殺害した大臣夫人たるカイヨー夫人の事件である。

以下に示すのが前代未聞の特別待遇のいくつかである。これをカイヨー夫人とその夫は犯行の以来、享受し、そのいくつかが真のスキャンダルとなっている。

カイヨー夫人の家宅捜索なし

刑事訴訟法典36条、37条、38条、39条、87条、88条、89条、90条により正式の家宅捜索が行われるべきなのに、共謀であれ、犯行の動機であれ、それを示す証拠を捜索すべくカイヨー夫人の自宅への家宅捜索は一切行われなかった。

ジョゼフ・カイヨーには取調べがない

ジョゼフ・カイヨーはカルメット氏殺害の道義的共犯者であるのに、同様の事件では何人もそうなるように逮捕されないのみか、通常行われる取調べが故意に行われなかった。

カイヨー夫人には独房がない

犯行の夜以降、最初に連行されたフォーブール・モンマルトルの留置所でも、当初拘留されたサン＝ラザール監獄でも、カイヨー夫人は一般の罪人のように独房に入れられるどころか、予審判事の尋問が行われる前に、夫、両親、弁護士と自由に面会し、弁護について協議し、司法官への対応や反論を計画することが許された。

どんな部屋に住んでいるか

夫人の個室は寒くて不潔だったのが快適な部屋に改装された。壁は念入りに洗浄され、床には絨毯が敷かれている。また家庭用品が運び込まれ、刑務所長の好意で提供されている足かけ布団は豪華な羽毛の掛布団に取り替えられた。ファイアンス製のストーブも設置されている。

カイヨー夫人はどんな身なりをしているか

この囚人は刑務所の粗末な囚人服から私服に取り替えた。また特別牢12号室の寝台には現在、バチストの極上シーツが敷かれ、レースがついた刺繍入りの枕カバーが備えられている。

カイヨー夫人は何を食べているか

某高級レストランから毎日、洗練された食事が届けられている。伊勢海老、舌平目のグラタンが肥育鶏やプレサレの鞍下肉といった代わりばえしない献立に見事に変化がつけられている。夫のカイヨー氏が食事を共にすることがあるが、他の囚人では決して見られないことだ。

カイヨー夫人はどのように給仕されているか

この殺人犯は自分自身で家事をしないので、掃除婦が部屋付きメイドとして命令に従っている。

✣ 一九〇六年　大災害とプロパガンダ

一九〇五年、フランス労働総同盟（CGT《セー・ジェ・テー》）がいくつかの街でデモを組織したのは、態度を明確にしない労働者たちを団結させるためであった。「意識的で組織されたプロレタリア」はいぜんとして決まり文句にすぎなかったからである。したがって、労働運動のリーダーたちがクリエール炭坑で起きた大事故をプロパガンダとして利用したのは当然のこと。この事故は一九〇六年三月十日に起こり、千二百五人の犠牲者を出した。

朝の七時、大規模な爆発が起こって、大多数の坑道が塞がれてしまった。その日の夕方の五時に戻って来られたのは坑夫千八百人のうち六百人だけ。それなのに、技術者たちが討議しただけで、緊急の救助隊は組織されなかった。

爆発から十八日を経た三月二十八日に、十四人の坑夫が生存して発見された。坑道に閉じ込められた人々は、気の毒なことに、干し草や死馬の肉片で飢えをしのいでいたのだった。

ジャン・ジョレスは《人類《ユマニテ》》紙上で、労働者を見殺しにしたとして、クリエール炭坑会社を非難した。犠牲者たちの記念碑《オベリスク》では、群衆が「打倒、資本主義！　打倒、殺人犯！」と声を上げていた。

運動は煽動者と新聞に煽られて拡大した。十万人の坑夫が七週間のあいだストライキを打ったのである。

四年ののち、フランスで起きた洪水がドイツのマスコミの嫌仏キャンペーンの口実として利用された。

ドイツが他国と同様、フランスの被災者のために連帯の運動に参加することを発表すると、《ライプツィヒ最新ニュース《ライプツィヒ・ノイエステ・ハリヒラン》》紙はこのように抗議している。パリの水害被害者のためにドイツで義捐金を募ることは筋違いである。なぜなら、フランスは世界一大金持ちの国であるのに、その国のブルジョワがこの状況下で物乞いとしてふるまっているから、というのだ。また、同紙によると、フランス共和国大統領も大臣たちもわずかな金額しか寄付していないし、代議士たちは一人につき一五フランの寄付金を高すぎると思っていたという。

1910年の洪水のとき、代議士たちはボートに乗って議会に行かなければならなかった。

穏健ブルジョワ新聞《ケーニヒスベルク・ハルトゥング新聞》紙は語調《トーン》を荒げる。「フランスに寄付する金などない。……現下の政治情勢とこの寄付行為はまったく相容れない。」

フランスでは、独善的な考察がさまざまに発表された。たとえば、保守派の日刊紙《ゴーロワ》紙には、晩年に改宗した主筆のアルチュール・メイエが洪水の記事をフリーメーソンの暗示で結んでいる。

「不幸にもフリーメーソンに惑わされた人々は、この大災害を浄化されて甦る新たなノアの洪水とみなしていると言えなくもない。」

一九二六年　シュルレアリスム革命

《シュルレアリスム革命》誌の一九二六年十二月一日号に、詩人のバンジャマン・ペレとポール・エリュアールは二件の三面記事を掲載している。

母親と二人の子供の無残な自殺
リモージュ、七月九日

ラ・ロシュ＝ラベイユのフェーヌ村で、寡婦のロングクェンヌ夫人（四十四歳）、息子（二十四歳）、娘（十七歳）がもぐら退治用の溶液で服毒自殺を図った。すぐに死ねなかったので、息子はナイフで妹の首を切った。そうして、自分は銃で頭を打ち破った。

予期せぬ自殺　後味の悪い契約関係

今夜一時三十分頃、クレマンという男が共和国広場にてマドレーヌ・ダネに声をかけられた。交渉から数分後、二人はマドレーヌが住む邸に向かった。フォーブール＝デュ＝タンプル街三十六番地である。

三階にある寝室に入ってからしばらくして、窓が開かれた音でクレマンは振り返った。相手が部屋からいなくなっているのに気づいた。

クレマンは唖然として、身を乗り出して通りを見た。歩道に生気のない身体が手足をひろげていた。警察は自殺と見ている。

（一九二六年七月十日の新聞）

エリュアール、ペレの両氏はこれらのニュースの後に注釈を付している。その抜粋を以下に二つ掲げておく。

「狂人、殺人犯、そしていわゆる自殺者たちは闇の中を長きにわたって彷徨した末、貪婪な光に近づく。いよいよ彼ら自身が炎となり、やがて背後に灰を残すのだ。

「自分自身とは別の主人の支配を甘受する民衆の中から、希望を持ち、絶大で不条理な圧制者を打ち倒す人々が決起する。ムッソリーニに死を。世界革命万歳。」

人類の不幸の責任を当世の権力者に転嫁する、こうしたロマン派的な理論は、のちの時代にも受け継がれている。一九五三年六月十五日、サン＝ジェルマン＝デ＝プレ教会の壁に貼られた手書きの張り紙にはこう書かれていた。

ピエール・L（姓は消された）氏（十八歳）が一九五三年五月三十一日日曜日にガス自殺した

一人の男が死んだ、他の曜日よりもひときわ吐き気を催させ、つまらない日曜日に。この日曜日に、彼はこの発作のさい、この堕落した世界に生きることのむなしさを感じたのだ。この世界は二種類に分けられている。臆病者と人殺しだ。

制服を着た人殺したち、ネクタイを締めた人殺したち、聖職者の服を着た人殺したち。あらゆる種類の殺人者たちだ。

一九三三年　オスカル・デュフレンヌの殺害

一九三三年十月、ミュージック・ホール「ル・パラス」の経営者オスカル・デュフレンヌ氏が特殊な状況で亡くなったが、それに驚く者などいなかった。この市参事会員が青年男子に愛着を抱いていることは周知のことであったからだ。

十時頃、彼は事務所に船乗りを連れ込んだのが目撃されている。十一時頃には、頭を砕かれた半裸の遺体で発見された。何のことはない。つまり、船乗りがオスカル殺害に踏み切って、財布を盗んだのだった。

十区の市参事会員であった裕福なオスカル・デュフレンヌは、サント＝クロチルドの教会で盛大に葬儀が執り行われた……。友人であり、故人に勲章を授与したマルヴィ氏が、警視総監、市の要人たちや軍の高官らの前で追悼の演説をしたのである。

それでも、このスキャンダラスな死は、聖職者の場合と違って、マスコミにはたいして取り上げられなかった。

この三面記事的事件からエミール・ビューレが《秩序《オルドル》》紙上でいくらか謹厳な結論を引き出そうとしている。

「ミュージック・ホールや賭博場の経営者としての彼など、どうでもよろしい。しかし、彼は市参事会員であった。もう少しで代議士になるところだった。それに、共和国政府から勲章を授与されていたのだ。というわけで、彼にどんな強みがあって、主権を有する国民や第三共和国の指導者たちの支持をとりつけていたのかを調べたほうがよかろう。

「その一つだけは明らかだった。つまり、彼は金持ち、たいへんな金持ちだった。稼いだ金を惜しみなくつかっていた。いずれにせよ、何にも気にすることなく。

「オスカル・デュフレンヌの生涯がわれわれにもたらした見世物は象徴的である。それがわれわれの民主主義の腐敗を示しているのだから。……

「生殖の意義の反転はあらかた、国家の転覆に通じるものだ。オスカル・デュフレンヌは相当数の裸の女性を出演させることで、ミュージック・ホールをいかがわしい場所に変えることに貢献した。裸の女性たちがぞろぞろ出てくるのは観るに堪えず、私はそのたびにマラルメの感嘆「肉は悲しい哉」を思い起こした。また、彼は「ル・パラス」で「成人指定」の映画も制作した。だが、彼がしたことはそれだけにとどまらない。彼は彼と同じく同性愛者のモーリス・ロスタンの戯曲「武器商人」を上演したのである。無数のポスターが場末のあちこちに貼られて、単なる愚かしさから、戦意を失わせる表現で、この敗北主義の戯曲を予告したのだ。……」

ところで、デュフレンヌ事件に関する嘆き節には、永久に行方をくらました少年水夫の身の上を語った下品な嘆き節がある。

あいつはかわいい少年水夫
きれいなお目めで
やさしいツラだったが
正真正銘の悪人《ワル》だった

第6章
三面記事からつくられた芸術や文学

ジェリコー、三面記事の挿絵画家

ゲーテやスタンダールのような文学的なクオリティがなければ、三面記事的出来事に着想を得た作品は後世に遺らない。同時代の出来事が呼び起こす熱狂は冷めやすく、そうした危険に抗したのは傑作だけなのだ。

そうした危険を恐れた画家は、戦争、暴動、処刑、征服といった歴史的な主題や永続的な価値をもつ政治事件に取り組んだ。

それゆえ、テオドール・ジェリコーに名誉ある地位を与えなければなるまい。三面記事的出来事を扱った、ただ一人の偉大な画家であるのだから。

一八一七年、イタリアから帰国したジェリコーは失意のどん底にあった。友の妻との恋愛から逃れるためにパリを発ったのに、流浪の一年を経ると、あの禁じられた関係を取り戻すのを抑えられず戻って来たのである。ローマで大成功を収めていたのに。彼は悔恨に苛まれ、ローマの空を懐かしんでつらくなった。そこで、そんな自分の心情にかない、またフランス人がこの動乱の時代に抱いていた心情と一致した主題を探していた。

そんなとき、一八一七年三月十九日に起こった元検事長フュアルデス殺害事件（九六頁参照）こそ、不朽にするにふさわしい象徴的な出来事だと思った。新聞各紙の裁判記事をもとに、五つのコンポジションを素描し、その中から構図を選んで色を塗る予定でいた。

彼は殺人者たちの姿勢を正確に復元し、証人が言及した小道具類を並べた。調理場のテーブルに寝かされた検事長フュアルデスが切り殺され、その側で、売春宿バンカルの女房が犠牲者の血を手桶で受けて、それを豚に飲ませようとしている様子をジェリコーは描いた。

この「恐ろしい一部始終」はフュアルデスの嘆き節（第十六詩節）でこう歌われている。

ささささて血がわんさか出ました
けれどもバンカルの女房どのが
手桶で受けて　こうのたまった
「麩《ふすま》が入った水ではなくて
この血に麩を混ぜたのが

ジェリコーは新聞記事をもとに、検事フュアルデス殺害の各エピソードを細部にわたって描いた。

わが家の豚の餌になるのさ」

メデューズ号の筏

ジェリコーはメデューズ号難破に関する三面記事を読んで、フュアルデス事件を描くことを断念した。「メデューズ号の筏」のほうを選んだのである。

一八一六年六月十八日、フリゲート艦メデューズ号は三艘の船舶を伴い、フランスを出発し、新たに植民地になったセネガルのフランス総督府のあるサン＝ルイに向かった。

乗員はおよそ四百人だった。

ところが、このフリゲート艦が七月二日に座礁した。離礁しようと五日の間、尽力したが、徒労に終わった。それで筏が組み立てられ、それに百四十九人の乗組員が詰め込まれた。うち一人は女性である。その一方で、上級の将校をはじめその他の人々は救命艇に乗っていた。

しばらくして、救命艇と筏をつなぐ係船索は断ち切られ、あいにく百四十九人は大海に見捨てられた。十二キロあまりのビスケットと数樽の葡萄酒や水だけしか持たずに。

救命艇に乗ったフリゲート艦の船長デュロワ・ド・ショマレーは無事に行先へ到着したが、一方、筏ではそのあいだ、身の毛もよだつ光景が繰り広げられたのである。三人の水夫が熱病と飲み物の不足から発狂し、海に飛び込んだ。七月六日のことである。その夜には水の入った小樽をめぐって乱闘となり、兵士と水夫が戦った。夜が明けると、六十五人がいなくなっており、筏には七体の遺体が数えられた。九日、ふたたび乱闘が起こったが、残酷無残なものだった。生存者の中には水の割り当てを倍にしようと同船者の殺害を決心をした者もいたのである。十日、十五人がなおも戦い、干乾びた死体の肉片を食べ、飢えをしのいでいた。

ジェリコーは生存者を集めて、質問し、メデューズ号の船大工に模型をつくらせて、多種多様な下絵を描き始めた。イタリアで感嘆した壮大なフレスコ画を思い出して、そうした絵画を描きたくなったが、それにはマルティル通りのアトリエは小さすぎた。それで、フォーブール・デュ・ルールにもうひとつアトリエを借りた。すぐ側にはボージョン病院があり、そこに病人が見せる苦しみの表情が経過するさまを見守りに行った。死者に関しては、インターンと看護師に話をつけ、死体や切断した四肢を運んできてもらった。

死体公示所《モルグ》と化したアトリエから、ジェリコーが外出したのは、八ヶ月間にたった一度だけ。それも港町のル・アーヴルに、海の空を観察しに行っただけなのだ。さらに言えば、社交界の楽しみに誘惑されないよう、頭も剃っていた。

だが、そうした努力が報いられたとはとても言えない。

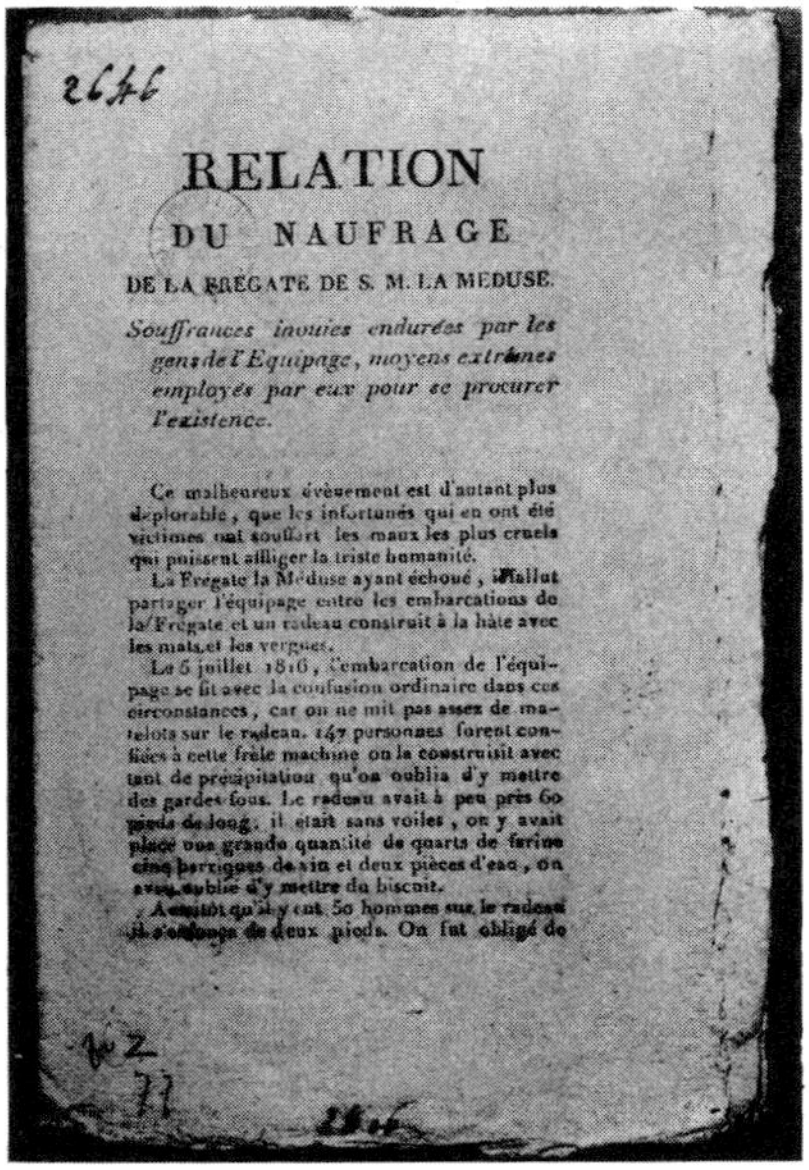

2646

RELATION

DU NAUFRAGE

DE LA FRÉGATE DE S. M. LA MÉDUSE.

Souffrances inouies endurées par les gens de l'Equipage, moyens extrêmes employés par eux pour se procurer l'existence.

Ce malheureux évènement est d'autant plus déplorable, que les infortunés qui en ont été victimes ont souffert les maux les plus cruels qui puissent affliger la triste humanité.

La Frégate la Méduse ayant échoué, il fallut partager l'équipage entre les embarcations de la Frégate et un radeau construit à la hâte avec les mats et les vergues.

Le 5 juillet 1816, l'embarcation de l'équipage se fit avec la confusion ordinaire dans ces circonstances, car on ne mit pas assez de matelots sur le radeau. 147 personnes furent confiées à cette frêle machine on la construisit avec tant de précipitation qu'on oublia d'y mettre des gardes-fous. Le radeau avait à peu près 60 pieds de long, il était sans voiles, on y avait placé une grande quantité de quarts de farine cinq barriques de vin et deux pièces d'eau, on avait oublié d'y mettre du biscuit.

Aussitôt qu'il y eut 50 hommes sur le radeau il s'enfonça de deux pieds. On fut obligé de

『フリゲート艦メデューズ号の難船の報告』、セティエ印刷所(パリ)、1816年

一八一九年八月二十五日に、官展《サロン》が開かれてからというもの、彼の絵画は場違いな印象を与えた。政治を諷していると思い込まれたのだ。

それでも、この絵画はルーヴル美術館に買い上げとなった。が、掛け金を外され、丸められて、物置に片づけられてしまったのである。絵画の代金はまだ支払われていなかったので、ジェリコーは取り戻すと、イギリスで展示をした。あまたの人が入場料を払って見物してくれたおかげで、彼はロンドンで二年間、豪勢に暮らすことができた。

一八二四年の初旬、ジェリコーは病の床に就くことになった。助かる見込みのないことを自覚し、大作を描けなかったことを嘆いていた。

「じゃあ、『メデューズ号の筏』は?」と友人たちが言った。「なあに、ただの挿し絵さ」と画家は答えた。

ジェリコーは一月二十六日に三十三歳でこの世を去った。

アトリエに遺された作品の競売が行われ、ドラクロワが大方の習作を購入したが、「メデューズ号の筏」は六〇〇〇フランを越えなかった。

この買い手が後にルーヴル美術館に売却したさい、要求したのがこの六〇〇〇〇フランという金額である。

ジェリコーはクロッキーを描く段階から、3人の難破船生存者をモデルに使った。また友人のドラクロワも死体役を務めている。

1952年以来、グレヴァン美術館では、1819年にジェリコーが描いた「メデューズ号の筏」の場面を蠟人形で複製した展示が行われている。これを再現するのに400キロの蠟が用いられた。

✣ たわいない三面記事からつくられた傑作文学

「昨日四時、若い女性が諸芸の橋《ポン゠デ゠ザール》からセーヌ川に身投げした……」この新聞の囲み記事と才能を競いうる一冊の書物に、文学の大海原のどこで、出会うというのか。

バルザック『あら皮』

作家にとって、三面記事的出来事は汲んでも尽きぬアイデアの泉のようなものだ。とはいえ、作家が戯曲や小説の主題を同時代の出来事から選んだ場合、時代色の濃い作品になって、一時的な成功しかのぞめないことがほとんどである。

ルシュルク(1)やカラス氏(2)の不幸についてマルゴに涙を流させた無数のメロドラマのうち、いったい何が残っているのか。(3)

アンビーギュ座で上演された『シャンヴェールの井戸』は半年後には顧みられなかった。これは井戸掘り人夫デュファヴェルの物語だった（一〇九頁参照）。『喜びは恐ろし』（一八五四年）はコメディ゠フランセーズのレパートリーから取り消されている。《プレス》紙の創刊者エミール・ド・ジラルダンの夫人で文学者でもあるデルフィーヌ・ゲーはこの戯曲で、新聞を賑わせたマルタン夫人の事件を描いていた。マルタン夫人は、十五年前にメキシコの人食い人種に食い殺されたとばかり信じていた息子と再会し、あまりの驚きに声も出なかった。

アレクサンドル・デュマ・フィスの戯曲『クロードの妻』（一八七二年）もまた忘れ去られている。これは不貞を働いた妻を刺殺したアルチュール・デュ・ブールの裁判を受けて書かれたもの。

だんだんと読まれなくなっているとはいえ、ポール・ブールジェの小説『アンドレ・コルネリス』（一八八七年）も当時は話題の新刊だった。この作品では、ベルギーで起こったペルツェール兄弟による完全犯罪に近い殺人事件から着想が得られている。また同様に、今日では見向きもされない当時のベストセラー小説、ブールジェの『弟子』（一八八九年）もある犯罪裁判の報告書をもとにして書かれたのである。

それに対して、同時代の出来事をもとにした物語でも、すぐれた作品化が功を奏して、いまなお読み継がれている作品もある。たとえば、『ロビンソン・クルーソー』がそれで、現在でもロングセラーを続けているが、アレキサンダー・セルカークの名は忘れ去られた。無人島に置き去りにされたこのスコットランドの船乗りを、ダニエル・デフォーは小説のモデルとして利用したのである。『モンテ・クリスト伯』もアレクサンドル・デュマが考えついたわけではない。一八〇七年から一八一四年にかけて不当に投獄されたフランソワ・ピコーの復讐譚から剽窃したのである。靴屋のピコーは牢内で裕福な聖職者の相続人となり、出所すると、彼を惨たらしく告発した者たちを追跡した。一人目を刺殺し、二人目を毒殺、三人目には、その家族に対して戦いを挑み、破産させ、辱めたあとで、殺害した。しかし、四人目に返り討ちにあってしまう。ピコーから金を巻き上げようと狙った四人目に、地下倉に閉じ込められ、食事も与えられず、目を潰された挙句、腹を抉られて殺害されたのだった。

他に、すぐれた作家が新聞の切り抜きを利用して制作した作品には、エミール・ゾラの小説『テレーズ・ラカン』(一八六七年)、アドルフ・ブロとエルネスト・ドーデーの小説『ゴルデスのヴィーナス』(一八六六年)、アンドレ・ジッドの小説『贋金つくり』(一九二五年)、アルマン・サラクルーの戯曲『デュラン大通り』(一九六〇年)、アルベール・カミュの小説『異邦人』(一九四二年)などがある。

なかでも傑作は、ヴィニー、ゲーテ、スタンダール、フローベールによって書かれている。

(1) ジョゼフ・ルシュルクのこと。革命暦四年花月八日から九日(一七九六年四月二十七日から二十八日)にかけて、ヴェール=サン=ドニという村(セーヌ=エ=マルヌ県)で、パリからリヨンに向かう郵便馬車が五人の男に襲われ、輸送金が強奪された事件が起こった。ジョゼフ・ルシュルクは無実の罪で処刑されたが、のちに真犯人が捕まった。(リヨン郵便事件)

(2) トゥールーズの商人ジャン・カラスのこと。一七六一年十月十三日、カトリックに改宗した長男マルクが死体で発見されたが、プロテスタントの父ジャンが殺害したものと疑われ、車刑に処せられた。家族が再審を国王政府に訴え、国王諮問会議が判決無効を宣言。一七六五年、ジャン・カラスは名誉を回復した。(カラス事件)

(3) ミュッセの詩篇「ある読書の後に」の一節「マルゴに涙を流させたメロドラマ万歳」より。

一七七〇年——トマス・チャタートンが自殺 アルフレッド・ド・ヴィニーが それを舞台化する

一七七〇年、十七歳の詩人トマス・チャタートンが自殺したことはロンドンでもパリでもスキャンダルを引き起こした。この若者は有名だった。一七五二年にブリストルで生まれ、最初の詩は十一歳のときに書いている。十四歳にしてすでに三冊の詩集を刊行していた。

十五歳のときには古代サクソンに愛着を抱き、十六世紀の言語とスタイルで詩を書いて、その全篇を架空の人物である修道士ローリーの作であるとして発表した。

この四千行におよぶ詩篇は真実が発覚する日まで碩学たちを熱中させた。トマス・チャタートンは当時地元では名声を博しており、それに酔っていた。そして今度はロンドンを征服しようと目論んだのである。が、ロンドンではまったく相手にされず、軽蔑されただけだった。数週間の奔走むなしく、数々の侮辱に耐えかね、チャタートンは服毒自殺した。

一八三五年、アルフレッド・ド・ヴィニーは、愛人の女優マリー・ドルヴァルに気に入られようと、この三面記事的出来事から三幕物の戯曲を書いた。彼はすでにこの出来事から小説『ステロ』の挿話を書いていた。

服毒自殺の場面（第三幕第七場）は、一七七〇年、ロンドンで起こった。チャタートンはイングランドを痛罵し、毒を仰ぐと、みじめな人生に別れを告げた。

「……お別れだ……へりくだったり、憎まれたり、あざけりを受けたり、下劣な仕事をしたり、疑われたり、不安になったり、貧しかったり、懊悩したり、そんな生活とはお別れだ。本当に清々するよ、嫌なことにさようならするのだから。——分かってくれるかな？　僕がいまどんなに嬉しいか分かってくれたら、誰だってこんなに長く自殺を躊躇ったりなんかしないさ。……」

ヴィニーはこの場面が反発を招くと予想していたので、序文を著し、その中で愚かで唾棄すべき社会にたいしてエリートの魂を擁護し、夢想家への年金の付与を要求した。

「……遠くでピストルの音が聞こえないか。その銃声は私のか細い声よりも雄弁だ。日々のパンを求め、その仕事の代金を誰にも支払われない、必死な若者たちの声が聞こえないか。」

初演は途方もない大成功を収めた。観客の拍手は十分間も鳴りやまなかった。

それに対して、この戯曲は危険なことに自殺を賛美しているという理由で激しい攻撃に曝された。だが、この序文の方の悪影響を予見したものは誰もいなかった。

時の文部大臣ティエール氏は多数の援助願いを受け取ったのである。哀訴もあれば、脅迫文もあった。

「貴殿が代表なさる国家が食料を与えてくださらなければ、明日《みょうにち》自殺を敢行いたします。なおわたくしはまだ真価を理解されざる詩人でございます。……」

こう書いた若きへっぽこ詩人エミール・ルーランはティエール氏の返答を待たずに、自らの頭を拳銃でぶち抜いた。

自殺の流行を恐れて、マイエ＝ラトゥール＝ランドリー伯爵はとうとう、アカデミー・フランセーズに、「すでにして傑出した、その才能によって、文学の仕事を継続するにふさわしいと思われる若き詩人」に贈られる賞を設立した。これは二年毎に選考があり、賞金は一五〇〇フランだった。

一七七五年——ゲーテは体験した悲劇をもとに『ウェルテル』を書いた

ゲーテは大学の法学部を卒業後、法律実務の研修のため、ヴェツラールで過ごした四ヶ月ほどの日々が忘れられなかった。かの地でこそ、彼はひそかに、だが熱烈に、ドイツ騎士団の郡長の娘シャルロッテ・ブッフを愛したのだから。シャルロッテはブレーメン公国公使館書記ヨハン・クリスティアン・ケストナーの許婚者《いいなずけ》だった。ゲーテは傷心を負いながらも、悲しみの色を見せずに恋人たちの許を去った。

一七七二年の十一月、友人で人妻に失恋したブラウンシュワイクの公使館書記カール・ヴィルヘルム・イェルーザレムが頭をピストルで撃って自殺したのを知った。

友人でシャルロッテの夫であるケストナーからこの三面記事的出来事について詳細な報告が届けられたのである。

「カールは自ら、右目の上にピストルの弾を撃ち込みました。……イェルーザレムは机の前の肘掛け椅子に座って、事に及んだようです。背もたれの下部も肘掛も血まみれでしたから。そのあと、彼は倒れました。床にも大量の血が流れていました。肘掛け椅子の側には大きな染みがありましたが、そこにうつ伏せに倒れたようです。それから、椅子の周りをまわって、窓辺まで行こうとしていました。が、仰向けですっかり力尽きていました。青い燕尾服と黄色のチョッキを着て、長靴を履いていました。

「朝の六時前に、従僕が主人を起こしに寝室に入りました。蠟燭は燃え尽き、薄暗かったせいで、従僕はイェルーザレムが濡れた床に横たわっているのを見ても、嘔吐したのだろうと思いました。が、床にピストルがあり、血に覆われているのに気がついたのです。……」

シャルロッテへの恋の想い出とカール自殺の詳報とが結びついて、ゲーテは夢遊病と紙一重の状態で『ウェルテル』をひと月で一気に書き上げた。

『ウェルテル』の次の数節を読み返せば、ケストナーの描写の主要な特徴が認められよう。

「翌朝の六時、従僕が明かりを携えて入ってきた。彼は主人が床に倒れており、ピストルが転がっていて、血が流れているのを見た。……

「……主人がピストルで撃ったのは右目の上で、脳漿が飛び出していた。……

「肘掛け椅子の背もたれに血がついていたことから判断して、椅子に掛けて机に向かい、この行為を遂行したのだろう。それから、崩れ落ちて、椅子の周りを転がったようだ。窓の近くですっかり力尽き、仰向けに倒れていたのだから。青い燕尾服と黄色のチョッキを着て、長靴を履いていた。……」

この作品が発表されると、若者たちはウェルテル熱にとらえられ、青い燕尾服に黄色のチョッキという「ウェルテル風」の恰好をした。嗅ぎ煙草入れ、ボンボン入れ、扇子がウェルテルの絵柄で飾られるようになったし、流行の香水は「ウェルテルの水」という名称だった。

若者たちの間で、ゲーテの小説の主人公のように生きることが流行して、ウェルテルのように死ぬ者が後を絶たなかった。

一七七七年三月、ドイツの町キールで、スウェーデン人の青年カールステウスが拳銃で自殺した。枕元には『ウェルテル』が開かれていた。ハレでは、靴の修理屋の見習いが自分の屋根裏部屋から舗道に飛び降り自殺を図った。ピストルを買う余裕はなかったが、ポケットにはこの有名な小説の普及版が入っていた。ワイマールでは、一七七八年一月、移り気な恋人に捨てられたクリスティアーネ・フォン・ラッスベルクがイン川に身を投げた。胴着の中に『ウェルテル』を携えていたのは言うまでもない。

「ウェルテルは世界一の美女以上に自殺の原因となった」とスタール夫人は述べている。

一八三〇年――スタンダールが『赤と黒』を創り上げたわけではない

この小説はそのうちの一つではありません。それが語っているのは実際に起ったことなのです。

（スタンダールの書簡。イタリアの弁護士サルヴァニョリ宛）


スタンダールは『赤と黒』を書くにあたって、ある三面記事的出来事を忠実になぞった。

一八二七年七月二十二日の日曜日、神学生アントワーヌ・マリー・ベルテは故郷の町のミサに参列した。聖体奉挙のとき、当地の名望家の妻ミシュー・ド・ラ・トゥール夫人をピストルで撃って、重傷を負わせた後、自らの頭部にも二発放った。審理でも訴訟でも、容疑者はミシュー夫人が心変わりしたことを恨み犯行に及んだと主張した。

　貧しい装蹄師の倅であるアントワーヌ・ベルテは、「その身分にしては優れて知的」だったので、ブラングの司祭にラテン語を学んだ。この司祭の勧めでアントワーヌはグルノーブルの小神学校に入学したのである。

　大病を患って中断しながらも、四年の学業を終えると、ミシュー・ド・ラ・トゥール氏の子供たちの家庭教師になった。一八二二年のことである。ミシュー氏は当時、五十二歳で、蠱惑的な妻は三十六歳といったところだった。被告人の供述によれば、ミシュー夫人が「彼の青春時代を堕落させた」のだという。彼は二十歳で、夫人が最初の愛人だった。

　彼がやってきてから十一ヶ月後、ミシュー氏はアントワーヌを置いておくのをやめた方がいいと判断したので、アントワーヌはベレの神学校に入学した。一八二五年、休暇でブラングに帰ったが、なおもミシュー夫人を激しく愛していた。

「私は夫人と文通その他、口にするのも憚られるような諸々の関係を決してやめてはおりませんでした」と司法官に話している。

グルノーブルの大神学校に入学すると、どうしても立派な司祭になりたいと思った。ミシュー氏に手紙を書いて、夫人との交際を語り、過ちを悔いた。

それにまた、グルノーブルの修道院長にも同様の告白をした。修道院長はこれを悪魔の所業と考え、彼を大神学校から放校した。

アントワーヌはブラングに帰った。インテリを敵視する親父から棒で打たれて、追い払われ、姉の家に身を寄せるしかなかった。その後、貴族のコルドン氏の邸に家庭教師の職を得た。そこでも、ド・コルドン嬢と情を交わしたが、ミシュー夫人からコルドン氏に手紙が届くに及んで、その職を失った。

今度は、泊めてくれる者もいなかった。受け入れてくれる神学校もなかった。アントワーヌは途方に暮れて、非難悪口に満ちた手紙を、自分の不幸の原因であるミシュー夫人に書き送った。

夫人を殺してやりたい、と彼が叫んでいるのを耳にしたと法廷で証言した者たちもいる。

ミシュー氏は賢明と慈愛の精神から彼を親類の公証人に口利きし、一八二七年六月、彼は雇用されることに決まった。

それでも、この蹄鉄工の倅は嫉妬に苦しみ、輝かしいキャリアを諦めざるをえなくなったことに激しい恨みを抱いて、七月二十二日、「社会」に復讐したのである。

アントワーヌは死刑を宣告され、一八二八年二月二十三日、処刑された。

スタンダールはベルテの裁判が行われていたとき、フランスにいなかった。犯人の死後数日経って、報告で知ったのである。野心が挫折した悲劇に関心を持って、ある補欠の陪審に詳細を尋ねた。

そして、関係資料を全部集めると、長篇小説を書き始めた。その大筋はまさしく裁判に関する報道のとおりである。

ベルテ事件とこの小説の登場人物、なかでもコルドン嬢とマチルド・ド・ラ・モールの類似関係は、あまたのスタンダール研究家によって研究され、議論された。

ところで、一八三三年にスタンダールが自ら、この小説の手がかりを与えている。サルヴァニョリ伯爵からフィレンツェの文学雑誌に『赤と黒』の資料を求められると、著者は主要登場人物の性格の要約の付されたリストを提供したのである。主要登場人物それぞれの名の側に、自らの手で着想を与えた現実の人物の名を伝えている。

ジュリアン・ソレル（アントワーヌ＝マリー・ベルテ）……深く感じやすい心……

レナール氏（ミシュー氏）……金に執着する以外に何も取り柄がない。……

レナール夫人（ミシュー夫人）……レナール夫人の気高い心は夫の粗野な心に傷ついていた。……

ラ・モール侯爵（コルドン氏）……快楽を好む機知ある人物。旧体制の大領主。……

マチルド・ド・ラ・モール（コルドン嬢）……十九歳のパリジェンヌ。侯爵の令嬢。……

一八五七年――ギュスターヴ・フローベールが三面記事から着想を得てボヴァリー夫人を作り出した

「私の哀れなボヴァリー夫人はフランスの二十の村で同時に苦しみ、涙を流しています……」

ギュスターヴ・フローベール

退屈、恋愛、恥辱に死んだエンマ・ボヴァリーの情事は作者フローベールが主張するほど創造的だったわけではない。

一八四九年九月、フローベールはオリエント旅行に出かける前に、二人の親友ルイ・ブイエとマクシム・デュ・カンを招いて、『聖アントワーヌの誘惑』の原稿を読みあげた。それは日に八時間、四日に及んだ。

この二人の聴衆は、過剰な抒情性にうんざりし、『誘惑』はひどい作品だと言った。「君の聖アントワーヌは何の価値もないよ。火にくべたまえ。そして、ただただわかりやすい物語を語ってくれ。」

このとき、ルイ・ブイエが例として挙げたのは、前年にこの地方を驚かせた三面記事的出来事である。一八四八年三月六日、軍医ドラマールの後妻が服毒自殺を図ったらしい。それというのも、愛人たちに捨てられて、平凡な田舎暮らしに耐えられなくなったからだという。

マクシム・デュ・カンは『文学的回想』にブイエの忠告を記すにあたり、用心して寝取られた夫の姓をドロネーに変更している。正しい姓と夫人の名は、ルネ・ビュレス（本名ルイ・ラツァリュス）が一九〇七年十二月二十二日の《毎朝《マタン》》紙上で初めて明かした。リィに住むドラマール医師の妻デルフィーヌ・クーチュリエである。

この自殺の話はフローベールに強い印象を残した。

一八四九年十一月四日、フローベールはマクシム・デュ・カンと一緒に船に乗って、エジプト、パレスティナ、トルコ、ギリシア、イタリアを訪れたが、そのあいだも、次の小説の女主人公のことが頭を離れなかった。それはデルフィーヌ・クーチュリエのような田舎医者のもとで死ぬほど退屈したロマネスクな若い女性のことである。

この話がフローベールの頭から離れなかった様子は、エジプト滞在中に、デュ・カンにこう告げたほどであることからもわかる。「女主人公はボヴァリーと言うのだ……。」これはカイロのナイルホテルの主人の名前「ブヴァレ」の変形だった。名前を考えつき、話の筋を構築して、五年の歳月をかけて制作した。一八五六年に『ボヴァリー夫人』を脱稿すると、マクシム・デュ・カンとローラン・ピシャが主宰する《巴里評論《ルヴュ・ド・パリ》》誌上に発表した。「きわどい」節を慎重に削除したのに、検察から訴追されてしまった。著者、印刷者、雑誌の編集長は軽罪裁判所第六法廷に呼び出された。フローベールは無罪判決を勝ちえたが、恐れていたことに、この作品にまとわりついた不道徳だという世評は消えなかった。

この作品の典拠に関する問いかけに悩まされて、彼はブイエとマクシム・デュ・カンの打ち明け話に執拗に反論した。

ルロワイエ・ド・シャントピー嬢宛の手紙（一八五七年三月十八日）では、彼の作品は「完全に創作した物語」であると述べているし、無遠慮な読者カイユトー氏宛の手紙（一八五七年六月四日）でもこう繰り返している。

「……『ボヴァリー夫人』は純粋な創作作品です。本書の全登場人物は完全に想像の産物ですし、ヨンヴィル＝ラベイはこの世に存在しない地方なのですから。」

しかしながら、フローベールがドラマール事件の舞台であるリィ地方を踏査したことは周知のことであるし、エンマの生涯にはデルフィーヌと共通した点が認められる。

エンマと同様に、デルフィーヌも男やもめの医者と結婚する前、多少とも勉強をしていたし、また父親と農地に住んでいた。それに小柄なのも同じだった。

小説ではフェリシテとなったデルフィーヌの女中はオーギュスティーヌ・メナージュという名前である。彼女は女主人よりも長生きして、よろこんで当時を回想した。この思い出を彼女は「気の毒な奥様が自殺する前」と「奥様の自殺後」に分けていた。

「私の前でポーズをとったモデルなどおりません」とフ

ローベールは主張したが、それはどうも偽りのようだ。というのも、ボヴァリー夫人の金銭上の悩みや恋愛の悩みを描くにあたって、女友達で、彫刻家ジェームス・プラディエの後妻ルイーズ・プラディエに取材しているからである。彼女は乱脈な生活を送り、ふしだらな愛に耽っていたため、セーヌ川へ身投げに赴かねばならなくなった。

エンマ・ボヴァリーとデルフィーヌ・ドラマールが似ているかについて、研究者の間ではいまなお意見が分かれている。この小説を読んで影響をうけた者の証言には根拠が乏しいと主張する学者もおり、マクシム・デュ・カンがフローベールに嫉妬して、小説家の手柄を減じようと三面記事に言及したのだと主張する研究者もいるのである。

フローベールが三面記事から着想を得たことをこれほど激しく否定したのは、無罪判決を受けた後、ドラマール家から裁判所に再度訴えられるのを恐れたからだと考えるのが自然だろう。

殺人者の肖像

ビル・ラパンよ、おまえはごろつきか、
俺たち暗黒街の無法者の一員なのか。
……断じて違う。……
オーギュスト・ル・ブルトン

かつて画家たちは版画売りの需《もと》めに応じて三面記事の主役の肖像を描いたものだ。あまたの殺人犯や誤審の犠牲者の場合がそうだった。たとえば、宗教的狂信のために車刑を宣され、ヴォルテールがその名誉回復のために戦ったことでその名を留めた、トゥールーズのプロテスタント教徒ジャン・カラスなどはそうである。

今日ではこの風潮は廃れた。

新聞の挿絵画家は、それが仕事だから、弁護士や被告人のクロッキーを描く。それを専業としない挿絵画家が犯罪のスターの表情を描く場合、図らずも本業を中断しなければならない。そのようにして、セムはランドリュの風刺画を描き、アンドレ・ディニモンはヴィオレット・ノジエールの淡彩画を制作し、シャンソン歌手でもあるシャルル・トレネはマリー・ベナールの顔をペンで描いたのだ。

そんなケースはまさしく例外中の例外だった。というのも、殺人犯の肖像を好んで描いたり、そうした機会をもったりする画家は滅多にいないのだから。ところがである。一九五九年、通称ビル氏ことジョルジュ・ラパンという御曹司にして不良青年が見栄から殺人を犯した。この事件の評判をたるやものすごく、具象派を代表する画家のベルナール・ビュフェがその肖像を描いたほど。しかも、その肖像画が文学芸術週刊誌《芸術《アール》》の表紙に実物大で転載されたのである。

この思いがけない作品にはぜひとも解説がほしい。そこで原稿を依頼されたのが、オーギュスト・ル・ブルトン氏である。元暗黒街の無法者にして犯罪小説『男の争い』の作者。この作家は「不良もどきへの手紙」という記事のなかで、ビル・ラパンが生き方を誤ったとしてこう非難した。「……かわいそうに。おまえはごろつきであると信じていたがそうではなく、そうなったと信じて

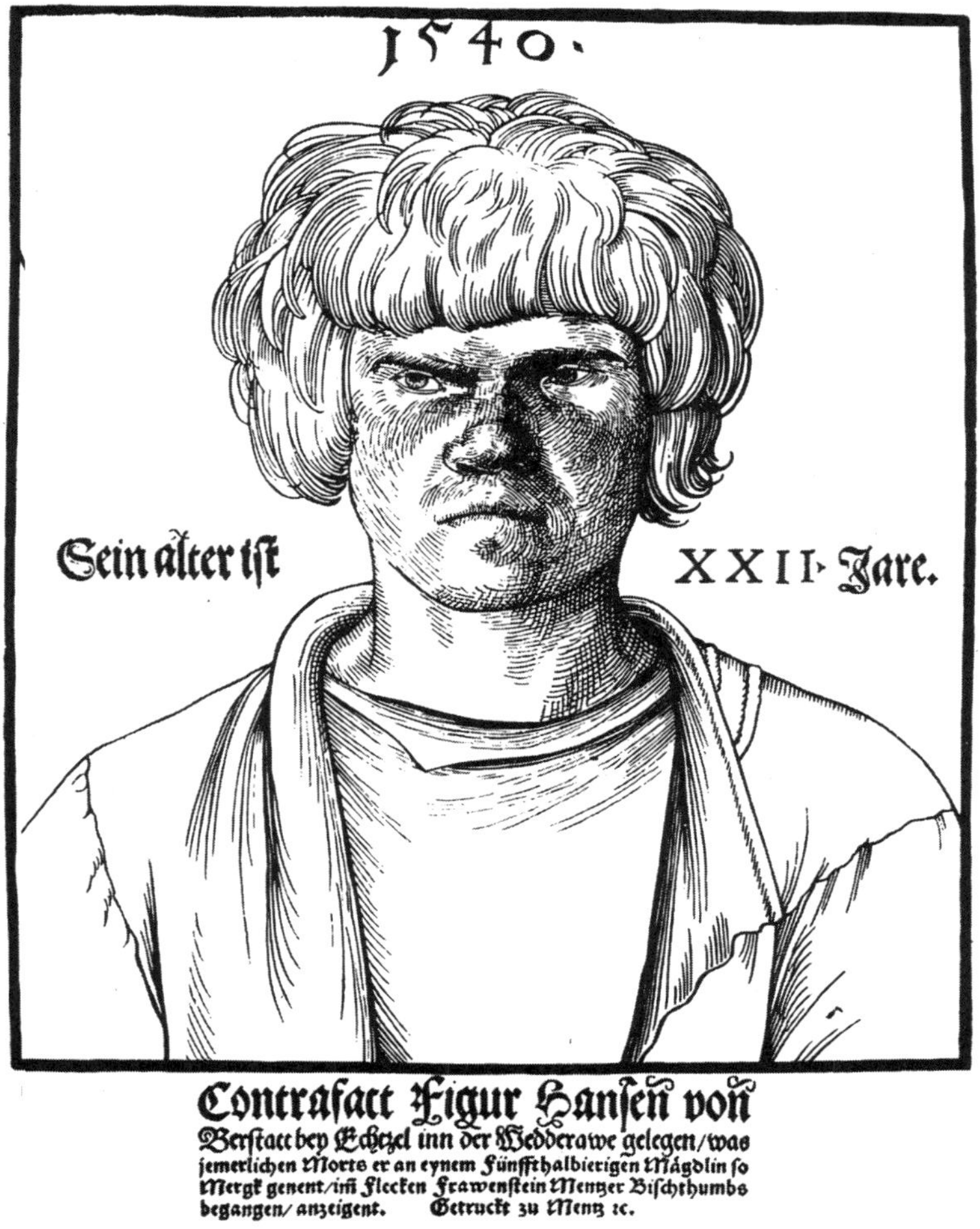

子供殺し「ハンセン・フォン・ベアシュタット」の肖像、マインツの匿名子が描く(1540年)。1540年5月2日、ドイツのマインツにて、ハンセン・フォン・ベアシュタットという男が5歳の少女を納屋におびき寄せ、パン切りナイフで刺殺し、遺体を15の部分に切断した。肖像には「男の年齢は22歳」とある。

いたが決してそうはなれなかったのだからな。……」

御曹司のラパンは必死だった。少年時代を過ごした高級住宅街を離れると、モンマルトルの酒場で不良青年のまねごとをしていた。しかし、無法者たちはこの思い上がった金持ちのブルジョワが何をしようと相手にしなかった。ビルは意固地になった。自分の力を見せつけてやろうとして、ピガールのキャバレーのホステスを殺害した。

それは五月二十九日から三十日にかけての夜、このブルターニュ出身で二十三歳の女性を拳銃で撃ち、ガソリンをかけて、燃やしたのだった。彼は完全犯罪に成功したものと思い、凶器を隠して、いくつものアリバイをでっち上げた。

ところが、その六日後、ビル・ラパンは逮捕された。新聞各紙はこの落ちこぼれを事件の主役にした。フランスのどの家庭もが、その家の購読紙に、この甘ったれの生活を欠かさず読んだのである。彼は刑務所内でも食欲を失わず、「肉が出る日だという理由で」土曜日をじりじり待っているのだと報じられた。

六月二十日、《夕暮仏蘭西《フランス＝ソワール》》紙には、紙面いっぱいに時の人たるビル・ラパンの発言が掲載された。「おれは自分で何をすべきかが分からないと、夜、帰り道で人々を襲ってやるんだ。」ビルは友人たちにこう話していたのである。……

こうした宣伝は実を結んだ。二十二日の日曜日、野次馬が多数、フォンテーヌブローの森の道路に行って、若いホステスが焼き殺された場所を特定しようとした。

六月二十四日の早朝、現場検証のため、極秘に三百人の機動隊がフォンテーヌブローの森に派遣された。だが、この興行の日付は公表されていたので、山狩りを行って、野次馬たちを退去させる必要があった。なんと、藪の茂みで夜を過ごしたり、木の上にまで隠れていたりするものまでいたのである。

ビュッフェが描く
「ムッシュー・ビル」

MONSIEUR BILL

par Bernard BUFFET

Monsieur,

Eh bien, vous voic
vanités auront plié
orgueil, monsieur.
cette pièce unique,
de vieux collectionne
sa passion. Pour vo
n'a pas hésité à fou
les usages et à creer
droit sans précéden
pourrait appeler l'u
lative. Nous posséd
pourpre et le caducé
de chêne et le blas
strass, l'habileté, l'
science, la politique
mais nous n'avions
representant du styl
quiez à notre gloire
nous manquions à l
un mariage de raiso
ble à un mariage d'

Au seuil de ce
d'honneurs, qui est
vain la consécration
suis heureux, mons
accueillir au parad
des épées. Votre
nous le savions bi
un jour en notre S
misogynie célèbre v
tout droit en notre
rouchement attaché
lèges masculins ; de
dorée, quarante afic
chis sous l'habit ve
daient : votre carr
chique se devait de
cette arène morte.

Ainsi vous n'avez
visites ; nous vous
yeux fermés. Vo
nous sommes, et n
pas qui vous êtes.
j'en instruise mes
sont désormais les

Vous avez élu u
steurs, une sirène.
harmonie de ce st
qui vous a séduits.
pas à une voix c
et on lui donne la
comme vous êtes l
me je vous compre
pas résisté moi-mê
écrivain véritable,
doute ce qui chan
le ton. La moindr
de Montherlant
d'anciens enthousi
lis comme on éco
que ; j'y retrouve
mitable des auteu
Siècle, et qu'il n'a
tée de personne.
athlète sorti de la
tout armé d'un h
d'une certaine tend
ne peux oublier La
tin. Par un mirac
divin, ce masque
visage qu'il cacha
cette naissance av
que je ne renie pa

Depuis, M. de
s'est fait l'esclave
Serviteur de son
fallu défendre la
creee. C'est une
rien jamais ne vo
Avec un sens du
nore, il n'a reculé
geste susceptible
son mythe, de jus
sonnage. Ce pri
yeux ouverts sur
voit-il au-delà de

P. C. C.

Matthieu

● Suite

❖ 映画となった三面記事

フランスの映画作家は三面記事にたいして関心がないと思わざるをえない。なぜなら、有名犯罪人の事件を取り上げることに決まってからも、相当昔の「カルトゥーシュ」をリメイクしたり、「ラファルジュ夫人」を甦らせたりするに留まっているからである。

フランスには明らかに、アル・カポネやディリンジャー、もしくはフランクとジェシーのジェームズ兄弟といったアメリカ西部劇の悲劇の英雄たちに相当する人物がいなかったし、それにまた、消極的ながら三面記事的な出来事を脚色しても、常に成功するとはかぎらなかった。

医師ブグラの波乱万丈の人生から着想された「徒刑囚」（一九五一年、ウィリー・ロジエ監督）は大衆の心をとらえなかったし、エリック・プジョー誘拐事件の訴訟[1]をもとにした脚本は陽の目をみなかった。それに、ムランのJ3の悲劇（二〇四頁参照）を再現したイタリア映画[2]はフランスでは検閲で禁止されたりもしているのである。

しかしながら、主題に事欠いているわけではない。ポール・ゴルドーが《夕暮仏蘭西《フランス＝ソワール》》紙に連載した「犯罪は割に合わない」というコマわり漫画には、十年のあいだに、千九百三十七件の殺人、百四十七件の誘拐、七百九十三件の毒殺、千二百二十八件の強盗事件が描写されているのだから。……

この連載の犯罪事件の何件かがスクリーンに映し出されたのはようやく一九六一年になってのこと。映画監督のジェラール・ウーリーが特にめぼしいものから選んだのは、かの有名なシャトゥの悲劇だった[3]（一三四頁参照）。一八八二年、薬剤師のオベールがこれまた薬剤師のフネルー氏に金鎚で撲殺された事件だと記憶されている。オベール氏はフネルー夫人の情夫だったからだ。

ジェラール・ウーリーはボワロー＝ナルスジャックとポール・ゴルドーと共同で、この姦通の悲劇を映画化したが、それに伴い年代を一九一三年に設定した。

映画では、妻は情夫に夫の殺害を勧めるが、情夫に渡したピストルには弾が装塡されておらず、夫に情夫を殺害させた。それから、夫の正当防衛を証拠立てるかもし

ジェラール・ウーリーの映画「犯罪は割に合わない」では、フネルー夫人とその情人の医師は予想外の死を迎える。

れない情夫の武器を隠すことで、夫を逮捕させる。こうして、二つの障害から解放された彼女はもう一人の情夫の腕の中に飛び込む。この男こそ外ならぬかかりつけの医者であり、共犯者なのである。

だが、彼らの幸福ははかない。しばらくして死んでしまうからである、フネルー氏がオベール氏を毒殺せんと準備したシャンパンを飲んで。

このシナリオは真実の三面記事的出来事とはほとんど関係がない。ジェラール・ウーリーはそれを好んだのである。その理由として、ウーリーはこう言った、「現実は恐ろしすぎるからね」と。

演出と演技が良ければ、事実の遵守がさして重要でないことは観客の拍手喝采が証明している。

(1) プジョー自動車会社の社長ジャン＝フィリップ・プジョーの孫エリック・プジョーが一九六〇年四月十二日に誘拐された事件。二日後に無事保護。

(2) 映画「敗者たち」、ミケランジェロ・アントニオーニ監督、一九五三年。フランスでの公開は本書刊行後の一九六三年。

(3) 映画「悪い女」(一九六二年)。四つの事件を扱ったオムニバス映画で、そのうちの一つが「フネルー事件」である。

シャルル・デネとミシェール・モルガン。映画「ランドリュ」（クロード・シャブサル監督）より。

❖製作者を求める三面記事……

世間では毎月のように、作家や映画監督に題材を提供するかもしれない三面記事的出来事が起こっている。新聞でお読みになられたかもしれないが、まだ制作されていないものから以下に四例を挙げよう。

ブリジッド・バルドー向け
転び警官……
もう一人のシモナン

サン＝クルーの警視は「グラン・ルネ」の腹心だった。まじめなギャングの一員が自らの手で盗難車を流していた。

「ぎゃんぐ」ニトッテハ、十人ノ殺シ屋ガ乱闘ニ身ヲ投ジルヨリモ、一人ノ警官ガ堕落シテクレタホウガ、喜ビハ大キカロウ(1)。……大胆な企みが成功することがままある。たとえば、ピエール・Hの企みだ。このサン＝クルーの警視は法学博士で、非行青少年たちに恐れられていたが、その彼がまともな工場が一日に生産可能な台数よりも多くの車を三週間の間に盗んだかもしれないのである。

三十五歳にしてすでに白髪混じりの警視Hは戦時中、強弁な対独抵抗家であり、サン＝クルーでは廉潔の士という評判を築いていた。ところが、それをスキャンダルで裏切ったのである。数ヶ月前、セーヌ川沿いカルノ河岸三十一番地のしゃれた酒場「寄港地《エスカル》」に手入れに入った。ここのCなる主人が偽札事件に関与したとして逮捕されたのである。彼が裏切ったのはその翌日のことだった。

この厳格な警視は「ベティ」というCの女房にいれあげて、たちまち「寄港地」の常連になってしまったのだ。やがて妻と別居し、運命の女たるベティと結ばれる。警視の仕事はそのままに、自動車窃盗団の親分「グラン・ルネ」の腹心になった。この自動車窃盗団は高級車（デイプロムのある車）だけを狙う一味で、「寄港地」がその母港だったのである。

……この酒場で警視は仲間から尊敬を込めて「ピエール氏」と呼ばれており、盗難車が引き渡されていた。そして自らの手でクールブヴォワの自動車修理工に流していたのである。ところが、この修理工が逮捕されたのだ。……

警視、ベティ、グラン・ルネ、その他共犯者たちは留置場に送られた。……

《闘争《コンバ》》紙、一九四七年八月五日

（1）「ルカによる福音書」、十五章七のパロディ。「一人の罪人《つみびと》が悔い改めれば、悔い改めの必要のない九十九人の義人のときよりも天はいっそうの喜びがあろう」（フェデリコ・バルバロ訳）。

アレク・ギネス向け 墓場で止まる列車…… みごとな暗黒モノ

本年随一の絶妙なピストル強盗。偽身体障碍者が郵便貨車から三〇〇〇万をぶんどる。

……昨日の午後十時、郊外列車は通常どおり、ロンドンの南、チャファンの小さな駅に止まった。郵便貨車の老警備員ウィリアム・ダフティが線路のほうに身を乗り出すと、白衣を着た看護師がやって来るのが目に入った。看護師は青白い顔をした身体障碍者が毛布に包まって乗る車椅子を押していた。

「患者を貨車に乗せていただけませんか」と看護師が尋ねた。

ウィリアム・ダフティは思いやりのある様子でにっこりして、鉄道員を呼ぶと、車椅子を持ち上げるのを手伝ってもらった。

「まあまあ、安心してください」とダフティは病人に言った。「通路の扉は鋼鉄製で丈夫ですから。ギャングにたいする予防策ですよ。」

看護師は貨車の隣のコンパートメントに座を占めた。この列車は次のイールスフィールド駅までわずか四分しかかからなかった。列車が動き出すとすぐに病人が毛布を撥ね除け、警備員のダフティを棒で殴りつけ、ひもで縛った。相棒の看護師も加わって、書留の発送物の入った郵袋《ゆうたい》を五袋、選別した。

すみやかに行わねばならなかった。盗賊の計画には十秒の猶予もないのだ。外でも仲間が二人、下工作をしていた。

仲間はイールスフィールドの墓地の前に「フォード・コンサル」を駐車してから、墓地の鉄門をこじ開け、墓地を駆け抜けると、信号の真下にある墓地と線路を隔てた針金の柵を切断しておいた。

列車がやってきたとき、一味は青信号から赤信号に変えるのに成功した。運転士は機関車を停めたが、この場所で赤信号を見たのは初めてのことだった。

列車の停車と同時に、最後尾では貨車の扉が開かれ、偽装病人と看護師が五つの袋を担いで地面に飛び降りた。

……三分後、「フォード・コンサル」は発車した。……

《巴里プレス》紙、一九六一年三月三十日

シモーヌ・シニョレ向け 私はあなたを熱烈に愛する……

奇抜で切ない

二人は精神病院に行くバス内で知り合った。一人は精神病の妻に、もう一人は夫に面会しに。男は女の家に来て住むようになる。十七年後、女が亡くなった。家主が男にアパートを要求した。

……一九三八年のこと。ボレ夫妻はハネムーンを過ごしたが、あろうことか結婚から数ヶ月後、事故が原因で夫はヴィル＝エヴラールに入院しなければならなかった。

とにかく、ボレ夫人はたいへん献身的な態度を示していた。日曜日ごとに病院に通っていた。ところが、事態は奇妙な急変をむかえる。この夫婦愛の通い路で妻の貞節がおのずと失われていったのだ。事実、定期的に乗るバスのなかで彼女はある乗客に出会った。この男も同じ不幸を味わっていた。彼の妻もこの病院に収容された精神病患者であったからだ。

この男が妻の許に通うのと同様に、ボレ夫人も夫の許に通っていたのである。ボレ夫人と男は夜、一緒に帰りながら、自分たちの不幸や生活を重ねあわせていた。これから起こることは察しがつく。……彼らは愛し合うようになる。このように同様の不幸を慰めることは、最も力があったのだ。……

彼らは、だからと言って、それで患者たちをなおざりにするということはなかった。日曜日になるといつもヴィル＝エヴラールへ行った。彼らは以前と同じ行程をとり、夫に会うほうと、妻に会うほうとにしばし別れて、帰りにまた落ち合った。数ヶ月後、彼らは私生活にさらに一歩を踏み込んだ。愛人ルネ氏がボレ夫人のアパートで生活するようになったからである。

こうした生活が何年も続いた。ところが、一九五五年、ボレ夫人が亡くなった。ところで、夫人は遺言書を作成していた。それには、二人の伴侶の行く末が規定されていた。包括受贈者はルネ氏であるが、彼が陰ながら彼女の夫の生活費を捻出することになっていた。……それでも、アパートがなければ、面倒なことにはならなかっただろう。ルネ氏は自分の名義でない住居に留まっていたが、しばらくすると、家主が介入した。「貴殿はこのアパートに何の権利も有しておりませんよ。ボレ夫人とは関係がないのですから、退いてもらわねばなりません。」

「まったくその必要はありませんね」とルネ氏は応えた。「ここに住んでから数年になりますし、おまけに私は包括受贈者なのです。」

……家主はこう付け加えた。そんな状態がつづくなら突飛なことになりかねませんよ。つまり、夫が治癒した場合、夫のボレ氏は路頭に迷い、ボレ氏に権利があるアパートには愛人の方が住んでいるなんてね。

《夕暮仏蘭西《フランス＝ソワール》》紙、一九五八年二月十五日

グレン・フォード向け
カンザス・キッドのクリスマスの夜
伝統的な西部劇

先頃、アメリカのコロラド州で七十七歳にして亡くなった「カンザスの暴れん坊」ことビル・ラトラッセは、一九一〇年のクリスマスの夜、列車に乗り込んで金品を強奪し、一躍有名になった。カンザス・シティの保安官《シェリフ》に包囲されたときには、「かつて愛したたった一人の女性」が襲われないよう、二人を殺害した後で、自首をした。

外人部隊のブーツを履いて埋葬されることを誓っていた、戦争の英雄にして強盗のビル・ラトラッセはコロラドで平凡に亡くなった。享年七十七、腸の病気だった。

アメリカきっての恐るべき強盗の一人であるカンザス・キッドも、人生の半分以上を刑務所で過ごしてからは、やつれて、敗残の老人になり果てていた。一九五八年に出所しても、自由の身になったことを把握しかねているほどであった。

一八八二年、カンザス・シティに生を享けたビルは十七歳のときに初めて犯罪に手を染めた。彼は覆面もせず、たった一人で、食料品店に押し入り、商人を冷蔵庫に押込め、客には拳銃を構えて、金庫を空っぽにした。

一九一〇年のクリスマスの晩には、「カンザス・キッド」はかつてない大胆な犯罪を遂行した。すなわち、彼は列車に乗りこみ、両手に拳銃を持ち、黒人の荷物運搬人を客車から客車へと先に歩かせて、乗客から金品をごっそり奪ったのである。盗品をポケットにつめ、非常用のブレーキを引くと、飛び降りて、姿をくらました。

ラトラッセは逮捕され、有罪判決を受けたが、脱走した。五年後、彼がフランスにいることが分かった。フランスの外人部隊で果敢に戦い、勲章をいくつも授与されていたのである。アメリカに連れ戻されると、六ヶ月の仮釈放が認められた。彼はそれをよいことに行方をくらました。

その直後、カンザス・シティの保安官《シェリフ》は街の近郊にあるあばら屋にあやしい一団が住んでいることを知った。警察が駆けつけると、激しい抗争が起こった。三人の男が殺された。……数秒後、戸の敷居に一人の男が現れた、丸腰で両手を挙げて。ビル・ラトラッセだった。彼は「降伏する」と表明した。「オレはここにヘイゼル・ヘンダーソンといる。この女はかつて愛したたった一人の女だから、この女は殺さないでほしい。オレは刑務所に十四年入ってやるさ。」

ヘレン・D・ラトラッセ夫人は息子のビルが拘留されている年のあいだ、昼も夜もカンザス・シティの自宅の窓辺に蠟燭の火を絶やさなかった。「ウィリーが帰ってくる日のためです」と母親は話していた。彼女が亡くなった一九三八年、ウィリーはまだ刑務所にいた。……

《夕暮仏蘭西》紙、一九五九年三月二十日

❖明日の三面記事

われわれが追い求めるのは異常なものの脈動である。
ルイ・ポーウェル『神秘学大全』

女性になった元G・I 同僚から警戒の目で見られる

ハリウッド、9月9日（海底電信）

タマラ・リーズ――女性になり、経営者と結婚した元G・Iが新たな揉め事を引き起こした。

タマラは裁判官に、なぜ最近、105ドル（3万8千フラン）の不渡りの小切手でホテルの勘定を精算したかを説明しなければならない。

また、バーレスク劇場で、ストリップ・ショーを思わせる演目を演じ、性転換について講演をしたが、ここでも障害にぶつかった。2人の女性演技者がタマラと楽屋を共有することを拒否したのである。タマラが女性たちよりもはるかに性的に男性に近いと、タマラが彼女たちを気づまりにさせることが表むきの理由だった。タマラも男性用の楽屋で服を脱ぐことを拒否。又この問題が持ち上がったとき彼女の夫も抗議した。

放射能を放つようになった 英国の原子物理学者が バスの座席を放射能で汚染

ハーウェル、11月2日（ロイター通信）

英国原子エネルギー局のスポークスマンの発表によれば、ハーウェル（英国）の原子力研究所の2人の所員が放射性物質に軽度に汚染されたという。現在、2人は仕事に復帰しており、この軽度の汚染による影響は見られていない。

この2人の原子物理学者のうち、1人の自宅の2脚の肘掛け椅子からストロンチウム20による放射能の飛跡が発見された。また、彼が通勤に利用するバスの座席も放射能で汚染されていた。

毛むくじゃらの火星人

オレンジ色のコルセットとフラシ天の縁なし帽を身に着け オート・マルヌ県の道路作業員を訪問

サン・ディジエ、10月7日《夕暮仏蘭西》紙外電

7人の子供の父親で、19歳のときからワシーの土木局で道路作業員を務める、メルトリュ在住のナルシーさん（48）の話によると、不思議なことに空飛ぶ円盤がオート・マルヌ県で観察されたという。

ナルシーさんは早朝に自宅を出て、自転車でワシー近郊の建築現場に向かっていた。県道を走っていて、ヌーベル・ア・レミーとブワユコントの間で、その「物体」を目撃したのである。ナルシーさんはこう語っている。

「7時15分のことです。自転車をこいで、『瓦工場跡地』に差しかかったとき、左手の畑に何かオレンジ色をしたものがあるのに気がつきました。それは最初、葉が黄色になった木だと思いました」。

「が、突然、それは不思議な乗り物なのだと分かったのです。路傍に自転車を置き、その乗り物に向かって牧草地を走りました。乗り物は地面の窪みに置かれていましたが、その窪みは、倒産した瓦工場がかつて粘土を掘り出していたところです。遠くから、円盤の球形の上部だけが見えましたが、徐々に全体が明らかになりました」。

■乳白色の痕跡

「円盤からおよそ100㍍のところに行くと、細いところまで分かってきました。そのときです、乗り物の横に立っている生き物を見たのは。体長は1㍍20㌢で、毛に覆われているか、毛皮のぴったりとした服を着ているように見えました。腰回りにはオレンジ色の大きなコルセットのようなものを身に着けていました。頭にはフラシ天の縁なし帽をかぶっていました。じっとして、こちらを見ているようでした。怖くなって、私は立ち止りました。身振り手振りで呼びかけてみると、その生き物はさっと乗り物に戻りました」。

「その生き物が身をかがめて円型の窓から入ったとき、それが腕を持っていることをはっきりと分かりました。私は円盤をはっきり見るだけの時間がありました。円盤は球状で、直径約10㍍。球形の下には糸巻のようなものがありました。球形と糸巻の間に円窓があり、そのなかにあの小さな生き物が乗っていたのです」。

「煙のようなものが糸巻の先端から出て、円盤の下に大きな気流が生じて、垂直に上昇しました。そうかと思うと瞬く間に、その朝、低くたちこめていた雲のなかにすっかり消えてしまいました。私には、モータが出すようなかすかな音のようなものしか聞こえていなかったですね」。

草や露――特に乳白色の物質に残されたマシンの跡、スキッドの跡はナルシーさんと彼が連れてきた道路作業員が目撃している。

米国高度飛行センターで宇宙空間の最初の自殺

実験室の高度計が2万5千メートルを示すと
ウォルター・ムーア(19)の血が沸騰し始めた
2万メートルで自殺者は酸素マスクをもぎ取り
身体が膨張し即死

ニューヨーク、3月21日（特殊電信）

米国空軍は昨夜、宇宙空間での最初の死者となったウォルター・ムーアの異常な死について最小限の情報を明らかにした。この飛行士が選択した死は人類史上初めての体験である。彼の死は、宇宙飛行士が高度2万5千㍍で宇宙服を脱いで、宇宙ロケットから離れたら、こう死ぬだろうというものだった。

ウォルター・ムーアは19歳。ダビッド・モンサン基地（アリゾナ州）の「生理学の専門家」11人のうちの1人。この未来の専門家は次の宇宙飛行士を訓練していたが、米国空軍が未来の宇宙旅行に備えて人体への大気圏と低圧力の影響を研究している、要員の1人でもあった。

ビエンヌ川で宇宙潜水夫に遭遇した農夫

シャテルロー、9月29日（AＰF通信）

ブーヌイユ・シュル・ビエンヌ（ビエンヌ県）のコミューン、ブルルーの農民イブ・ダビッドさんが証言するところでは、9月19日の夜11時に、セルノンからブーヌイユへの道で、「潜水夫」のようなものを目撃したという。

ダビッドさんが言うには、この潜水夫が彼の腕を触りに来て、意味の分からない音を発すると、彼には説明しかねるマシンへと向かった。そして、ダビッドさんに向けて緑の光線束を発し、彼をその場に釘づけにした。それから、マシンは音もたてずに垂直に上昇し、空に消えたという。

ダビッドさんは、ばかにされるのが心配で、こんな不可解な邂逅について一切話したくなかったと述べている。それでも、友人に「潜水夫」を見かけた者が他にいないかと尋ねたところ、その友人が村中にそのニュースを広めたのだという。

自動販売機少女の指に噛みつく

トロント、6月12日（ロイター通信）

カナダでは自動切手販売機に口輪をはめることの是非が問われている。そのきっかけは、日曜の夜、トロントでのこと、1台の自動切手販売機が突如狂い出し、19歳の少女の指を無残にも噛んでしまったからである。

イレーヌ・ラソイインミィは自動販売機に25サンチーム硬貨を投入したが何も出てこなかったので、奥に挟まっている切手を指で取り出そうとした。

ところが、指が抜けない。雨の中、まもなく集まった200人の人々に囲まれて、相反した助言を受けながら、2時間半におよぶ格闘の末、敵対する両者はクレーン車で病院に搬送されて、とうとう引き離されたのだった。

現在、少女は元気であるが、この販売機の行方については報道がない。

日本語版訳者による補遺

原書では解説が付されていない図版のなかにも興味深いものが多い。理解の一助として、記事の翻訳を以下に掲げる。

◉一四六頁
ドイツの虎退治

この版画のような街中での虎狩りなど、街中でのやまうずら狩り以上に常軌を逸している。

最近、ドイツのオーバーハウゼンの住民は恐ろしい新種のスポーツを行うことができた。

その虎は、猛獣使いが口上で述べるように、「獰猛さにかけては非の打ち所がない」し、これまでに調教されたり、飼い慣らされることさえ、ないに等しかった。十日程前に動物小屋に収容されたにすぎないのだから。そんな虎が檻の天井を壊して逃げ出してしまったのだ。

この報が広まったとき、街中にみなぎった動揺が察せられる。

ただちに狩り出しが行われたが、虎の足跡が発見されたのは翌日のことだ。

虎はペンキ屋の庭に潜んでいただけだった。ペンキ屋にとってこんな好意のしるしは有難迷惑だっただろうが。

その夜、安心して眠られる者などいなかった。きわめて恐ろしい悪夢がドイツ野郎や度を失ったドイツ女の頭に取り憑いた。

翌日、決着をつけるべく、憲兵、警官、消防士で構成された派遣隊が、猛獣を仕留める覚悟で、その隠れ家に向かった。猛獣は最初の発砲で傷を受けて、怒り狂うと、兵士の一人に飛びかかり、力強い爪でひっかきながら、腿にがぶりと嚙みついた。

この場面を見た人々は、パニックになった。派遣隊の大半が逃げ出し、住民は自宅に閉じこもったのである。

それでも結局、虎は銃弾で蜂の巣にされた。最後に恐ろしいほど大きく跳び上がると、痛みでうめきながら倒れ、二度と立ち上がることはなかった。

この虎退治はオーバーハウゼンでのちのちまで語り継がれるだろう。犠牲者が二人出ている。派遣隊の一人が下手な射撃者の流れ弾を尻に受けて重傷を負ったからである。

この射撃者は気がひどく動転していたので、仲間と猛獣を間違えたのだ。

　動物園の支配人には、二人の犠牲者への賠償命令が下った。


《小型判・巴里人《プチ・パリジアン》》紙、一八九一年十月十八日

自殺した馬

　数日前、ロワイヤル橋で世にも異常なことが起こった。

　サン・マルタン門とグルネルとを結ぶ路線の二頭立て乗合馬車の一頭の馬が癲癇の発作を起こし、後ろ足で蹴り、ひどく暴れまわって、ついには転倒してしまった。馭者はこの馬の繫駕《けいが》を解いて、なだめるために、轡《くつわ》を手で持って、散歩させていた。が、ここで、このかわいそうな動物は暴れて、馭者の手を振り払うと、欄干を乗り越えて、セーヌ川に飛び込んでしまった。

　筆者はこの事件を読者に考えてもらいたいが、この馬が自分の行動を認識していたのは間違いない。もしただ逃げようとしてなら、前方に駆けていっただろう。そうではなく、死ぬのにふさわしい努力をしたのである。

　つまり、動物《ペット》は世間で言われているほど愚か《ペット》ではないのだろうか？　筆者はそう確信しているが。

《小新聞《プチ・ジュルナル》》紙、一八九八年五月一日

◉一四八頁

女の決闘

　女の決闘というと、決まって本当らしくないと騒がれる。しかしながら、それはすでに相当数、歴史的な記録に残されている。

　いずれにせよ、驚くにはあたらない。血の気が多く、気性が激しいスペインで、二人の婦人が口論の末、剣を抜いたのである。

　スペインの新聞各紙によれば、二人の婦人はマドリードで広く知られているという。

　一人は名門貴族。いっぽう、もう一人はそれより下層の出だが、マドリードの遊蕩児の世界では有名だ。

　争いの原因は、闘技場の偉業によって傑出した「闘牛士《トレロ》」である。この闘牛士が婦人たちの心を憔悴させたのだ。

　決闘はマドリード近郊の土地「ソト・デル・セノリト」で行われた。

　闘士の一人が右腕に傷を負ったが、当初軽傷だと思われていた。しかし、それ以後、関心を集める怪我人の状態は悪化しており、医者は致命的な合併症を懸念している。

　女の決闘ついて歴史的な説明をすることはおそらく面白いだろう。ここでは大変有名なものをすべて記すスペースはあるまい。そのなかで、コメディ＝フランセーズの女優ラ・モ

ーパンの決闘を取り上げてもよかろう。女優ラ・モーパンは男装し、決闘を仕掛けるのを好んだ。フェンシングが巧みだったので、幸運なことにそれをやり遂げた。

また至極有名な女の決闘といえば、ネレ夫人とポリニャック夫人の決闘がある。彼女たちは、このスペインの婦人たちと同様、恋の競争のために闘ったのだ。

決闘はブーローニュの森で行われた。

「先に撃ちなさい」とポリニャック夫人が言った。

ネレ夫人はライヴァルを狙ったが、外してしまった。

「怒りで手が震えているわ！」とポリニャック夫人は皮肉な微笑を浮かべて言った。

そして、今度はポリニャック夫人が狙いを定めると、銃弾が侯爵夫人の耳をかすめた。侯爵夫人はまるで致命傷を受けたかのように倒れた。

《小型判《プチ》・巴里人《パリジアン》》紙、一八九一年五月三日

●一五九頁

恐ろしい自動車事故

モンテニャック侯爵はたいへん悲劇的な状況で不慮の死を遂げた。

侯爵所有の自動車で、ペリグー-ボルドー間のレースに参加中、モンタリオル氏の車に遭遇した。モンタリオル氏が誤めるように誤操作が原因で、二台の自動車が衝突、それぞれ道路の両側に転落した。

モンタリオル氏はすんでのところで巧く飛び降りた。モンテニャック氏のほうは起き上げられたとき、すでに死亡していた。二台の自動車の運転手も重傷だった。

《小新聞《プチ・ジュルナル》》紙（挿絵入り増補版）、一八九八年五月十五日

●一六〇頁

三人の子供、自動車にはねられる

またも自動車事故だ！

それはリオンからの外電である。

午後、第一〇五歩兵連隊がオピタル大通りを下っていた。楽団を先頭に子供たちの陽気な楽団が続いた。

そのとき、一台の自動車が猛スピードで突進してきた。ロベール・デュ・カラーユ氏が運転し、助手席にはその若い夫人が乗っていた。

カラーユ氏はこの縦隊を追い越そうとして、一人の子供に衝突した。子供は七、八メートル引きずられた。別の二人の子供も同様の被害を受け、自動車の車輪の下に転がり、子供の身体に遮られて自動車は止まった。

連隊はただちに行進を中断し、気の毒な子供たちのそばに駆け寄った。子供たちを救出するには、重い自動車を持ち上

げねばならなかった。

三人とも意識はなかった。

子供たちは大急ぎで自宅に搬送された。

診察した医者たちはどんな骨折も確認しなかったが、他の症状を危惧した。

この痛ましい事故が起こったとき、群集がカラーユ氏に危害を加えそうになったので、警察が氏を保護しなければならなかった。

検察は法医学者に犠牲者の子供たちの診察を依頼した。カラーユ氏は無免許運転だったようだ。


《小型判《プチ》・巴里人《パリジアン》》紙、一九〇二年五月十八日

●一七〇頁（口絵Ⅵ）

テルヌ大通りの悲劇

テルヌ大通りは先頃、痴情がらみの悲劇の舞台となったばかりである。その悲劇について、かなりのインクがまき散らされたし、今後もまき散らされることだろう。

事件のあらましは以下のとおりだ。肉屋の女主人で寡婦のプリュシェ夫人が朝八時半頃、寝室から降りてきて、帳場に座ろうとした。そのとき、番頭のウジェーヌ・クザンヌが近づき、小声で何事か言ったが、返答を受けると、肉切り台にあった巨大な包丁を摑んで、女主人の胸を八回刺したのである。女主人は二、三歩よろめいて、倒れた。

番頭もその包丁で自殺しようとし、実際深手を負った。

彼はほとんど回復しているので、殺人犯として重罪院に出頭する見込みだ。

彼を駆り立てた動機は何か。これが提起されている問題であり、彼が訊かれた質問である。

プリュシェ夫人は四十四歳、ウジェーヌは三十八歳だった。彼が断言するところでは、夫人は彼の愛人であり、彼が彼女を刺したのは嫉妬に駆られてだということだ。彼女は別れたがっていたが、彼は結婚していつまでも自分に繋ぎ止めておきたかった。女主人の息子、十九歳の青年がその家にいることが彼を特に気づまりさせていた。

彼は彼女が前日彼を誘わずピクニックに行ったことを非難した。彼女が自分の勝手だと答えたので、彼は殺害したのだという。

別の説も流布している。それによると、彼女は決して彼の恋人ではなく、彼女に拒まれたから殺害したのだろうということだ。また一部の人々が言うには、彼が求めていたのは、肉屋の女主人もさることながら、自分が肉屋の主人になることでもあったという。彼が夢見ていた金銭的状況に少しも達せられないのを怒って人殺しになったというのだ。

筆者が認めるところでは、彼にとっては嫉妬の爆発のほうがいいだろう。なぜなら、別な動機に駆り立てられたのなら、

陪審の同情をひくのは難しいと思うからである。

要するに、結婚によって金持ちになりたい男がまずもって結婚したくてたまらない女を殺したとなると、常軌を逸した打算的な男であろう。

結局のところ、審理によって信ずべきことが分かるのを待ちながら、今は嫉妬と判断しておくほうがいい。

《小新聞《プチ・ジュルナル》》紙、一八九二年七月二日

●一七七頁

三色旗への恐怖

ミュルーズの堤防で、戦争ごっこをしていた子供たちが、小さな三色旗を持ち歩いていた。ドイツの機甲部隊の士官は配下の兵士に命じて、この「反乱を煽る」象徴を取り上げさせた。

先頃ミュルーズで起こった騒動はアルザスで大いに揶揄された。その騒動はアルザス＝ロレーヌに駐屯する幾人かの将校のメンタリティーについて、奇妙な光を投げかけた。

ミュルーズのドイツ軍の入浴施設脇の堤防で、数人のアルザス人の子供が戦争ごっこをして遊んでいた。旗手役の子供たちのうちの一人が小型の三色旗を振りまわしていた。その旗は、この子供の兄が国民の祝日にベルフォールから持ち帰ったものだった。この三色を見て、機甲隊の士官が激怒した。士官は入浴施設から出てきた兵士たちを呼び、このミュルーズの子供からその旗を取り上げるように命じた。

三色旗が取り上げられると、入浴施設にいた兵士たちの前でその旗は引き裂かれた。

アルザス＝ロレーヌの新聞各紙は、それは……さぞ結構なお手柄で、とみなしている。

《小新聞《プチ・ジュルナル》》紙、一九一二年八月四日

●二八九頁（口絵X）

オーストリア宮廷の悲劇

侮辱された女性の復讐

オーストリア皇室は数年来、悲劇的な大事件にみまわれる運命にあるようだ。

皇太子ルドルフ大公の命を失わせた忌わしいマイヤーリンクの未解決事件も、皇后の暗殺も、まだ記憶に新しい。ここに、この度、国民に愛された美しき皇女が、女として妻としての誇りを傷つけられたのを恨んで、殺人によって復讐したのである。

不幸な皇帝フランツ・ヨーゼフ一世の孫娘にしてルドルフ大公の娘であるエリザベート・フォン・ハプスブルクは二年前、オットー・ヴィンディシェ＝グレーツ大公と結婚した。皇帝である祖父の意向に逆らってではあったが、とはいえ、祖父も最後にはその頼みに折れたのだった。

皇女の婚約者の身分は彼女より下だった。だが、彼女は彼を愛していたし、彼女に別の選択を決心させるものは何もなかった。

最初のうちは彼女の幸福をかき乱すものなどなかった。が、彼の貞節についての疑惑が彼女の頭にきざす日が来た。そして、常のように、真実を彼女に教える者がいた。

彼女は激しく憤慨して、夫がチェコの劇団の女優ツィーグラー嬢と裏切りを働いているとの確信を得た。

彼女を傷つける報告ばかりだった。その証拠に、彼女は、夫がプラハ近郊のフェルショヴィッツの別荘で密会していることを知ったのである。

頭に血が上った彼女は拳銃を手にしてこの別荘に現れた。

従僕が行く手を遮ろうとしても、無駄だった。侮辱された皇女は夫を撃ち、重傷を負わせた。不幸な男は戸を塞ぐようにして倒れた。それで、彼女は夫の体の上を通った。そのあとで、ツィーグラー嬢にとびかかり、拳銃を発砲して即死させた。

不義の夫は、怖くなって、この悲劇がおきると、窓から飛び降りていた。そのおかげで、この女優と同じ運命にならずに済んだ。

オーストリアの宮廷はその権力のとりなしで真実を隠蔽しようとして、以上の犯罪事実を否定している。

チェコ、イギリス、ドイツ、フランスのすべての新聞は、公式の否定にもかかわらず、皇室の悲劇の痛ましい現実をあくまで主張している。

《小新聞《プチ・ジュルナル》》紙、一九〇三年十二月二十日、六八三号

●二九〇頁

ローマ通りの殺人

パリのローマ通り七十八番地に、十年程前から、三十四歳の女性テレーズ・アリョームが住んでいた。管理人のシャルル夫人と隣人たちは何日も前からテレーズを見かけなかったので、アムステルダム通りの警視アラゴンの家に行って、彼女の失踪を届け出た。アラゴン氏はアリョーム嬢の部屋の戸を錠前屋に開けさせ、その中を視察した。彼女の部屋は玄関、応接間、寝室、台所、物置からなっていた。最初のほうの部屋には何も異常はなかった。が、物置に来ると、警視はアリョーム嬢がうずくまって死んでいるのを発見したのである。

絞殺だった。その証拠に頸部に犯人が指でつけた青みを帯びた跡があったからである。着衣の乱れから彼女が死ぬ前に激しく抵抗したに違いないことがわかった。

当街区の医師が最初の検死を行うと、遺体は死体公示所に移送された。

アラゴン氏、クン氏、共和国検事アラール氏、予審判事アタラン氏はただちに捜査を開始し、犯行現場を調査した。その検証結果は以下の通りである。

犯人は盗みを働いていた。なかでも明らかに全宝飾品を盗んでいた。暖炉からも、家具からもである。しかし、犠牲者が身に着けていたものだけは持ち去らなかった。中でも非常に高価な大型メダルが残されていた。犯人が気づかなかったからなのか、遺体からあえて取らなかったのか。

そのうえ、犯人はテレーズの財産に精通しており、彼女が株券を所有していることをよく知っていたに違いなかった。ただし、その点に関しては、犯人の期待は裏切られた。なぜなら、犠牲者はそれらを一週間前に銀行に預けていたからである。

テレーズ・アリヨームは外出着から着替えておらず、就寝前だった。彼女の着衣の乱れはこの根本の要因を解き明かしているといえる。実際、彼女は完全に衣服を身に着けていて、帽子も毛皮のコートもマフすらも脱いでいなかった。

彼女の叫び声が聞こえなかったのはこのマフで口を押えたからだと思われる。

アタラン氏は臨検のさい、助手に命じて、被害者がおかれた状況を再現させた。彼女は壁を背にし、箱で作られた角に頭部をつっこみ、右脚が小さなトランクに寄りかかっていた。遺体は犯人が念のため足置き台とロースト器で固定した汚れた布類の山に覆われていた。

先に述べたように、頭蓋底の骨折、もしくは何らかの打撲傷はなかった。片方の耳から流れていた凝固していない一筋の血は粘液と混ざっていたが、これは窒息によるものだった。腹部にだけ紫がかった斑状出血が出ていた。また死を早めるために膝で強く押さえつけられた跡だった。それに、頸の前部に爪によってもたらされたいくつかの浸食があった。

この犯罪の発見時に、寝台は乱れていたことは確認されている。このことはテレーズ・アリヨームが服を着ていた状況に関連して、犯人はテレーズより先に侵入していて、待ち伏せていたと考えられるかもしれない。

この仮説は大いにありうる。アパートには鍵が二つあった。ひとつはテレーズ・アリヨームが所持していたもの、もうひとつは管理人室の釘にかかっていたものである。この二つ目の鍵は失われていたが、管理人のシャルル夫人は誰がとったのか知らない。管理人室に不在のとき、盗まれたのだろう。

このことから犯人はこの建物の住民をよく知る人物であると考えられもする。ところで、もっとよい情報もある。犯行は日曜日から月曜日にかけての夜になされたことは判っているが、犯人は捜査を遅らせ、司法の追跡を逃れようとして、X氏と管理人それぞれに以下の同内容の電報を送っている。

「おーべるにゅ地方へ小旅行ニ行キマス。御心配ナク。」

電信局に見つかったこの電報の原稿はおよそ葉書サイズの

小さな紙片に鉛筆で書かれていた。筆跡はやや長めながら、均整がとれており、これといった特徴はない。

テレーズ・アリョームの住居で確認された窃盗は、司法機関を惑わせるためだけにのみ犯されたのだと納得されるようになった。

事実、最初の捜索で失われているのが判明した宝飾品は整理棚の真ん中の棚板にあったが、その両側の宝石箱は持ち去られていない。

そのかわり、テレーズが他のようには銀行家に預けておかなかった三枚の無記名証券は失われていた。

その無記名証券は、無視された宝石箱の値うちには到底及ばない。

アタラン氏はこの窃盗は偽装であると信じて疑わなかったので、宝飾品が汲取便所の便槽に捨てられていないかを調べるためにその中身を空けさせた。そのうえ、宝飾品の図が描かれ、その印刷物が出回った。

ついに、電信局の台帳に、月曜日の朝、電報を送った人物の名前が見つかった。受取人によって差出人が知られるだろう。彼らに聴取することで、おそらく、件の二通の電報の差出人の特徴が分かるはずだ。

それが真相解明の大きな一歩になるかもしれない。

《挿絵新聞《ジュルナル・イリュストレ》》紙、一八八五年二月一日

◉二九一頁

泥棒犬

奥様方、ご亭主に内緒でへそくりをこさえてはなりませぬ。なぜと申しますに、不可解でまったく思いがけない形で裁きが下されることがあるからでございます。

先頃、ロジエ通りにございます商店の女主人の身に降りかかりました事件をどうかご覧ください。

H夫人はお釣りをごまかしていたのでしょうか。それとも、こつこつ貯めていたのでしょうか。それは筆者には判りかねますが、それはともかくといたしまして、夫人は二万八〇〇〇フランという大金を所持しており、そのことをご亭主には用心深く隠していたのです。

このお宝が入った財布はペチコートに縫い付けられていました。

先日のこと、夫人は新しいペチコートを手に入れたので、この大金を新しい服に入れようと、膝の上に置いていたのです。

そこに仔犬がやってきまして、ただ遊んでもらおうとばかり、夫人に飛びつきました。

夫人は仔犬を押し返そうとして、財布を落っことしてしまったのです。いつも陽気な仔犬は財布を咥えると、はしゃいで走り去りました。

Ｈ夫人は我を忘れて、この四つ脚の強奪犯を追いかけましたが、どうしても追いつかれません。

仔犬は財貨なんぞ何とも思っていませんから、道々、戦利品を散らかし放題。これを拾ったとして辻馬車の馭者が告発されましたが、この馭者が潔白であることは明らかにされました。大金を持ち去ったのは少女で、現在その行方を捜索中です。

事件直後、当惑して恥じ入ったＨ夫人はこう誓いました。もう金輪際、ご主君にして支配者たる亭主に隠れてへそくりはつくりません、と。

《小新聞《プチ・ジュルナル》》紙、一九〇〇年七月二十九日

◉二九二頁

アルコール中毒の悲劇　パリ、ジャコブ通りの事件

先日、パリでも指折りの静かな街区であるジャコブ通りで繰り広げられた悲劇はありきたりの三面記事ではない。

この悲劇にはさまざまな社会的要因があったので、この事件をめぐって世論の関心を呼んだ。

なぜ名門の出のプランヴァル男爵が殺人未遂、火事、自殺といった街区全体を恐怖に陥れる過激な暴力を起こしたのか。

なぜこの二十四歳の若者が恋人のジュリア・ミシュアをこれらの激しい暴力、自殺に巻き込むことになったのか。この不幸な女は死体で見つかった。

この事件の主犯はアルコール中毒である。

プランヴァル青年は莫大な財産を食いつぶしてしまったので、労働しようと考えていた。会計事務所を買収しようとしていたのである。だが青年男爵の父君にとっては、この計画は非常に不愉快だった。

父は息子がこのように働くことを許さなかった。そして、他方では、同棲する愛人と別れさせるため、子息の生活費の支給を止めたか、あるいは少なくとも、月一五〇フランというごくわずかな下宿費を支給しただけだった。

絶望がこの若者を覆った。彼はアルコールに身をゆだねるようになった。父親から厳しい扱いを受け、また愛する女性と突然別れさせられるのではないかと絶えず不安になり、彼は理性が狂ってしまったのである。

悲劇の晩、ヴィリエ大通りに住む父君の邸に行った。愛人にも付き添ってもらっていた。

父君は彼がジュリア・ミシュアを同伴しているのを見て、迎え入れようとはしなかった。それで、泥酔しているようだったこの二人の若者は、すぐにジャコブ通りに帰った。

プランヴァル男爵が住んでいたのは、三階の中庭に面した四十六番の部屋で、別宅として利用していた。

帰宅するやいなや、彼は恐ろしい発作に捕えられた。彼はルフォショーの銃を摑むと、窓辺に近づいた。彼は戻ってく

る間借り人たちに発砲しはじめた。

彼の側にいて、とても興奮していた恋人が男爵が発砲するのに合わせて弾を渡していた。

九時から十時にかけて、気のふれた若者はすでにこの建物の中庭に二十発以上発砲していた――が、幸い誰にも当たらなかった。

十時半、同建物に住むカアカッジ夫人が給水所へ水を汲みに出たところで、肩に鉛の銃弾を浴びた。かなりの重傷で、自室まで運ばれねばならなかった。

この間、管理人のリュドヴィシ夫人はすっかり動転し、サン＝ペール通りの警視の家に行き、ジラール氏に自分の建物で起こっている恐ろしい場面を報告した。

プランヴァル男爵は自宅の窓から発砲することに満足せず、この建物の中庭にこのアパートに備え付けの家具を投げつけていた。自宅に帰るのに中庭を通るのを余儀なくされている人々を殺してしまうかもしれないのに。

警視はこの場所に六区の警部と何人もの警官を連れてきたが、即刻、ヴィユー・コロンビエ兵舎の消防隊に出動を命じた。消防隊はしばらく後にジャコブ通りの向こうに到着した。

二人の警官が中庭を横切ろうとしたが、プランヴァル男爵の窓から撃たれた二発の銃弾が当たった。

一人は耳に重傷を負った。もう一人は大いに幸いなことにコートのフードの中に銃弾を受けただけで済んだ。

しばしの後には、プランヴァル男爵のアパートはほのかな光で照らされていた。先ほど男爵がカーテンに火を点けたからで、火事がこのアパート全体に広がっていた。

デプリュノー指揮官によって消防隊がただちに到着した。デプリュノーは事件の経緯を説明し、この建物の正面に救助梯子を立てかけさせた。

そうしている間に、工兵ルガシディは中庭を横切って、その槍隊の一団を火で燃えるアパートの窓のほうに進めた。が、隊員が左肩に鉛の銃弾を受け、その地に倒れた。

かなりの重傷を負った隊員は起こし上げられた。

ようやく一時間後、銃撃戦のせいで、中庭の通行は不可能になったので、隊員は兵舎の医務室へ搬送された。

午前三時、中庭はガラス、瓶、家具など多種さまざまな破片で埋め尽くされていた。

プランヴァル男爵とその愛人は窓から何もかも投げていた。物を投げるのと近づこうとする人に対する銃撃とが代わる代わる続いていた。

午前三時半頃、突然、すべての物音が鳴りやんだので、ジラール警視は二人の逮捕に踏み切るときだと思った。

そうするために、警視は工兵や警官を随えて、アパートに上って行った。彼が戸を壊そうとした矢先、中庭から切り裂くような叫びが聞こえた。

プランヴァル男爵とその愛人が窓から飛び降りたのだった。

この若者は地面に落ちても、なおも片手に二発装塡された銃を持ち、もう一方の手に仕込み杖を握っていた。

この版画には、この時の場面が正確に描かれている。この版画は目撃者の話や何枚もの写真資料、この悲劇の二人の主人公の肖像をも用いて制作された。これらの肖像は現在わが社の公文書室にある。

先述したように、ジュリア・ミシュアは窓から飛び降りたさいに受けた怪我が元で死んでいた。

男爵のほうは、たいした怪我ではなかった。

男爵は怪我が完治したら、精神病院に収容される見込みだ。

《小型判《プチ》・巴里人《パリジアン》》紙、一八九一年七月十二日

●二九三頁

嫉妬による悲劇　亭主に刺された女房

ある女性の受難

十年程前、ドゥー県で、二人の若者が結婚した。二十二歳のエリー・メナールと一歳年下のマルト・フリュリヨである。この結婚は当初は本当に幸せなものだった。二人は互いに深く愛し合っていた。彼らは知人たちから模範夫婦として引き合いに出されていたのである。気心を知り合っていることと、上機嫌であることが夫婦生活を正真正銘の天国にしていた。

結婚後程なくして、メナールは不幸な考えを持った。女房にもっと贅沢と安楽を与えたくなって、彼は女房を連れてパリで一か八かやってみることに腹を決めた。首都では実入りのいい仕事がすぐに見つかり、愛する人と何不自由ない日々を送ることができると考えたのだ。

大都市に魅惑された人々はしばしばこうした目算をするものだが、最初は好結果だった。エリー・メナールは難なくサン・ドニのある工場の会計係の職を得た。彼らはモンマルトルの丘の上、三兄弟《トロワ＝フレール》通りにすてきな家具のついたつましい住居を借りた。二人の娘が生れ、長女がジェルメーヌで現在八歳、次女はシュザンヌで六歳である。

悪い交際がこの幸せを打ち砕きに来た。工場を出るとエリー・メナールは歓楽街に連れて行かれた。彼は金を使い、呑み、ほろ酔いになって、瞬く間にアルコールにむしばまれ、まったく手がつけられなくなってしまった。

それ以来、不幸なマルトには、地獄のような生活だったのである。家にはもう貯えはなかった。亭主は帰ってくると、陰鬱な気分をまきちらし、暴力をふるうだけだった。

亭主への憎しみ

ついに、マルトはこんな生活にうんざりして、それに終止符を打つことに決めた。ある日、娘たちを故郷の母の家に預けた。パリの生活は娘たちの健康によくないという口実で。

それから、マルトは仕事を探した。優しく、活動的で、人

好きのする顔立ちだった、すぐに女中の職を得た。パリのショセ＝ダンタン通り十六番地にある婦人帽子屋のゲモ夫人の家である。同日に、彼女は夫婦の住居を離れ、離婚の訴えに取りかかった。

メナールは最初、取り乱したりしなかった。家具は残されていたが、長くはそこに残らなかった。家具を売り払うと、メナールはその金を酒に使い果し、仕事を怠り、工場を解雇された。それゆえ、流しの歌手になった。

朝、彼はあちこちの通りを歩き回って、管理人に中庭で歌う許可を願い出て、あまりよくない声を聞かせて得た数スーのお金で細々と暮らしていた。

ところが、別居して八ヶ月ほど経って、彼は大通りで偶然女房を見かけた。跡をつけた。女房がショセ＝ダンタン十六番地に入っていくのを見た。彼はマルトに話しかけ、誓って行いを改めるから、もう一度やり直してほしいと頼んだ。マルトは頑として聞かなかった。

切り出しナイフを使って

若い女中は買い物に出かけていた。引き売りの八百屋の前で立ち止まって、買い物をしていた。と、そのとき、彼女の前に亭主が現れた。

「戻ってきてくれ」

「いやよ、絶対に」

一言も発せずに、手を上げた。手には切り出しナイフが輝いていた。そして、女房の背中にそれをぶっ刺した。

この一刺しがあまりに激しかったので、脊髄に刺さったときに刃こぼれがした。不幸な女房は荷車に顔をぶつけ、どすんと倒れた。

この人殺しは自殺しようとして、刃こぼれのしたナイフを自分の喉に向けた。が、ほんのかすり傷がついただけだった。

メナールは警察署に連行され、その後、留置場に移送されている。

《挿絵入り三面記事《レ・フエ・ディヴェール・イリュストレ》》紙、一九〇五年十月二十六日

関連文献・映画作品

入手が容易な日本語で読める書籍と映画作品の中から主なものを以下に掲げた。

◎十六世紀の年代記に溢れる畸形と悪魔

❖伊藤進『怪物のルネサンス』河出書房新社

◎悪魔の子供たち

❖平野隆文『魔女の法廷』岩波書店

◎法に照らして殺されたルーダンの司祭

❖ミシェル・ド・セルトー『ルーダンの憑依』矢橋透訳、みすず書房

❖オルダス・ハクスリー『ルーダンの悪魔』中山容・丸山美知代訳、人文書院

❖種村季弘『悪魔礼拝』河出文庫

◎ノブレス・オブリージュ、あるいはブランヴィリエ侯爵夫人の毒殺

❖ジャン＝クリスティアン・プチフィス『ルイ十四世　宮廷毒殺事件』朝倉剛・北山研二訳、三省堂

❖澁澤龍彦『毒薬の手帖』河出文庫

❖澁澤龍彦『世界悪女物語』文春文庫

◉三面記事全般

❖小倉孝誠『近代フランスの事件簿』淡交社

❖ルイ・シュヴァリエ『三面記事の栄光と悲惨』小倉孝誠・岑村傑訳、白水社

❖ベルナール・ウダン『殺人の歴史』河合幹雄監修、創元社

❖マルタン・モネスティエ『図説世界三面記事全書』大塚宏子監訳、原書房

❖アラン・モネスティエ『世界犯罪者列伝　悪のスーパースターたち』高橋啓訳、ＪＩＣＣ出版局

❖コリン・ウィルソン『殺人百科』大庭忠男訳、彌生書房

❖ロラン・バルト「三面記事の構造」（『批評をめぐる試み』所収）吉村和明訳、みすず書房

◎ジル・ド・レーの残虐事件

❖澁澤龍彦『異端の肖像』河出文庫

❖ユイスマンス『彼方』田辺貞之助訳、創元推理文庫

❖ジョルジュ・バタイユ『ジル・ド・レ論』伊東守男訳、二見書房

❖レナード・ウルフ『青髯ジル・ド・レー』河村錠一郎訳、中央公論社

◎義賊ルイ・マンドラン、ピストル強盗とゆすりを考案

❖千葉治男『義賊マンドラン――伝説と近世フランス社会』平凡社

◎ジェヴォーダンの獣

❖スティーヴンソン『旅は驢馬をつれて』吉田健一訳、岩波文庫
❖渡邊昌美『フランス中世史夜話』白水社
❖映画「ジェヴォーダンの獣」（クリストフ・ガンズ監督）

◎フュアルデス事件の数々の嘘

❖ピエール・ダルモン『ロデスのうわさ』田川光照訳、新評論

◎ラスネールの人となりが残虐犯罪をやわらげた

❖澁澤龍彥『悪魔のいる文学史』中公文庫
❖安達正勝『フランス反骨変人列伝』集英社新書
❖小倉孝誠『犯罪者の自伝を読む』平凡社新書
❖映画「天井桟敷の人々」（マルセル・カルネ監督、ジャック・プレヴェール脚本）

◎毒物鑑定人たちによる最初の論争

❖澁澤龍彥『毒薬の手帖』河出文庫
❖小倉孝誠『近代フランスの事件簿』淡交社

◎死を招く列車

❖マルグリット・ユルスナール『北の古文書』小倉孝誠訳、白水社

◎模範的な少女が交霊術を世に出す

❖吉村正和『心霊の文化史』河出書房新社

◎ほら、ここにコキュたちがいるぞ……

❖ジャン・シャロン『高級娼婦リアーヌ・ド・プージィ』小早川捷子訳、作品社

◎フランスでは事はみな小唄で終わる

❖ミシェル・ヴィノック『ナショナリズム・反ユダヤ主義・ファシズム』川上逸他監訳、藤原書店

◎ランドリュの謎

❖久生十蘭「青髭二百八十三人の妻」（『ラスト十蘭傑作選』所収）河出文庫

◎シカゴ - パリ

❖ローレンス・バーグリーン『カポネ 人と時代 殺戮と絶望のシカゴ篇』常盤新平訳、集英社
❖ローレンス・バーグリーン『カポネ 人と時代 愛と野望のニューヨーク篇』常盤新平訳、集英社
❖映画「暗黒街の顔役」（ハワード・ホークス監督）

◎ふた親に毒をば盛りしは罰当たりなヴィオレット・ノジエール

❖映画「ヴィオレット・ノジエール」（クロード・シャブロル監督、イザベル・ユペール主演）

◎アレクサンドル氏の大犯罪

❖ジョゼフ・ケッセル、ジョルジュ・センプルン『薔薇のスタビスキー』佐々木武・山根貞男訳、講談社

❖久生十蘭『十字街』朝日文庫

❖映画「薔薇のスタビスキー」（アラン・レネ監督、ジャン＝ポール・ベルモンド主演）

◎うそで固めたドミニシ家

❖ロラン・バルト「ドミニシあるいは〈文学〉の勝利」（『現代社会の神話』所収）下澤和義訳、みすず書房

◎泥棒紳士カルトゥーシュの大当たり

❖蔵持不三也『英雄の表徴――大盗賊カルトゥーシュと民衆文化』新評論

❖映画「大盗賊」（フィリップ・ド・ブロカ監督、ジャン＝ポール・ベルモント主演）

◎かわら版とかわら版屋

❖バルザック『ジャーナリズム性悪説』鹿島茂訳、ちくま文庫

❖ネルヴァル「カナール真偽譚」（『ネルヴァル全集Ⅱ』所収）田村毅訳、筑摩書房

◎十二年続いたマリー・ベナール事件

❖マリー・ベナール『私は殺さない――遺産をめぐる十二人毒殺事件』長谷部司訳、弘文堂

◎宗教的狂信に利用された三面記事

❖ロニー・ポチャー・シャー（夏伯嘉）『トレント1475年』佐々木博光訳、昭和堂

◎メデューズ号の筏

❖久生十蘭「海難記」（『定本久生十蘭全集第8巻』所収）国書刊行会

◎たわいない三面記事からつくられた傑作文学

❖ヴィニー『チャッテルトン』小林龍雄訳、新潮社

❖ヴィニー『ステロ』平岡昇訳、岩波文庫

宇佐美道雄『早すぎた天才』新潮選書

❖ゲーテ『若きウェルテルの悩み』竹山道雄訳、岩波文庫

❖スタンダール『赤と黒』野崎歓訳、光文社古典文庫

❖フローベール『ボヴァリー夫人』生島遼一訳、新潮文庫

❖マクシム・デュ・カン『文学的回想』戸田吉信訳、冨山房百科文庫

訳者あとがき

本書はRomi, *Histoire des cinq siècle de faits divers*, Pont Royal, 1962. の全訳である。

著者のロミについては、わが邦では、高遠弘美氏や吉田春美氏の翻訳紹介によってつとに知られているが、本書で初めて出会われた方のためにごく簡単に紹介しておきたい。

ロミの本名はロベール・ミケル。一九〇五年、北フランスのリールに生まれた。最初画家を志したようで、小説の挿絵なども描いたりしている。パリ六区のセーヌ通り十五番地に「ロミ」という骨董品店兼画廊を開いたり、七区の大学《ユニヴェルシテ》通り四番地で「サン＝ティヴ」というホテル兼居酒屋を営んだりした。そのかたわら、一九四〇年代半ばごろから文学者としても活動を開始し、シュルレアリスム系の雑誌《ビザール》の創刊当時の編集委員を務めたり、《パリ・マッチ》誌などあまたの雑誌に寄稿している。生涯に二十六点の著作を遺した。

代表作は本書のほかに、何といっても『突飛なるものの歴史』（一九六四）が挙げられるだろう。古代から現代までの精神史を「アンソリットなもの（突飛なるもの）」の視点から読み解いた名著である。この『突飛なるものの歴史』は澁澤龍彦や種村季弘が愛読していたことでも知られている。

他には、処女作の『パリのカフェ・コンセール小史』（一九五〇）や『娼館』（一九九〇）といった、失われてしまった前時代の文化を描いた著作もあれば、日本でもおなじみの『悪食大全』（一九九三）、『おなら大全』（一九九二）、『でぶ大全』（一九九六）、『乳房の神話学』（一九六五）のような作品も書いている。また『犠牲』という短篇小説集もあり、表題作は一九七六年にゴンクール短篇小説賞を受賞した。

これだけ超人的な仕事をしながら、さらにはラジオやテレビの番組制作にも関わっているというから驚きだ。

ロミは一九九五年十一月二十五日にこの世を去った。最晩年にギャンブルで全財産を摩るという逸話を残して。実にロミらしい破天荒な人生だと言えないだろうか。

さて、本書『三面記事の歴史』は一九六二年、ポン・ロワイヤル書店から刊行された。ロミの十冊目の著作である。本書でも、いつものロミらしく、蒐集した資料を惜しげもなく使用し、逸話を縦横に語っている。時代順に逸話をこれでもかと並べ、人間の愚かしさはいつの世も変わらないことを垣間見させるのも、ロミファンにはおなじみの作風だ。ただ、本書には他の著作とのある違いがある。すなわち、おならや乳房や悪食はそれだけで確乎たるテーマとなっているが、三面記事はどうだろう、漠然としていないだろうか。三面記事は、序文でモーリス・ギャルソンも述べているように、「現在のもの、束の間のもの、二次的なもの」であり、「次の日には忘れ去られるかもしれないその日のニュース」である。だから、過去の三面記事を読み返したところで面白くもない。それに、三面記事はいずれも変奏にすぎず、紋切型でしかない。極端なことをいえば、本書のエピソードをことごとく日本人の名前や日本の地名に変更したとしても、通用するかもしれないのである。

そんな三面記事の歴史を描くなんていうのは至難の業だ。三面記事は、先に述べたように、変奏しかなく、本質的に何も変わらないからである。三面記事は時代の流れの中で変化を描く歴史にはそぐわない。であるなら、本書が『三面記事の歴史』というタイトルであることに違和感がないだろうか。なるほど、書肆の需めに応じて付けられたタイトルなのかもしれないし、ロミが皮肉でつけたのかもしれない。本当のところは判らないが、ただ、ロミが別の意図をもってそう名付けたという可能性もある。つまり、三面記事を歴史的な枠組みに組み込むことで、「現在のもの、束の間のもの」であることから解放し、過去の三面記事の命脈を保たせたのではないか、ということだ。生鮮食品が冷凍保存されて賞味期限が延長されるように。こういう観方もできなくはないだろう。

それにしても、本書は多様な逸話と図版が満載だ。それはまるで十九世紀のカナールのようなものではないか。カナールなら読んで愉しいはずだ。ならば、いつの世も変わらぬ人間の愚かさをおもいきり笑い飛ばせばいい。

本書の翻訳についていくつかお断りしておきたい。年代等の原書の明らかな細かい間違い、勘違いと思われる箇所は訳者の判断で訂正したところもある。また訳注は最小限にとどめ、できうるかぎり訳文の中に溶かし込んだことを御諒解願いたい。なお、図版は原書に含まれるものを全て収録した。

他に二、三の点について補足しておこう。

▼Faits diversという語について

Faits diversという語は、モーリス・ギャルソンの序文にあるように、faitsが「事実」や「出来事」、diversが「様々な」や「雑多な」という意味で、字義通りに訳せば「雑多な出来事」である。十九世紀に日刊紙が発行されるようになると、同名の記事欄がつくられるようになり、「雑報」という意味になった。日本では明治時代に新聞の三面にこのような記事が載ったことから、「三面記事」と呼ばれているので、本書でも「三面記事」という訳語を用いることにした。とはいえ、ロミは日刊紙が発行され、三面記事欄が誕生する時代以前のことにもこの語を用いているので、文脈によって「三面記事」と「三面記事的出来事」と訳しわけた。

▼「かわら版」について

「かわら版」と訳した語に「オカジオネル」と「カナール」があるが、厳密にはそれぞれに違いがある。ここではピエール・アルベール『新聞の歴史』(クセジュ文庫)の記述を参考に簡単に解説しておこう。オカジオネルは十五世紀末以降発行されたもので、木版画が入っていることもあり、戦闘、王族の葬儀、祝宴といった重要な出来事がテーマとして扱われている。一方、カナールはオカジオネルより遅れて誕生し、超自然的なこと、犯罪、大災害、異常な出来事がテーマとなっている。

「かわら版」というと、一枚のビラのようなものを想起されるかもしれないが、「オカジオネル」も「カナール」も一枚のビラ状のものだけでなく、数ページの小冊子のものもあった。

*

末尾になったが、本書の企画・編集でお世話になった国書刊行会の礒崎純一編集長に感謝を捧げるしだいである。礒崎さんの叱咤激励がなければ、怠惰な訳者がこの翻訳を仕上げることなど到底できなかっただろう。また訳文について的確な指摘をしてくださったおかげで、訳文がずいぶん改善されたと思う。本書がよくなっているとすれば、すべては礒崎さんのおかげである。

それから、ブックデザインをしてくださった、デザイナーで巨石愛好家の山田英春さんにも感謝を申し上げたい。原書はピエール・シャプロによるデザインが見事なことで知られているが、山田さんのおかげで本書はそれを超える出来栄えとなっている。

最後に、本書の翻訳を勧めて頂き、いつも暖かく見守っていて下さる高遠弘美先生に、この場を借りて深甚なるお礼を申し上げたい。

二〇一三年七月

土屋和之

訳者略歴
土屋和之（つちや　かずゆき）
1976年生まれ。上智大学大学院文学研究科博士課程満期退学。
現在、パリ第四大学博士課程在学中。
訳書にジャン＝リュック・フロマンタル、ジョエル・ジョリヴェ『10ぴきのペンギンくん』(学研)。

三面記事《さんめんきじ》の歴史《れきし》
2013年9月20日初版第1刷発行

著者………ロミ
訳者………土屋和之
発行者……佐藤今朝夫
発行所……国書刊行会
〒174-0056　東京都板橋区志村1-13-15
電話03-5970-7421　ファックス03-5970-7427
http://www.kokusho.co.jp

印刷：(株)エーヴィスシステムズ
製本：(株)ブックアート
ブックデザイン：山田英春

ISBN978-4-336-05746-4
落丁・乱丁本はお取り替えいたします。